Tim Uhlemann

Dänemark

Leben auf der schönsten Sandbank der Welt

lau verlag

Inhalt

Vorwort

Herzlichen Glückwunsch, Tim, es ist ein weiteres Buch über meine Heimat. Ein weiteres Mal surft Tim Uhlemann wieder durch den Irrsinn des dänischen Alltags und die Geschichten gehen einfach nicht aus. Ja, die Dänen sind manchmal ein wenig verschroben und eigentümlich. Eine Warnung für alle, die vielleicht planen, sich in eine Beziehung zu einem Dänen oder einer Dänin zu stürzen. Um mit dem dezenten Größenwahn der Dänen klarzukommen, kann die vorliegende Lektüre sehr helfen. Auf unterhaltsame Weise werden auch Missstände angeprangert, aber ohne den mahnenden Zeigefinger.

Tim Uhlemann, der charismatische Auswanderer, dessen Blick stets weit über den Tellerrand hinaus reicht, was er auch in dieser Lektüre messerscharf und ungefragt unter Beweis stellt. Der wortgewaltige Autor säbelt sich mit der Präzision eines Herzchirurgen durch alle gesellschaftlich relevanten Themen, die sich ihm Tag für Tag in den Weg stellen. Ich wünschte, ich wäre dabei gewesen. Als Stimme aller Auswanderer formuliert er frei von der Leber weg, Vergnügen pur! Eine großartige Geschichte, bei der man nach 352 Seiten zutiefst bedauert, dass sie schon zu Ende ist. Eine Lektüre, bei der sich auch das Wiederlesen lohnt. Dass ich nach 352 Seiten an drei Abenden einfach nicht aufhören wollte, ist vielleicht die beste Empfehlung für dieses Buch.

Für mich die individuellste Stimme der dänischen Auswandererliteratur.

Lesen Sie dieses Buch, es wird Sie entspannen. Und vielleicht hilft es ihnen, uns Dänen ein bisschen besser zu verstehen. Denn ja, wir sind schon speziell … und stolz drauf.

Doch genug der Worte. Der verrückte Däne wünscht Ihnen viel Spaß beim Lesen.

Hygge, Brian

© Privat

Brian Bojsen – ein Mann vieler Talente. Der leidenschaftliche Gastronom und Abenteurer machte sich schon früh als Profisurfer und Fotograf einen Namen. Nach 16 Jahren auf Sylt, wo der gebürtige Däne in den Top-Spots der Sylter Spitzengastronomie (Sansibar, Seepferdchen, Osteria) zu Hause war, unterhielt der sympathische Däne seine Zuschauer mit seinen vielseitigen Talenten vor allem beim ZDF-Fernsehgarten, als Juror der ZDF-Kochshow »Küchenschlacht«, bei »Kitchen Impossible« sowie im RTL-Format Chefkoch TV. Brian, der lange sein eigenes Restaurant »Brians Steak & Lobster« in Hamburg führte, ist heute u. a. kulinarischer Berater im Europa-Park Rust, führt das Beach Side Restaurant »Wild Scandinavian BBQ« im Forte Village, Sardinien, und ist für seine Projekte weltweit unterwegs. Er hat die skandinavische Küche in Deutschland maßgeblich geprägt und ist als Gründer seines Labels »Wild Scandinavian Cooking« nie im Stillstand – vor allem nicht, wenn gerade wieder eine neue Staffel »Caravaning & Cooking« für den Sender DMAX abgedreht wird.
2018 präsentierte Brian mit dem Titel *Lækker – Die skandinavische Küche des verrückten Dänen* sein erstes Kochbuch. Brian Bojsen – ein Tausendsassa und doch irgendwie hyggelig.

»Ich möchte Däne werden!«

Alle großen Werke der Literatur fangen mit einem Paukenschlag an. Die Jury würde urteilen: »Mit diesem ersten Satz wird der Stein ins Rollen gebracht – es ist ein Versprechen, eine Duftmarke – kurz: der Brühwürfel, mit dem die folgende Suppe gekocht wird!«

Eingetaucht unter Nordlichtern. Was bisher geschah…

Bitte lesen Sie dafür einfach das Buch »Dänemark – Gekommen, um zu bleiben.«

Schön, dass Sie da sind!

Glückwunsch, Sie haben hier in eine weitere großartige Verklärung meiner Dinge investiert, ab jetzt werden neue Seiten aufgeschlagen. Sie halten somit die Anatomie meines dritten Literaturwerkes in Händen.

Sie und ich, wir haben jetzt ein Date, also die nächsten 352 Seiten. Ich hatte die Arbeit, der genüssliche Teil liegt bei Ihnen. Atmen sie den unkonventionellen Geist meiner verblüffenden alltagsphilosophischen Betrachtungen.

Wo erfährt man die Wahrheit über den dänischen Alltag? Und kriegt man sie wirklich für 17 Euro? (Geklaut gratis!) Ich habe mit viel Aufwand alle Aussagen aus diesem Buch überprüft und kann nun mit Gewissheit sagen: Es stimmt alles.

Sehnsucht nach Dänemark? Dann könnte dieses Buch durchaus interessant für Sie sein. Die dänische Westküste zieht hauptsächlich deutsche Urlauber an und dient als Projektionsfläche für die Sehnsucht der Menschen.

Guten Morgen, Hvide Sande! Möge dein Morgen strahlend sein.

In diesem Sinne: Lesen & lesen lassen – ich wünsche Ihnen, liebe Dänemark-Freunde, viele schöne Augenblicke mit diesem Buch und spannende Entdeckungen auf Ihrer Reise in die Welt der Dänen! Aber Achtung: Dieses Buch kann glücklich machen und ist auch ohne Akku für die Touchbedienung ausgerichtet.

Norden in Sicht! Leinen los! Feel Vergnügen!

1. Rückspiegel: Guten Morgen, Hvide Sande

Liebes Tagebuch!
Ein Seufzen entweicht meinen Lippen. Es ist nicht dieses Seufzen oder höhnische Stöhnen, wenn man am Bahnsteig steht und die Durchsage kommt, dieser oder jener Zug habe 30 Minuten Verspätung. Es ist mehr ein zufriedenes In-sich-zusammensacken-Seufzen. Ein behagliches, glückliches, leises Seufzen.

1.5.2020! Getöse der Intoleranz, Polonäse des Irrsinns, sprich die Hochsaison ist noch einige Tage entfernt. Immer noch liegt ein wenig die Schläfrigkeit eines schweren Winters über der Frühlingslandschaft. Auf den Tag genau seit 10 Jahren wohne ich nun an diesem herrlichen Fleckchen Erde. Nordsee – Oase des Reflektierens, Spielwiese für die Sinne. Vor 10 Jahren bei Google eingetippt: »Hygge«. 41 400 000 Ergebnisse. Heute, nach einem intensiven Integrationsprozess, weiß ich, was Hygge bedeutet. Ich befreite mich von meinem eingefahrenen Alltag als Sozialarbeiter – die beste Entscheidung, die ich je getroffen habe. So weit hätte mich meine Vorstellungskraft nie getragen. Ich habe die letzten Jahre meinen eigenen Dopaminhaushalt per kulturell staatlich vorgeschriebenen Glücksvorstellungen auf Trab gebracht. *Cant't get any better than this*, sagt der Amerikaner, wenn alles perfekt ist. Hvide Sande – ein filmreifes Fleckchen Erde. In dieser Welt leben knapp 3500 Einwohner, die sich auf vier Namen verteilen: Andersen, Jensen, Iversen und Kristensen. Lebt man in der Großstadt, lebt man zu seiner Unterhaltung, auf dem Lande zur Unterhaltung der anderen. Willkommen in der Romanwelt von Rosamunde Pilcher. Ein großartiger Moment, um kurz in sich zu gehen, die Zeit anzuhalten und sich zu fragen: Was bringt wohl das neue Jahrzehnt, was kommt in der nächsten Dekade?

Ich bin nun 10 Jahre der dänischen Kultur ausgesetzt, seit über einem Jahrzehnt habe ich die Möglichkeit erhalten, die Welt durch die dänische Brille zu betrachten. Vorsicht: Das kann Ihre gesamte Weltsicht verändern. Gerne möchte ich Ihnen auf den folgenden Seiten diese Brille anbieten.

Hvide Sande, diese Stadt hat sich im Westen Jütlands eingenistet. Irgendwie ein ungewöhnlicher Ort, überwiegend Nutzarchitektur. Hvide Sande schön zu finden erfordert Mühe. Drei Dinge erwarten die Besucher von einem dänischen Fischerdorf: Kutter, Windräder und einen Leuchtturm. Hvide Sande erfüllt alle diese Anforderungen. Der Nr. Lyngvig Leuchtturm ist so etwas wie das Wahrzeichen des Dorfes, von Weitem erinnert er an eine Rakete mit Startrampe, eine Art Cape Canaveral des Holmsland Klits. Der Leuchtturm steht auf einer 17 Meter hohen Düne und ist 38 Meter hoch, oben lässt man sich ein laues bis weniger laues Lüftchen um die Nase wehen und erlebt einen magischen Blick auf die schönste Sandbank der Welt. Zur linken Seite der Ringkøbing Fjord, zur rechten Seite die Nordsee, vor Kopf ragen drei Windräder empor.

Sitze ich im Café, tue ich so, als wäre ich ein Einheimischer – sitze, starre, trinke starken Kaffee, füge mich ein in dieses seltsam langsame Leben. Blicke schweigend durch die vom salzigen Wind zum Teil matt gewordenen Fenster in die Landschaft, ich genieße diese Art Stille, die hier zum Lärm wird, weil es nicht viel gibt, das meine Ohren ablenkt. Es ist ein eigenes Gefühl, eine eigene Landschaft, eine eigene Welt – es ist meine Welt. Hvide Sande und Westjütland sind die Gründe, warum es dieses Buch gibt, es sind Sehnsuchtsorte, Hvide Sande ist, und das möchte ich kurz betonen, bevor wir uns gemeinsam in dieses Kapitel stürzen, mein Lieblingsort in diesem wunderbaren Land.

Mitunter werde ich gefragt, wie aktiv man sein muss, um all die Geschichten rund um Dänemark zu erleben, dass man damit Hunderte von Seiten füllen kann. Ich habe immer das Gefühl, ich müsste nichts weiter tun, als einfach nur da zu sein, das Rohmaterial sind die Unterhaltungen der »einfachen Leute«. Ich tue im Grunde nichts anderes als hinzugehen, zuzuhören und die Dinge aufzuschreiben. Teilweise fliegen die Geschichten mir zu, teilweise liegen die Geschichten auf der Straße und bitten nur darum, aufgeschrieben zu werden. Manchmal habe ich das Gefühl, Dänemark entscheidet selbst, was es mir erzählt. Inspiration findet man nach einer Auswanderung ständig – im Alltag. Es kommt mir zugute, dass mein Alltag teilweise so aufregend ist wie woanders ein Abenteuerurlaub. Nun gut, im Umgang mit Dänen war ich schon immer sehr an Kommunikation interessiert und geradezu besessen von Geschichten. Irgendwann entsteht ein gewisser Stau im Oberstübchen. Diesen Stau gilt es abzuarbeiten, zu bürsten und zu polieren.

Mehr denn je freuen wir uns auf den kommenden Touristenansturm.

Die letzten Monate wurden wir hier alle auf eine große Probe gestellt. Wenn uns hier was ausbremst, dann ein Öltanker, der vor der Westküste auf Grund läuft oder in die Jammerbucht rast. Haben wir zumindest immer gedacht. Aber eine Pandemie?

Bakterienüberfüllte Türklinken, virenschleudernde Menschenmassen, niesende Mitbürger aus der Ferne sowie Mitbürger, deren Atem ich an der Supermarktkasse im Nacken spüre, waren schon immer ein Gräuel für mich. VIVA

Corona, so trostlos wie eine Skatrunde mit nur zwei Spielern! Warum hat das Unglück immer mehr Fantasie als das Glück? Über Nacht stellt ein Virus unseren Alltag auf den Kopf. Der Corona-Wahnsinn zwang die Welt zu einer kollektiven Vollbremsung. Zwei Meter Abstand – die Dänen konnten es sehr schnell nicht mehr hören, weil sie endlich wieder zu den gewohnten vier Metern zurück wollten. Corona-Pandemie – was für eine absurde gesellschaftliche Großwetterlage.

Auch wir waren betroffen, die Reisebranche bekam die volle Breitseite. Anstatt Buchungen vorzunehmen, flatterten Stornierungen im Minutentakt herein. Ich fühlte mich urplötzlich wie im Call-Center, nur mit besserer Bezahlung. Nichts an dieser Krise war gut außer der Erkenntnis, dass man Krankenhäuser nicht wie Wirtschaftsunternehmen führen sollte. Zumindest musste ich in Hvide Sande keinem älteren Herrn in den Bauch boxen, um noch die letzte Rolle vierlagiges Toilettenpapier zu ergattern. Was ein Wahnsinn – dass »weiße Gold« als neues Statussymbol. Bei uns konnte man auch zu Corona-Hochphasen Toilettenpapier noch sicher im Fahrzeug liegen lassen. Vielleicht wohne ich schon zu lange in Dänemark, aber diese Hamsterkäufe bezüglich dieser Endlos-Serviette habe ich zu keiner Sekunde verstanden. Mit Sicherheit war diese Pandemie eine perfide Erfindung von Herstellern von Toilettenpapier. Was für eine Zeit! Virologen wurden die neuen Influencer, Planbarkeit war gestern. Bloß nicht zu nahe kommen, jede Herzlichkeit kann killen. Jeder legte sich ein Corona-Survival-Kit parat, ich zum Beispiel die Sechser-DVD-Box »Alles Atze«. Obwohl ich zugeben muss, zu Hause gammeln, DVDs gucken und Essen bestellen – das war für mich jetzt eher weniger der klassische Ausnahmezustand. Kurzfristig dachte ich an ein freiwilliges asoziales Jahr. Erinnerungen an früher wurden geweckt, als es darum ging, während dieser Corona-Festspiele die Haare zu kürzen. Ich nahm im Badezimmer Platz und entschied mich für den klassischen Topfschnitt. Meine Dänin nutzte eine Schüssel als Schablone, ihre Schneidetechnik würde ich mal als eher unorthodox beschreiben, aber es hätte schlimmer kommen können als diese Notfrisur. Auch in diesem schwierigen Augenblick war unsere Philosophie, unser Wesen darauf ausgerichtet, die Zeit so gemütlich und mit so vielen Lachfalten wie möglich zu verbringen. Auch privat hielt Corona fortwährend Einzug in unseren Sprachgebrauch. »Schatz, ich könnte noch einen kleinen Snack vertragen.« Leni: »Wenn die Waage bei dir wieder eine stabile Inzidenz von unter 70 anzeigt, sind auch wieder Öffnungen des Kühlschranks nach 18 Uhr erlaubt!« Dennoch, lieber Gott, gib uns bitte unsere Probleme von gestern wieder! Mein Elternhaus hat mich gelehrt, das Beste aus jeder Situation zu machen. Selbst aus einer so ausweglosen wie dieser Pandemie. Es hat auch sein Gutes. Ich muss nur noch herausfinden, worin es besteht.

Das Corona-Virus hatte mitunter auch in Dänemark kuriose Auswirkungen. Däne werden ging in diesem Moment nicht. Sämtliche Einbürgerungszeremonien wurden abgesagt, da das Gesetz vorsieht, dass Neubürger bei der Zeremonie die Hand eines Beamten schütteln müssen. Der Gesetzestext von 2019 erklärt den Händedruck zum zentralen Ausdruck dänischer Identität und verpflichtet einen jeden Neubürger, während der Einbürgerungszeremonie einem dänischen Beamten die Hand zu schütteln. Damit signalisiert der Neubürger, dass er »die Dänischen Werte« angenommen hat. Nackte Haut auf nackte Haut, natürlich eine Steilvorlage für das Corona-Virus. Das Gesetz sieht eindeutig vor: Handinnenfläche an Handinnenfläche, ausdrücklich ohne Handschuhe. Da ist der Däne konsequent, obwohl man natürlich die Frage stellen könnte, inwiefern die dänischen Werte an einen Handschlag gebunden sind.

Wir alle befanden uns in diesen Monaten in einem gewaltigen Knobelbecher. Wurden durchgeschüttelt und keiner wusste, wie wir wieder herausgewürfelt werden. Es war keine einfache Zeit, hätte aber auch schlimmer kommen können. Vor der Corona-Krise wurde mir teilweise alles zu viel: Überall grüßt abendlich Klima-Greta, Großbritannien schreibt an seiner eigenen Seifenoper, Diskussionen über Diesel und Energiewende, FFF sorgt für Wirbel und viele ausgefallene Schulstunden, das EU-Parlament mit zwei Sitzen, deren Abgeordnete ständig zwischen Straßburg und Brüssel hin und her pendeln, ruft den Klimanotstand aus, heimliches, eigenmächtiges und voreiliges Abschließen von Mautverträgen mit privaten Firmen, was den deutschen Steuerzahler bis zu 600 Millionen Euro kosten wird. Teilweise wurde ich das Gefühl nicht los, in Wahrheit handelt es sich um ein Experiment der Regierung, wie viel Inkompetenz Bürger zu ertragen bereit sind. Der Wohlstand eines Landes wird auch immer an der Qualität seiner Aufreger gemessen. Dann grätschte das Corona-Virus mit all seiner Wucht dazwischen. Wie sehr hätte ich mich in dieser Zeit über die alten, teilweise Nonsens-Diskussionen gefreut (alle Wünsche werden klein gegen den, gesund zu sein).

So langsam trudeln die ersten Teutonen wieder ein, deren Opfertempel aller Art von Outdoorläden wie Fjällräven, The North Face, Globetrotter, Mammut und Jack Wolfskin sind. Eingefleischte Dänemark-Fans erkennt man an wetterfesten Jacken, Fleece-Pullover-Kultur sowie Funktionshosen. In Dänemark befinden sie sich in einem fremden Land, können sich dennoch im Bekannten bewegen, machen Urlaub von Deutschland, indem sie mehr oder weniger in ihrer Wunschvorstellung von Deutschland leben. Hier reizt weniger das Exotische, weniger das Entdecken einer Fremdheit. Die Ferienhausliebhaber, die Motorradfahrer, die Wohnwagenfahrer, die Radsportler, Surfer und Reitfreunde. Da stehen sie. Am Kai. Auf der Mole. Am Strand. Am Leuchtturm von Nr. Lyngvig. Der Anblick von Gästen löst in diesen Tagen Zufriedenheit und wieder ein Stück Normalität aus.

Ich habe Platz genommen in unserem neuen, stylisch schicken Café direkt im Herzen von Hvide Sande. Unsere neue Sättigungsfabrik. Auf recht bescheidene Art hat Hvide Sande viel zu bieten.

Dazwischen ich, ausgewanderter Deutscher, attraktiver Sohn der Stadt Oberhausen, versteckt in einem norwegischen Pullover. Der Blick der anderen sagt: »Schau an, ein Idiot.« Ein Touareg mit einem Sylt-Sticker (dieser Aufkleber scheint geradezu ein Ausweis geschmacklicher Extraklasse zu sein) huscht vorbei, hier fühlt man sich als SUV-Fahrer noch wohl.

Ich sitze auf einem Holzstuhl in der Ecke an einem kleinen runden Tisch. Mein Blick wandert durch die Glasfront auf die durchaus belebte Straße. Ein spätes zweites Frühstück, mein Netbook bei solchen Anlässen dabei. Ich lausche den Gesprächen und dem Stimmengewirr, das sich aus den Dialogen der anderen Gäste ergibt. Schnappe Gesprächsfetzen auf wie: »Erzieher haben einen tollen Beruf. Ich würde auch gerne den ganzen Tag spielen und Kaffee trinken.« Ich denke an Eltern, die ihre Kinder trotz Fieber in die KITA schicken, kotzende Kinder beim Essen, Windeln, die bis zum Hals explodieren. Nein, ich möchte mit Erzieherinnen nicht tauschen wollen. Das Kaffeehaus, Ort für geistreiche philosophische Inspirationen.

Ich nippe wie immer zu spät an meinem Espresso, der cremige goldbraune Schaum ist längst verschwunden, eine hellbraune, lauwarme Brühe ergießt sich mit jedem Schluck so intensiv durch meine Kehle, dass ich danach einen Schluck Wasser trinken muss. Irgendwann schaffe ich es rechtzeitig, im Espresso zu rühren und ihn dann, von einem Moment auf den anderen, mit genussbereitem und konzentriertem Blick lässig und weltläufig wegzunippen.

Mein träger Blick verrät eine gewisse innere Zufriedenheit, ich lasse die gewohnte Umgebung auf mich wirken, nach kurzer Ekstase im Belohnungssystem (ich gönne mir ein typisch dänisches Gebäck) ist der Rausch schnell wieder verflogen. Am Nebentisch – peinlich und akribisch zugleich, wie die Influencerinnen ihr Superfood-Smoothie inszenieren. Ich hoffe, sie haben gesehen, wie ich dieses dänische matschige Gebäck in mich hineingeschaufelt habe. Deren Superfood erinnert mich an eine mexikanische Drogenküche, nur ungesünder, bzw. an eine Doku über Buckelwale, die sich über Plankton hermachen. Zufrieden stelle ich fest: Mein Bindegewebe ist straffer, meine Haut besser als das der Superfood-Tanten.

Ich schlage die Zeitung auf und lese den Allianz-Report zum Brutto-Geldvermögen in Industrie- & Schwellenländern (zum Brutto-Geldvermögen zählt die Allianz Bargeld, Bankeinlagen, Wertpapiere sowie Ansprüche gegenüber Versicherungen und Pensionsfonds). Am reichsten sind die Menschen pro Kopf immer noch in der Schweiz, dann folgen die USA. Dänemark schafft es als einziges EU-Land aufs Treppchen und sichert sich Platz drei. Das geht aus dem im September 2019 veröffentlichten »Global Wealth Report« der Allianz hervor. Ich kann es bestätigen. Große Teile der Gesellschaft verdienen so viel, dass es für einen angenehmen Lebensstil reicht – auch mit Kindern. Es sind eher wenige Menschen, die sich durch besonderen Reichtum oder durch besondere Armut von den anderen abheben. Die Oberschicht in Dänemark führt ihren Wohlstand eher selten in Form von Autos der Luxusklasse in der Innenstadt spazieren. Dänemark war immer mutig genug, auch unpopuläre Reformen durchzuführen – und dies, selbst wenn die öffentlichen Debatten in eine andere Richtung gezeigt haben. Vielleicht der entscheidende Faktor, dass Dänemark auch in Zukunft zu den reichsten Ländern gehört. Das kleine Königreich macht vieles richtig, was andere nicht schaffen: Digitalisierung auf dem Land, wenig Schulden und keine Angst vor Großprojekten. Nach der Großen-Belt-Verbindung und der Öresund-Brücke zwischen Dänemark und Schweden ist ein 20 km langer Tunnel zwischen Dänemark und der Insel Fehmarn beschlossene Sache. Bei diesem Projekt Fehmarnbelt-Tunnel könnte Dänemark schon längst loslegen, während sich die deutsche Seite noch mit Bürokratie rumschlägt. Seit 2009 gibt es dazu einen Staatsvertrag, seit über 10 Jahren haben Dänemark und Deutschland den Plan, die Meerenge zwischen den beiden Ländern zu untertunneln. Ursprünglich sollte alles bis 2020 fertig sein, nun geht man davon aus, dass kein Zug vor 2030 durch die Röhren rast. Über 10 Jahre Verzug, Milliarden Mehrkosten. Das dänische Gesetz für den Fehmarnbelt-Tunnel ist seit 2015 fertig, auch weil die Menschen vor Ort früh eingebunden und die Vorschläge ernst genommen wurden, um das Projekt zu verbessern. Diese Einbindung der Menschen beschreibt die Erfolgsformel einer ganzen Nation. Gab es in Dänemark 36 Einsprüche gegen den Tunnel, sind es auf deutscher Seite 12 400. Und obwohl beide Länder an dieselben EU-Vorschriften gebunden waren, ist der dänische Umweltbericht für das Projekt 2000 Seiten lang, der deutsche 14 000. Das Großprojekt-Horrorkabinett in Deutschland ist groß.

Was fühle ich mich da wohl in meinem Hvide Sande. Bei Tinder würde es heißen: Perfekt Match. *I feel like Adam in the paradies.* Diese Sandbank zwischen Nymindegab und Søndervig, sie bildet für mich die Trennlinie, die Pufferzone zwischen zwei Welten: der Welt draußen, Termine, Hektik, Verkehr, Job. Und der Welt drinnen: Hvide Sande. Alles etwas langsamer, etwas intimer, etwas relevanter, etwas entspannter.

Nach wie vor könnte alles in meinem Leben wesentlich schlimmer sein. Meine Zeit verbringe ich weiterhin glücklich und entspannt mit Leni. Diese Lebensleistung liegt allerdings allein bei »meiner Dänin«. Es ertragen nicht viele moderne Frauen, wenn der Partner morgens mit Siegeszeichen und ausgebreiteten Armen zum Frühstück erscheint – und nachts viermal raus muss. Es grenzt ans Übermenschliche, dass sie es so viele Jahre mit mir ausgehalten hat. Nach wie vor vermiete ich Ferienhäuser und arbeite für einen Spitzencampingplatz mit großer Bedeutung für die Region. Deutsche Gäste sprechen mit mir weiterhin LAUT, WEIL ICH JA DÄNE BIN UND NICHT SO GUT DEUTSCH VERSTEHE. Unser Motto gilt auch weiterhin: Unmögliches wird sofort erledigt, Wunder dauern etwas länger. Die Kunst besteht darin, als Mister Nice Guy den Gast emotional zu binden. Die Kunst des Smalltalks besteht darin, zum Einstieg den kleinsten gemeinsamen Nenner mit seinem Gast zu finden. Top-Themen wie Politik oder Religion sollten beim Erstkontakt vermieden werden. Als Top-Eisbrecher eignet sich nichts so sehr wie das Wetter, eindeutig unverfänglicher als Themen, für die man eine Vorbildung benötigt. Das Fell sollte weiterhin dick sein, es gibt Gäste, die sind einfach auf

Stunk gebürstet – lustigerweise werden gerade diese oft zu Stammgästen. Auch der größte Krakeeler wird nachsichtig, wenn er merkt, dass man sich doch bemüht hat. Schlechte Laune gibt es nicht, zumindest nicht vor dem Gast. Mein Problem besteht leider darin, dass ich in der Tat Schwierigkeiten damit habe, mir Namen zu merken. Wenn dann ein Stammgast freudig grüßend auf mich zukommt und mir der Name nicht einfällt, ist das ein durchaus peinliches Problem (dazu später mehr).

Der wichtigste Gast sollte immer der sein, der gerade vor einem steht. Auch das Zuhören ist unheimlich wichtig in meinem Job, oft werden uns wie bei Barmännern therapeutische Fähigkeiten zugerechnet. Man glaubt gar nicht, wie oft sich Gäste bei einem ausweinen. Aus dem Büro-Hund Zuri wurde Kenzo. Wieder ein stattlicher Rhodesian Ridgeback. Ob der beißt? Nein, der schlägt dich gleich zusammen. Und mit der dänischen Sprache ist es weiterhin wie mit meinem Aussehen: Man sieht zwar, dass ich ein Mann bin, aber schön ist was anderes.

Nach wie vor spielt sich unser Leben in Hvide Sande ab, ein Dorf das mich aufnimmt, meine Sorgen abfedert. Nach wie vor genießen wir unser Leben in unserem Häuschen auf der Nordseite von Hvide Sande. Die Betonung liegt auf der Nordseite. Es besteht eine gewisse, nicht ganz ernst gemeinte Konkurrenz zwischen den Bewohnern des Ortes. Die Grenze des Ortes bildet quasi die Schleuse. Man unterteilt den Ort in nördlich sowie südlich der Schleuse. Jemand, der im nördlichen Teil des Ortes aufgewachsen ist, würde nie in den südlichen Teil ziehen und umgekehrt. Diese lustigen Neckereien gehören zu einem Dorfleben einfach dazu. Auch hier gilt: Das Nonplusultra sind Beziehungen. Je länger man dabei ist, desto besser ist das Netzwerk.

Vorbei die Winter-Langeweile, die manchmal wie ein Leichentuch über der Landschaft liegt.

Morgens reiße ich zuerst die Terrassentür auf, die Seeluft strömt herein, es beginnt die kleine Betriebsamkeit des frühen Morgens: das Rauschen der Nordsee, das Ratschen der Möwen, das Pingen des Fahnenmastes, wenn das Tau gegen den Mast schlägt, der Hund, der vor sich hin bellt und monologisiert, die Sangeslust der Vögel in den Sträuchern. Würde gerne den Mythos aufrechterhalten, in einer Designervilla in den Dünen zu wohnen. Nein, es hat nichts groß Repräsentatives. Aber wer nennt schon ein Heim am Meer sein Eigen – Parkplatzsorgen ausgeschlossen. In meinen Augen ein schönes Haus, noch von keinem Hauch Salz des Meeres angegriffen, 300 Meter Luftlinie zum Meer (ein größerer Abstand zum Meer ist in Hvide Sande aber auch nur schwer möglich), das ist das Argument, was eine eventuelle Kaufpreisforderung unterstreicht.

Ich trete in den Garten und mustere meinen Besitz, vor die Wahl gestellt, zu schweigen oder einen sinnlosen kleinen Morgendialog mit dem Nachbarn zu eröffnen (Smalltalk mit dem Nachbarn links von uns bedeutet allerdings: In dieser Zeit hätte ich Goethes *Faust* geschrieben). Ansonsten sind die Privatgrundstücke hier lediglich durch hüfthohe Zäune abgegrenzt, hohe Zäune gelten als Zeichen des Misstrauens gegen seinen Nachbarn. Da es rundherum aber nur nette Leute gibt, hatten wir für einen hohen Zaun nicht den geringsten Grund. Mit den meisten Nachbarn gibt eher losen Kontakt. Lächeln, winken, grüßen – dieser Block, diese Straße bildet eine Einheit. Da kennt man sich, quatscht, klönt, hilft sich und hält zusammen. Hier geht es nicht um Musterlaufbahn und den perfekten Lebenslauf, die Leute müssen dich kennen, das geht über die persönliche Ebene.

Hvide Sande ist eine Art Parallelkosmos, eine Art gallisches Dorf, Nebenstaat dieser Welt. Zum Verkauf stehende Häuser werden in der Regel nicht annonciert, alles geht unter der Hand, man möchte unter sich bleiben.

Endlich wieder Frühling – und wenn an der Fernbedienung kein Knopf mehr zu erkennen ist, sollte man am Leben mal wieder teilnehmen. Dazu gehört eben auch große Freude an Craziness dazu, ein wenig Bock auf unvorhergesehene Abenteuer, die man bestehen muss. Der Kick der Grenzbereiche, Ausnahmesituationen, kein Leben von der Stange. Was ich meine? So verrückte Dinge wie Rasen mähen. Sie lachen? Ich merke, Sie haben noch nie in Dänemark gewohnt.

In Dänemark mäht immer irgendwo irgendwer den Rasen. Sonntagmorgen, Punkt 7:30 Uhr – und jemand in der Nachbarschaft mäht den Rasen, unsere morgendliche hauptsächliche Unterhaltungsquelle. Wer sollte sich so was freiwillig antun? Das ist eindeutig Qualitätszeit, in der man nichts tut. Anfänglich dachte ich, dass das ein Irrtum sein muss. Dem ist nicht so. Das Einzige, was das Rauschen der Nordsee beeinträchtigen kann, ist das Geräusch eines Rasenmähers (ich glaube, für den Dänen klingt Rasenmähen wie Meeresrauschen). Was für den Zen-Meister sein Zen-Garten, ist für den Dänen sein Rasen. Rasen mähen, eine anerkannte dänische Yoga-Art. Leidenschaft der Dorflegenden. Auch Jørgen, mein KFZ-Meister des Vertrauens mit eigener Werkstatt sowie Nachbar von gegenüber, war im Zelebrieren der Rasenkultur Großmeister. Seine Hände sind rau (Trophäe ehrlicher Arbeit) und weisen deutliche Spuren von Gartenarbeit auf. Für seine durchaus bescheidene Rasenfläche nutzt er nicht weniger als einen Aufsitzrasenmäher. Unser Nachbar – makelloser Rollrasen, scheckheftgepflegter Vorgarten, die Kieselsteine der Einfahrt sind derweil so säuberlich drapiert, als wäre jeder einzeln gesetzt worden. Hardcore-Atheist mit Buddha im Garten. Jørgen hatte seine ganz eigene Sichtweise auf die Dinge: »Rasen mähen ist nichts anderes als Staubsaugen in freier Wildbahn. Wer den Aufsitzer zu kontrollieren weiß, schafft Ordnung und wird in seiner Männlichkeit beglückt!« Ein »Wheel Horse«-Aufsitzmäher, laut Jørgen war es Liebe auf den ersten Blick. Dieser 6 km/h vor sich hin tuckernde Rasentraktor stimmt ihn sehr friedvoll, dieses leise Uuuuihhhh, wenn sich die Messer auf Schnitthöhe senken, die Befriedigung, jedes denkbare Muster in den sattgrünen Rasen zu mähen und nicht zuletzt die sanfte Vibration zwischen den Schenkeln – ja, all das hat auch eine erotische Komponente. Und diese Arbeit wird auch von der Ehefrau geduldet, schließlich arbeitet der Kerl. Denkt sie, während er vergnügt am Dosenbier nuckelt. In meiner vorauseilenden Fantasie sah ich mich bereits auf diesem Aufsitzmäher und spürte das Bier meine Kehle fluten.

Für die schwer befahrbaren Ecken und Kanten war ein kleiner, schnittiger, mit Lithium-Ionen-Akkus betriebener und mit intelligenter Steuerung versehener Roboter verantwortlich. Ich für meinen Teil lasse mich zwar gerne in unseren Garten plumpsen, eine gewisse Vorliebe fürs Rasenmähen konnte ich bis heute allerdings nicht entfachen. In die Gartenarbeit hatte ich bisher bewusst nicht eingegriffen, um den Kreislauf der Natur nicht zu stören. Die wilde Schönheit des Gänseblümchens, die Ästhetik diverser Maulwurfshügel, die Erotik von Moos auf der Terrasse, das hat was. Nachhaltigkeit ist mir da sehr wichtig – aus Respekt vor der Natur. Sicherlich, weniger ökologisch interessierte Außenstehende würden mir bei dieser Untätigkeit in diesem Bereich eine gewisse Faulheit unterstellen. Eine Zeitlang bin ich mit der passiven Gartenarbeit gut gefahren, bis mich Leni mit Nachdruck darauf aufmerksam machte, dass die Toleranzgrenze der Natur anders verläuft als die der Andersens, Jensens, Iversens und Kristensens. Nachdem mich auch Jørgen mit einem »Erwischt«-Grinsen festnagelte (er hat eine Art, die einem zu Geständnissen verleitet), musste ich Ehrlichkeit walten lassen. Ja, ich war bisher nicht für regelmäßiges Mähen bekannt. Es half also nichts. Genug von Espresso- und Caféleben, die erste Rasenernte des Jahres war fällig.

Erotisiert und entscheidungsfreudig, mit dem nötigen Blick auf die Prioritäten gerichtet, mache ich mich auf den Weg zum 10-4 Baumarkt in Ringkøbing, Neugier ist die Mutter aller Erfahrung. Baumarkt bedeutet für mich: kaufen im Grenzbereich. Wähnen sich Heimwerker und echte Männer wie im Paradies, betrete ich einen Baumarkt eigentlich nur, wenn stark reduzierte Weingummis von außen sichtbar im Eingangsbereich liegen. Während sich Profis, Stammkunden und versierte Heimwerkerkönige zügig und zielsicher durch die Gänge bewegen, sind Baumärkte für mich sprichwörtlich böhmische Dörfer, lassen mich oft ratlos kapitulieren. Hilfsbedürftig tapse ich durch die Baumarkt-Schluchten und bin auf den kompetenten Baumarkt-Fachberater angewiesen. Zu meinem Erschrecken kommt bereits nach gut 15 Minuten ein Mitarbeiter (Morten Mortensen – der hieß wirklich so) freundlich lächelnd auf mich zu, Angst vor einem beratungsresistenten Kunden muss er in meiner Person nicht befürchten. Unsicher stammele ich auf Dänisch so etwas wie: »Ich hätte gerne 20 % auf alles außer Tiernahrung«. Es genügt nicht nur, keine Gedanken zu haben, man muss auch unfähig sein, sie auszudrücken. Schnell besinne ich mich und kann präzise erklären, was ich möchte. Einen Rasenmäher! Der Fachberater, in Erwartung vieler »Ähm, ich brauch, so nen Dingens, womit man, ähm, also im Prinzip … haben Sie sowas?«, reagiert erleichtert und erholt sich schnell von meiner vorab eingeleiteten narkotisierenden Performance. Ich, nicht minder erleichtert, da eigentlich in Erwartung eines vorab grazil vorgetragenen: »Das ist nicht meine Abteilung.«

Schnell sind wir uns beide einig, dass ein Elektro-Rasenmäher nicht infrage kommt. Um Jørgen ansatzweise zu beeindrucken, muss es ein Benzin-Rasenmäher sein – hier kann ich zumindest pseudo-männlich an der Kordel ziehen. Um bei meinem Nachbar richtig Eindruck zu schinden, gibt mir der Fachberater noch mit auf den Weg, ich sollte nicht von Kordel, sondern von Seilzugstarter sprechen. Rasenmäher-Latein, ich nicke fachmännisch, während ein Clown in meinem Kopf rhythmisch zwei Becken aneinanderschlägt. Spätestens in diesem Moment weiß auch Morten Mortensen, dass ich von Gartenarbeit weniger Ahnung habe als von südwestphilippinischer Agrarwissenschaft des 18. Jahrhunderts. Dabei setzt er wieder sein feinstes Lächeln auf. Und ich dachte immer, dass der Baumarkt-Fachberater über solche Muskeln im Gesicht gar nicht verfügt. Meine Augen jagen ungeduldig von Modell zu Modell. Morten Mortensen scheint ruhig, ausgeglichen, fast schon schläfrig in seinem Wesen. Könnte man seine Seele, sein Verhalten durch einen europäischen Vergleich nähern, dann wären die Schweizer ihm wohl am wesensverwandtesten. Er zeigte mir ein paar Objekte, nachdem ich ihm meine Vorstellungen (»gerne etwas repräsentativ«) mitgeteilt hatte. Er spürte schnell, dass ihm in mir kein Dauerkunde entgegenwuchs.

Ich entscheide mich für das Modell Hurricane Benzin-Rasenmäher, 3 in 1 Funktion: mähen, mulchen, fangen. Das war die Beletage, die Business Class, Statussymbol und Reviermarke zugleich und erlaubte dem Besitzer durchaus ein gewisses jovialeres Auftreten. Dieser Rasenmäher war eine einzige schlecht getarnte Eitelkeit. Klappbarer Griff mit Softgrip, zentrale 6-fache Höhenverstellung, zuverlässiger Hyundai Motor mit 3,6 kW. Krach muss er machen und natürlich nach Benzin riechen. Im besten Fall auch funktionieren. Was passiert, wenn ich die Geduld verliere mit Gegenständen, die nicht funktionieren? Laut Leni muss es verheerend sein, nicht einmal physische Gewalt kann restlos ausgeschlossen werden.

Ab jetzt wird Rasenmähen zur Männersache! Ab heute startet ein neues Zeitalter der Grashalmpflege in Hvide Sande. Die Grashalmschlacht kann beginnen, ab jetzt verschmelzen Motor, Grünfläche und meine Wenigkeit zu einem perfekten Gespann.

Jørgen zeigt sich auf den ersten Blick durchaus beeindruckt. Respektvoll entweicht ihm ein: »Das nenne ich Männermode zum Wohlfühlen!« Ein erleichtertes breites Lächeln macht sich auf seinem sonnengegerbten Gesicht breit.

Samstagmittag, die Frühlingssonne kitzelt, zarte weiße Schneeglöckchen wiegen sich sacht im Wind, eingebettet von mittlerweile mehr Moos als grünen Halmen. Jetzt schlägt meine Stunde, schließlich habe ich in meiner Jugend bei Pfadfinderdiaabenden eine tragende Rolle gespielt. Komme mir vor wie ein Boxer kurz vor dem Gong. Endlich beginnt das Schauspiel, von überall her in der Nachbarschaft ist es zu vernehmen. Geraspel, Stottern, das bekannte Geräusch, wenn allerlei Oberflächenreste wie Laub und Äste erbarmungslos von rotierenden Messern zermetzelt werden. Auf Handschuhe verzichte ich, möchte mein Weichei-Image nicht überstrapazieren. Handwerkliche Arbeiten werden bei mir nie elegant aussehen. Und schon gar nicht männlich.

Ich schalte die Pumpe auf Overdrive und reiße wie ein Irrer an dieser Kordel, um dieses Schmuckstück in Gang zu bekommen. Oberkörperfrei? Marke: Highperformer? Das überlasse ich meinem Nachbarn. Die Zeiten, dass ich mit meinem Brustmuskel nach Bedarf zucken konnte, sind vorbei.

Während Leni die Blumen in den Beeten liebevoll bettet, pflüge ich mich pedikürenhaft durch die Rasenfläche. Nur ich entscheide bei diesem archaischen Ritual über die Rasenlänge. Ich merke schnell, das mit dem Golf-Green wird hier und heute nix. Der Fangkorb verrichtet ausgezeichnete Arbeit, nach knapp einer Stunde ist dieses Spektakel vorüber, was Jørgen, samt Tuborg in der Hand, zu einer ersten Bestandsaufnahme animiert. Er schlendert herüber, Hallöchen, federnde Schritte, lässige Hut-Sonnenbrillen-Kombi, der lässigste Spätaufsteher des Dorfes, mit dem typisch dänischen automatischen Optimismus ausgestattet. »Fehlen nur noch die deutschen Elfen«, bemerkt er süffisant. »Deutsche Elfen?«, schaue ich verdutzt. »Gartenzwerge!«

Auch Leni schnurrt zufrieden, lässt mir einen anerkennenden Blick zukommen, begeistert von der Kombination aus Motor und Männlichkeit. Der Mäh-Kumpel von gegenüber schaut zufriedenstellend und bildet sich ein, bei mir einen gewissen Muskelaufbau festgestellt zu haben. Ich lächle ihn beseelt an und halte das für übertrieben, aber potenzfördernd wirkt es allemal. Diese Rasenmäh-Ouvertüre schreit nach anschließendem Grillevent, nicht ganz ohne Stolz blicke ich in die eigene Grün-Oase und begutachte mein imposantes Ergebnis. Das grüne Inferno zurückgeschlagen – jawohl!

Lässt man sich auf der Terrasse in seinen Liegestuhl gleiten, ertönt aus sämtlichen Himmelsrichtungen dieses Dorfes das bekannte, vertraute monotone Brummen wie ein Surround-Effekt, dasselbe Geräusch wiederholt sich nach einer nicht nennenswerten Zäsur von maximal zehn Minuten.

Schaltet Andersen den Mäher aus, bringt sich Jensen in Stellung. Kristensen wartet, bis Jensen fertig gemäht hat. Anschließend zieht Iversen sofort den Anlasser. Dieses Brummen hat auf mich mittlerweile durchaus eine beruhigende Wirkung, ganz im Gegensatz zum Hundegebell des Terriers, der irgendwo, zwei bis drei Gärten weiter, sein Unwesen treibt.

Ein irrer, schriller Schrei, urplötzlich aus dem Nichts – keine Brandung der Welt kann das auffangen. Frodo verkündet seine Aggression stets mit haltlosem Gebell, dieser ADHS-Hund treibt mich in den Wahnsinn. Mindestens 10 Singvögel sind durch sein quietschfideles Gebell schon vom Baum gefallen.

Frodo, ein tiefergelegtes Etwas, eine Art Achselhund, war anscheinend ein Hund, der stets draußen im Zwinger gehalten wurde. Ich verstehe es zwar nicht, hätte aber auch kein Problem damit, würde Frodo, dieses hyperaktive, bellende Tischfeuerwerk auf Koks, nicht alles zum Anlass nehmen, seine hektischen Hasstiraden loszulassen. Andere Hunde, Katzen, vorbeilaufende Personen, Autos, alles wird in einen nicht enden wollenden Bell-Terror gehüllt. Hinter dem schützenden Zaun wird im Hochfrequenzbereich gearbeitet. Ich mag Hunde, wirklich (frag nach bei Kenzo), aber bei diesem Fellknäuel gehen mir nicht druckreife Gegenmaßnahmen durch den Kopf. Exemplare wie Frodo nerven gewaltig. Auch unser Nachbar zur linken Seite, selbst Hundehalter, schlug bereits eine Stimmbandverkürzung für den Vierbeiner vor. Legt Frodo los, ertönt in der Regel aus jedem Garten in der Nachbarschaft ein energisches: »*Holt da kæft!*« Nett übersetzt wie: »Halt die Klappe.« Ich arbeite noch an subtilen Mitteln aus der psychologischen Kriegsführung. Irgendwann wird gegen diese haarige Hupe zurückgeschossen (oder gleich gegen die Besitzer). Da sind wir uns in der Nachbarschaft einig. Zumindest solange es sich bei dem Hundebesitzer nicht um einen Hünen mit militärischem Kurzhaarschnitt handelt, dessen T-Shirt-Ärmel sich um seinen trainierten Bizeps spannen. Ich werde nie verstehen, wieso sich Großstadtmenschen mit 40 m² Etagenwohnungen und wenig Zeit Hunde halten, die in Afrika zur Löwenjagd gezüchtet wurden bzw. von Natur aus nur zufrieden und ausgelastet sind, wenn sie vier Stunden am Tag durch eisige Kälte düsen und dabei immens schwere Lasten hinter sich herziehen. Genauso wenig verstehe ich, Hunde draußen im Zwinger zu halten, die sich mit der Zeit von ihrem eigenen Schwanz verfolgt fühlen und moderne Kunst in den Nordseehimmel bellen. Auch Koda, der Hund der Schwägerin, schaut immer sehr bemitleidenswert drein, wenn er mal wieder bei uns als Gast-Hund fungiert.

Da ertrage ich lieber das mächtige Motorgrollen von Jørgens rotem Rasentrecker mit garantiertem Schallleistungspegel von 100 Dezibel (laut Arbeitsschutztabelle bedeutet das: Kreissäge, Schleifhexe, Diskothek). Ich muss so was nicht haben – zu viel Besitz belastet. Viel wichtiger, nach diesem Mähspektakel fühle ich mich prompt dazugehörig. Ich stehe noch so unter dem Eindruck meines Jahrhunderereignisses, dass ich ganz vergesse, mit dem Nachbarn anzustoßen. Als Geräuschkulisse absolute Stille, die nur vom Zischen eines kalten Bieres unterbrochen wird. Dänische Gastfreundschaft, deren Einstiegsritual immer und überall entweder ein Bier oder eine Tasse Kaffee ist. Hier geschieht nichts ohne Bohnensaft.

In den Gesichtern der Nachbarn macht sich ein erleichtertes Lächeln breit: Der Deutsche mäht endlich den Rasen! Sie loben den lernbegierigen Immigranten.

Wer die Dänen verstehen will, muss nun mal ihre Sprache sprechen.

2. Indfødsretsprøven ... oder anders gesagt: Einbürgerungstest

Indfødsretsprøven, Indfødsretsprøven ... allein dieses Wort! Wie soll ich jemals diesen Einbürgerungstest bestehen, wenn ich das dänische Wort dafür nicht ansatzweise unfallfrei auszusprechen vermag? Dann riss mich der Wecker aus meinem (Alb-)Traum. Manchmal denke ich frühmorgens darüber nach, den eigenen Wecker wegen eines persönlichen Angriffs zu verklagen. In teuflischem Rot schreibt die Digitalanzeige 6:05 Uhr. Der Blick des Badezimmerspiegels traf den meinen, ein Blick aus völlig verschleierten Klüsen.

Um fit in den Tag zu starten, gönne ich mir eine Dusche und trinke meinen Kaffee aus meiner Lieblingstasse mit den Amigos drauf. Nach Monaten des Lockdowns war ich für diesen Tag extra noch mal beim Figaro meines Vertrauens. Ich schloss die Augen und legte unaufgefordert den Kopf weit zurück in die Einbuchtung des Waschbeckens. Es beginnt das Rauschen der Handdusche und nur einen Augenblick später wird der weiche Strahl auf mein Haar gelenkt. »Wassertemperatur so angenehm?« Noch nie hatte ich an der Wassertemperatur das Geringste auszusetzen.

Der Tag der Wahrheit war gekommen. 3. Juni 2020. Einbürgerungstest um 13 Uhr in Ringkøbing. Auf Dänisch: Indfødsretsprøven! Als ich den Ausdruck das erste Mal las, fühlte ich mich wie jemand, der mit shampoonierten Haaren unter der Dusche steht, während plötzlich das Wasser abgedreht wird. Das Wort hat sich der Däne mit Sicherheit als Abschreckung für alle Ausländer ausgedacht, es gar nicht erst zu versuchen.

Vorab noch schnell zum Brotberater meines Vertrauens – die Bäckerei und Konditorei Ejvings direkt an der Hauptstraße des Ortes gelegen. Die Auslagen dänischer Bäckereien ähneln denen der Juweliere auf der Düsseldorfer Kö, herrliche Teilchen und allerlei Süßkram funkeln im Fenster der Auslage. Nichts für Leute, die Minimal Art auf dem Teller schätzen, aber ein paradiesischer Genuss für alle, die keine Waage zu Hause haben.

Der hiesige Bäckeringenieur versteht sein Handwerk vorzüglich. Stoßzeit ist hier eigentlich immer. Ganz besonders allerdings, wenn wir uns in der Saison befinden. Dann fluten auch meine Landsleute dieses Bäckereifachgeschäft. Sie möchten etwas Skurriles erleben? Etwas Extravagantes? Etwas Ausgefallenes? Teilweise Schrullenhaftes? Damit meine ich nicht das Sortiment dieser Spitzenbäckerei. Nichts, was ich über all die Jahre in dieser Bäckerei nicht schon erlebt habe. Nahezu jedes Mal verlasse ich humoristisch beschwingt diese örtliche Lokalität.

Natürlich kann der ausländische Besucher nicht alle Bezeichnungen dänischer Brot- und Brötchenkunst mit Namen benennen, da habe ich, weiß Gott, einige Monate für benötigt. Deutet man somit tastend auf ein nach Form, Größe und Farbe genehm erscheinendes Exemplar in der Auslage und unterstreicht seine Forderung mit einem »*One of this please*«, bzw. »ein von denen, bitte«, hat das Ganze noch sympathische Züge und wirkt sich positiv auf die deutsch-dänische Völkerverständigung aus. Schon grenzwertiger, aber immer noch charmant und herzgewinnend, ein bezauberndes: »Das Ding da, bitte!« Die Bedienung etwas perplex, aber noch entspannt. Doch bei mindestens jedem zweiten Kunden müssen sich die höchstens 16-jährigen Hairsprayqueens Charlotte & Louise hinter dem Tresen auf ein wahres Backwaren-Quiz einstellen. Dann geben sich fantastische Kreationen neudeutscher Backkunst die Klinke in die Hand und man hat das Gefühl, jede deutsche Bäckerei wird heute von Marketingexperten betreut. Ich weiß nicht, ob eine Klausel im Grundbuch der Deutschen Bäckerinnung besagt, dass Brötchen und Brote auf keinen Fall normale Namen tragen dürfen. Wie Eltern bei ihren Kindern wollen Bäcker ihrem Sortiment möglichst individuelle Namen geben. Aber wie das nun mal mit individuellen Namen ist, ist es abzusehen, dass das früher oder später zum Problem werden würde. Und dann geht es los, ein Feuerwerk an infantilen Brötchennamen prasselt auf Charlotte und Louise nieder. Brötchen und seine 1001 Namen.

Menschen, die mit Schlafanzuggesicht an der Theke stehen und ohne Schmerzen im Sprachzentrum und in Form vom zivilen Flötenton fröhlich kundtun: »Ham se auch nen Fitmacher?« Ob Roggelini, Schoko-Wuppi, Schokoplunderteilchen, Weckli, Goldi, Krustli, Schrippe mit Herz, Käseding, Strahlemann oder Kraftmeier, diese Ausdrücke können zum ultimativen Test werden, was eine 16-Jährige ertragen kann. Ernste Blicke der Bedienung richten sich gen undefinierte Klangquelle. Gespannte Stille, der Blick leer. Und ich rede hier von erwachsenen Menschen jenseits der alles verzeihenden Jugend und Adoleszenz, die in eine Kleinkindsprache verfallen, um die gewünschten Backerzeugnisse ordern zu können. Die kleine Louise zuckt zusammen, als würde sie dem Teufel persönlich gegenüberstehen. Charlotte und

Louise versuchen es im weiteren Verlauf mit Pantomime vor der Auslage als einzigen Ausweg und denken sich: »Warum tut ihr uns das an? Warum wird ein einfaches Körnerbrot mit dem furchteinflößenden ›Power-Fitness-Korn‹ gestraft?« Am liebsten würden sie vor Scham im Ikea-Bällebad versinken, sind aber dennoch professionell und fachmännisch an einem erfolgreichen Kaufabschluss interessiert. Mimik und Gestik suggerieren Betroffenheit und Engagement zugleich. Äußerlich unbeeindruckt und mit widerborstiger Penetranz wird der Kaufwunsch wiederholt. Meine Stirn wirft Falten und ich stehe dabei wahlweise in der zweiten oder dritten Reihe und denke mir: Wir sind hier doch nicht im Streichelzoo. Was soll diese Infantilisierung der Back-Welt?

Auch Formulierungen wie: »Bitte aus der letzten Reihe« sowie »Bitte ein frisches aus der hinteren Reihe« lösen mitunter Verwirrung aus. Am meisten »verhasst« ist unter den engagierten Verkaufskräften allerdings die Gegenfrage: »Wie viele insgesamt?« Ich möchte keinem persönlich böse Absichten unterstellen, habe aber nur eine Bitte. Bitte geben Sie vor der eigentlichen Bestellung doch kurz an, wie viele Brötchen Sie insgesamt zu kaufen gedenken, damit zumindest vorab die richtige Brötchentüte gewählt werden kann. Ich bedanke mich im Namen von Charlotte und Louise. Dann verzeiht man an der Bedientheke auch ein »Weckli« und »Krustli«. (Das Highlight der dänischen Bedienung in der Eisdiele ist übrigens stets die Frage: »Mit oder ohne Streusel?«) Und wenn Sie sich fragen, warum Sie jedes Mal auf Deutsch angesprochen werden, wenn Sie etwas bestellen oder kaufen wollen (selbst wenn Sie es auf Dänisch versuchen). Der Grund ist simpel. Es liegt an Ihrer Kleidung, man erkennt Sie an Ihrem Geologenoutfit, an Ihrer schönen North-Face-Jacke oder der schicken Jack-Wolfskin-Mütze.

Kein Däne würde es hier so tragen. Auch nicht mit hinter dem Rücken verschränkten Armen – Gruß an meinen Vater.

Mein (hoffentlich) großer Tag war gekommen. Einbürgerungstest! Ich kann nicht behaupten, in der Vergangenheit groß unter Prüfungsangst gelitten zu haben. Manchmal wäre ein klein wenig Ernsthaftigkeit durchaus von Vorteil gewesen. Das konnte man mir die letzten sechs Wochen ganz sicher nicht vorwerfen. Es verging nicht ein Tag, dass ich nicht wie ein Nerd über irgendwelchen dänischen Texten hing, zwei Textmarker wurden bis zur völligen Erschöpfung malträtiert. 150 DIN-A4-Seiten konnte man sich im Vorfeld als Lernmaterial aus dem Internet ziehen. Angefangen von der Wikingerzeit im Jahr 850 bis ins Jahr 2020. 150 geballte Seiten dänische Geschichte, Kultur, Politik, Film, Literatur, Theater, Musik, Philosophie, Mittelalter, der dänische Weg zur Demokratie, Könige, Industrialisierung, Sozialreformen u. v. m.

Ich war durchaus aufgewühlt, die härteste Prüfung seit meinem Einschulungstest für die Grundschule stand bevor (und ich wurde alles andere als hochbegabt eingestuft).

Was habe ich im Vorfeld nicht alles über das dänische Einbürgerungsprozedere gelesen. Schenkt man all dem Glauben, ist der Versuch, dänischer Staatsbürger zu werden, zu einem absurden Unterfangen geworden. Ein lustiges Volk möchte unter sich bleiben, alle Party- und Stimmungskiller bitte draußen bleiben. Worum geht es in dem Ballet »Sylfiden« von 1836? In welchem Jahr erblickte der dänische Komponist Carl Nielsen das Licht der Welt? Welche Landesteile verlor Dänemark im dänisch-schwedischen Krieg von 1643 bis 1645 an Schweden? Wie viele Michelin-Sterne insgesamt wurden im abgelaufenen Jahr an dänische Restaurants vergeben? Fragen aus dem letzten Einbürgerungstest, die mit Sicherheit auch nur die wenigsten Dänen beantworten könnten. Plötzlich wirkt die »Olsenbande« nicht mehr ganz so lustig. Das Integrationsministerium teilte mit, dass bei dem letzten Einbürgerungstest landesweit zwei Drittel aller Teilnehmer durchgefallen seien. Man fühlt sich bei dem Test wie bei »Wer wird Millionär« mit durchweg 500 000 Euro-Fragen. Passend zu dem restriktiven Kurs der Regierung gegen Migranten sind auch die Testfragen gewählt. Bei ca. 20 % der Fragen benötigt man detailliertes Faktenwissen auf sehr hohem Niveau – oder aber Glück.

Ich will ehrlich sein. Ja, ich habe Verständnis für solch eine Art von Testfragen. Will man die Nationalität eines Landes annehmen, hat man sich gefälligst auch mit der Geschichte sowie der Politik und der Kultur des Landes auseinanderzusetzen. Ja, ich möchte gerne die dänische Staatsbürgerschaft annehmen, möchte mich als vollwertiger Bürger fühlen und dasselbe Stimmrecht haben wie meine dänischen Kollegen. Das uneingeschränkte Wahlrecht bringt die Integration und Vollwertigkeit als Bürger in einer Gesellschaft klar und kraftvoll zum Ausdruck. Plane ich, den Rest meines Lebens in einem Land zu leben, sollte man sich auch dazu bekennen und Staatsbürger werden. Meine Art, Respekt für das Land zu zeigen, in dem ich lebe und echter Teil der Gesellschaft sein möchte. Auch die Begründung der Integrationsministerin, die durchaus als Hardlinerin gilt, dass dänisch sein »etwas Besonderes sei« und man sich »die Staatsangehörigkeit verdienen muss«, kann ich durchaus nachvollziehen. Der Gedanke, neben der deutschen auch die dänische Staatsangehörigkeit zu besitzen (seit 2015 gibt es die Möglichkeit der doppelten Staatsbürgerschaft in Dänemark), wirkte auf mich motivierend, einen Versuch war es allemal wert. Hätte ich im Vorfeld gewusst, dass es nicht »nur« darum geht, einen Test zu bestehen, ich weiß nicht, ob ich mich dieser Tortur ausgesetzt hätte.

Bekannt ist: Dänemark und die Schweiz bleiben die Staaten unter den europäischen Ländern mit den härtesten Bedingungen, um am Ende die Staatsbürgerschaft zu erlangen. Es bleiben extrem hohe Hürden für den dänischen Pass und mitunter beschleicht einen das Gefühl, dass eine gehörige Portion Willkür mit im Spiel ist. Andere bezeichnen das dänische Einbürgerungsrecht als lupenreines Monty Python, u. a. der gebürtige Deutsche Thomas Borchert, Journalist und seit 30 Jahren als Auslandskorrespondent in Kopenhagen wohnhaft.

Herr Borchert berichtet aktuell für die Frankfurter Rundschau aus Dänemark, Schweden, Finnland, Norwegen und Island und schreibt gelegentlich Kolumnen in dänischen Zeitungen.

Er berichtet u. a. von Dennis Speaker, dem nach 47 Jahren als Tierarzt in Dänemark sein Antrag auf die dänische Staatsbürgerschaft abgelehnt worden war. Begründung des Einbürgerungsamtes im Ausländer- und Integrationsministerium: Seine Sprachkenntnisse seien nicht ausreichend genug. Besteht man den Einbürgerungstest, kämpft man sich durch das Bewerbungsformular, in dem man zum Beispiel alle Auslandsaufenthalte seit Ankunft in Dänemark angeben muss und selbst der geringste Gesetzesbruch über ein halbes Jahrhundert zurück untersucht wird. Schriftlich wird man belehrt, dass jede geringste Abweichung den Ausschluss von der dänischen Staatsbürgerschaft zur Folge hat. Pflichtbewusst hat man jede Strafe anzugeben. Darunter fallen auch Strafen fürs Falschparken oder Strafen für zu schnelles Fahren. Es gibt bezeugte Geschichten, dass Bewerbern die Staatsangehörigkeit verwehrt wurde, weil sie innerhalb der letzten 10 Jahre für zu schnelles Fahren bestraft wurden. Dann fühlt es sich in der Tat an wie ein schlechter Scherz. Man lässt sich 10 Jahre nichts zuschulden kommen, wird aber ab einem Bußgeld von 3000 DKK (knapp 400 Euro) für zu schnelles Fahren (welch unsägliches Vergehen) oder sonstige »Fehltritte« im Vorleben vom dänischen Staat als Krimineller abgewiesen bzw. vom Verfahren ausgeschlossen. Einfachste Verletzungen der Ordnungsregeln führen zur Abweisung des Antrags. Das nenne ich erbarmungslos effektiv. Gibt man brav alle Auslandsaufenthalte der letzten 10 Jahre an und übersteigt die Summe der Tage die Dauer eines Jahres, kann man ebenfalls fest damit rechnen, abgelehnt zu werden. Gummiparagrafen, von denen es im dänischen Einbürgerungsrecht nur so wimmelt und die Einbürgerung zu einem willkürlichen Unterfangen werden lässt. Bei der Bewertung scheint der Ermessensspielraum aller Angaben durch den Parlamentsausschuss grenzenlos. Da schrillen die Alarmglocken im Oberstübchen, vor allem wenn einem bewusst wird, nichts gegen diese Willkür unternehmen zu können. Ich kann somit nur hoffen, dass mein Antrag nicht von einem morbiden Deutschhasser bearbeitet wird oder ihm mein Passfoto nicht gefällt (diese Variante halte ich für die wahrscheinlichste). Bisher ging ich davon aus, die höchste Hürde besteht im Einbürgerungstest selbst, der auch mit Top-Unidiplom schwer zu bestehen ist. Ein wenig hilflos fühlt es sich an, dass man danach völliger Willkür ausgesetzt ist und man zur Not noch zum anschließenden Sprachtest eingeladen wird, indem man sodann zu schlechtes Dänisch bescheinigt bekommt, um Staatsbürger zu werden. Verletzt man diverse Einbürgerungsregeln, kann man im besten Fall auf »Quarantäne« hoffen, ehe nach einer gewissen Wartezeit ein kompletter Neustart des Einbürgerungsantrags möglich ist. Ein US-Bürger führte in seinem Antrag folgendes selbstkriminierendes Geständnis an: 1998 wurde er in Schweden zu einem Bußgeld von umgerechnet 80 Euro für zu schnelles Fahren verdonnert, konnte dies aber nicht belegen, da in Schweden nach fünf Jahren derlei Daten gelöscht werden. Das dänische Amt wies den Antrag somit zunächst ab.

Einer Weißrussin, die für ihren Kampf um Demokratie in Weißrussland zu einer Gefängnisstrafe verurteilt wurde, wurde aufgrund dieser Strafe im Ausland die Staatsbürgerschaft verwehrt. In diesem Fall wurde somit das Auflehnen gegen den weißrussischen Diktator von den Behörden als »kriminelles Vorkommnis im Ausland« gewertet. Das Problem bei dieser Willkür ist, dass man kein Recht auf Anfechtung oder Klage vor Gericht hat. Die Sitzungen sind geheim, es gibt keine Protokolle, auch hat man kein Recht zu einem persönlichen Gespräch mit der Behörde. Mittlerweile kenne ich Ausländer in Dänemark, die still aufgegeben haben nach der Ablehnung ihres Antrags mit teilweise grotesken Begründungen. Das Regelwerk wurde die letzten Jahre mit immer neuen, teils wahnwitzigen Hindernissen zur Erlangung der dänischen Staatsbürgerschaft erweitert. Garantien für Gleichbehandlung? Fehlanzeige! Ich muss gestehen, dass ich so ein System in einem Land wie Dänemark nicht für möglich gehalten hätte. Ich habe nicht erwartet, auf so ein abweisendes, feindseliges, allen rechtsstaatlichen Prinzipien zum Trotz und überdies bürokratisches Monstrum zu treffen. Wird Dänemark mit seiner langen und starken demokratischen Tradition sich hier selbst gerecht? Ich kleiner naiver Trottel musste schmerzlich feststellen: Das Ganze ist nichts anderes als ein Lotteriespiel, als Bingo für Fortgeschrittene.

Meine Liebe zu Dänemark ist ungebrochen, nur fragte ich mich mittlerweile schon, worauf ich mich da eingelassen hatte. Da ist ein Tollhaus nichts dagegen.

Hat man sich durch das Anmeldeformular gearbeitet, kommt das böse Erwachen spätestens beim Abschicken des Online-Antrags. Um das Formular abschicken zu können, wird eine Gebühr von 3800 DKK erhoben (520 Euro). Zusammen mit der Gebühr für den Einbürgerungstest kostet mich der Antrag auf die dänische Staatsbürgerschaft summa summarum knapp 640 Euro. Wird der Antrag abgelehnt, ist der Betrag selbstredend verloren. Juhuu, da hüpft das Auswandererherz vor Freude. Ist dieser Wahnsinn nicht genug, erhält man den letzten Nackenschlag in einer anschließenden Mail, gespickt mit dem Hinweis: Bis zur Entscheidung des Antrags vergehen normalerweise jeweils eineinhalb bis zwei Jahre. Europarekord, was sag ich, Weltrekord! Da können selbst die Schweizer nicht mehr mithalten. Als spezielles Bonbon hat sich der dänische Staat neuerdings noch Folgendes einfallen lassen und das klingt nach einem passenden Abschluss für einen durchweg deprimierenden Weg als Antragsteller. Sollte man wirklich den Zuschlag bekommen, erfolgt eine Zeremonie mit dem Zwang, einem Repräsentanten des Staates die Hand zu geben, von Angesicht zu Angesicht, ohne Handschuhe, mit flacher Händefläche an flacher Händefläche. (Wie bereits erwähnt, soll der Handschlag den Respekt des neuen Staatsbürgers für dänische Traditionen und die dänische Kultur symbolisieren.) Ein würdiger Abschluss in diesem wirren Verschärfungsirrsinn, wie ich finde. Der Beweis, dass ich kein religiöser Extremist bin, wäre für mich noch das geringste Problem. Der dänische Staat beschreibt sein Einbürgerungsrecht wie folgt: »Eine Ausländerpolitik mit gesundem Menschenverstand, aber nicht verrückt.«

Dabei ist Dänemark geschichtlich gesehen ebenfalls ein Land mit einer starken Auswanderungsgeschichte. Zwischen 1850 und 1920 wanderten ca. 300 000 Dänen nach Amerika aus (knapp 10 % der damaligen Bevölkerung), wo sie sich hauptsächlich in Kalifornien, Nebraska sowie Utah niederließen. Dabei gilt vor allem die dänische Kleinstadt Solvang (sonniges Feld) in Kalifornien (eine Stunde nördlich von Santa Barbara) als skandinavische dörfliche Vorzeige-Idylle. Eine Stadt, die aussieht wie frisch aus Skandinavien importiert. Gastronomie, Bäckereien, Cafés, alles nach dänischem Vorbild. Hier findet man Smørrebrød genauso wie Rumkugeln, Boller, Pølser sowie bekanntes dänisches Blätterteiggebäck. Dänische Hausfassaden, dänische Straßennamen samt dänischen Flaggen dürfen natürlich auch nicht fehlen. Selbst Margrethe von Dänemark bereiste 1960 diesen Ort noch als Prinzessin, bevor sie als Königin 1976 zurückkehrte. 2011 schaute Prinzgemahl Henrik zur 100-Jahr-Feier des Ortes vorbei. Dieser Ort findet selbst in einer Simpsons-Folge, sowie im oscarprämierten Film *Sideways* seine Anerkennung. Heute gibt es etwa 1,5 Millionen Amerikaner dänischer Herkunft oder Abstammung. Knapp 40 000 Haushalte sprechen zu Hause Dänisch.

Ein Stückchen Dänemark in den USA, genauso wie wir uns ein Stückchen unserer Heimat in Dänemark wünschen. Eine kleine Insel in unserem Sehnsuchtsland. Ein Stück des neuen Heimatlandes in sich aufnehmen, ohne die Kultur des eigentlichen Heimatlandes aufgeben zu müssen. Gerade Dänen wissen, wie schön es ist, in der Fremde anzukommen. Ich kann nachvollziehen, dass ein kleines Land wie Dänemark hohe Einbürgerungshürden stellt. Man möchte weitgehend unter sich bleiben. Allerdings darf es gerne etwas fairer zugehen, etwas weniger Regel-Bollwerk, etwas weniger Fallgruben. Die Behörde gilt als eiskalt, herzlose Bürokratiebestie, Orchester des Bösen. Warum arbeiten die hier wie eine frustrierte KiKA-Moderatorin, die keine Kinder mag?

Der Test besteht aus 40 Fragen im Multiple-Choice-Verfahren, wovon 32 richtig beantwortet werden müssen. Zwei Mal im Jahr, jeweils im Juni und Dezember, hat man die Möglichkeit, diesen Test zu absolvieren. Theoretisch kann man den Test so oft wiederholen, wie man möchte (120 Euro werden selbstredend bei jedem neuen Versuch erhoben).

Mit meiner aufreizenden Sommermode mache ich mich auf den Weg Richtung Ringkøbing.

12:45 Uhr bat uns die etwas rüstige Lehrkraft in den Partyraum. Sie verengte die Augen zu Schlitzen und erklärte uns ruhig, leise und mild das weitere Prozedere, ein einheimischer Slang erster Güte, der akustisch völlig an mir vorbeirauschte. Für Zwei Drittel der Teilnehmer wird dieser Raum vermintes Gebiet sein. Der junge Mann links neben mir mit seinem schrubbergroßen Schnauzer wippt aufgeregt mit der Fußspitze. Noch nie so viele wippende Füße gleichzeitig gesehen. Ich gebe mich völlig entspannt, bin es aber nicht, der Stift zittert. Mein Tisch: glänzend, sauber, makellos. Unsere Handys werden eingesammelt.

Die Uhr zeigt 12:58 Uhr. Noch zwei Minuten, 120 Sekunden, die anschließend darüber entscheiden, ob ich heute Abend Wasser oder Rotwein trinke. Als ich vor 10 Jahren nach Dänemark kam, fand ich die Theorie sehr spannend, dass man eine Sprache nicht von Grund auf erlernen muss, um problemlos weiterzukommen. Eines war klar – mit ein wenig Hygge, Pølser oder Øl-Vorkenntnissen besteht man diesen Test nicht.

Punkt 13 Uhr! Möge das »Power-Fitness-Korn« mit mir sein!

Etwas nervös und mit durchaus zittrigen Händen drehte ich den Prüfungsbogen um, während der korrekte, harte Blick der Prüferin Unbehagen bei mir auslöste. Herrje, meine letzte Prüfung lag nun bereits einige Jahre zurück. In meinem Kopf begann eine Feuersirene zu jaulen, es war wie eine nukleare Explosion im Gehirn. Meinem tadschikischen schnurrbarttragenden Freund zur Linken eskalierten die Gesichtszüge und ein wenig erinnerte er mich an Edward Munchs »Der Schrei!«

Frage 1! Hurra, das weiß ich! Frage 2! Da bin ich mir auch ziemlich sicher! Frage 3! Machbar, wie ich finde! Nach gut 15 Minuten hatte ich die Hälfte aller Fragen bearbeitet und ließ mich das erste Mal etwas entspannter in den Stuhl gleiten. Ich blickte zum Fenster hinaus und beobachtete, wie Hunderte Vögel eine V-Formation mit elegantem Bogen flogen, anschließend südwärts abdrehten. Ein wenig erleichtert sackte ich zusammen und Frage um Frage wuchs die Zuversicht – mir kann hier und heute nichts passieren.

Gelöst-lässig überreichte ich der Lehrmeisterin 30 Minuten später meinen Prüfungsbogen und strahlte dabei, als hätte ich eine Halogenleuchte in meiner Rübe. Nett grüßend verließ ich den Ort des Geschehens.

Beschwingt und vorsichtig optimistisch öffnete ich fünf Tage später die eingegangene Mail der Sprachschule. Ob ich bestanden habe? Und wie ich bestanden habe. Im Casino würde man sagen: Jackpot. 40 von 40 Fragen richtig beantwortet! Ich unerschütterliche Persönlichkeit mit der »Unzerstörbar«-Mentalität, ich IRONMAN der dänischen Westküste, nun war es nur noch eine Frage der Zeit, bis eine Straße in Hvide Sande nach mir benannt wird und bis mein Antlitz auf einem dänischen Geldschein gedruckt wird. Mein persönliches 7:1. Eine Woche später war das Anmeldeformular abgeschickt, ich um knapp 640 Euro ärmer, aber sehr erleichtert. Sollte sich mein Wunsch der dänischen Staatsbürgerschaft nicht erfüllen, wird sich Nelson Mandela vermutlich nicht einen Tag in seinem Leben so ungerecht behandelt gefühlt haben wie ich mich bezüglich dieser staatstragenden Angelegenheit.

Als Wassertrinker stehe ich normalerweise ziemlich weit unten auf der nach oben offenen Genussleiter, ich armselige Kreatur. Immerhin: Ich lebe, mal mehr, mal weniger sinnlos, aber ich lebe. Je näher der Abend rückt, mutiere ich allerdings zum Genusstrinker, begebe mich meistens in die Komfortzone des Weines. Eine kleine, überschaubare Menge trifft auf qualitativen Anspruch. Gerne dunkelrot, entschlossen, kraftvoll, schwer (tonnenschwer) – an wenigen Tagen gönne ich mir dann in meiner Erscheinung als Edeltrinker eine Granate (manche trinken sich schön, ich mich arm). Zelebriere jeden Schluck und nippe mit Hochgenuss an den kultivierten Köstlichkeiten der Natur. Wir haben nun mal nur dieses kleine Zeitfenster, das sich Leben nennt. Heute gönne ich mir eine Granate! Was der Seele guttut, kann der Leber nicht schaden!

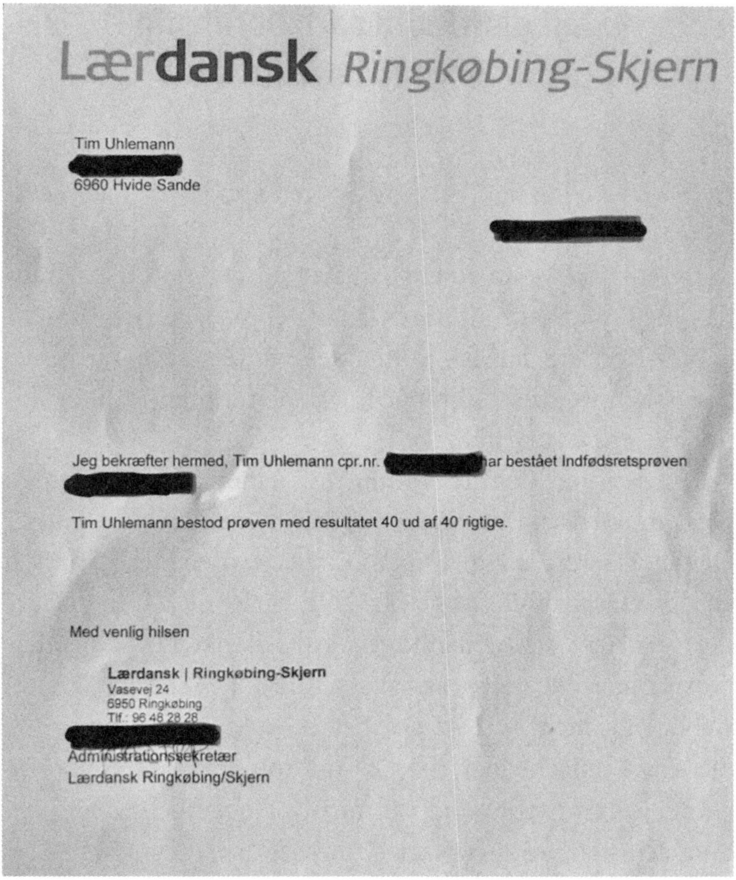

Lærdansk | Ringkøbing-Skjern

Tim Uhlemann

6960 Hvide Sande

Jeg bekræfter hermed, Tim Uhlemann cpr.nr. har bestået Indfødsretsprøven

Tim Uhlemann bestod prøven med resultatet 40 ud af 40 rigtige.

Med venlig hilsen

Lærdansk | Ringkøbing-Skjern
Vasevej 24
6950 Ringkøbing
Tlf.: 96 48 28 28

Administrationssekretær
Lærdansk Ringkøbing/Skjern

40 von 40! Anschließend war ich im Dorf hässlichem Strebermobbing ausgesetzt.

3. Mit dem Mofa nach Bornholm – born to be wild

ACHTUNG: Dieser Text wird Spuren von Heldentaten enthalten!

Es ist 7:36 Uhr an einem Samstagmorgen und trotz draußen beginnendem Motoren-Klangteppich, sprich Rasenmäher-Konzert, bin ich mittlerweile in der Lage, noch mal genüsslich wegzuschlummern. Das nennt man wohl evolutionäre Anpassungsfähigkeit.

Ich beginne den Tag gerne mit einer wohlig warmen Dusche und lasse das Nass prickelnd über meinen Körper gleiten. Haare, die am Körper kleben, werden fachmännisch an der Duschkabine abgelegt. Und egal, wie ich die Haare dort platziere, in meinen kreativen Gedanken lässt sich daraus immer ein Motiv erkennen. Anschließend das Wattestäbchen sanft zum Ohr geführt, obwohl immer ein wenig die Angst mitschwingt, dass ich mir mit dem Wattestäbchen zu tief ins Ohr fahre und ich mich versehentlich wieder auf Werkseinstellung zurücksetze. Das sollte heute nicht passieren, da ich ansonsten das in einem zweistündigen Crashkurs erlernte Mopedfahren unter Umständen wieder neu erlernen müsste (wohl wissend, dass ein Schimpanse es in der Hälfte der Zeit geschafft hätte).

Wir haben beschlossen, auf die Aktivität »Arbeit« für ein paar Tage zu verzichten und stattdessen für fünf Tage mit dem *knallert* (Mofa) auf die dänische Sonneninsel nach Bornholm zu fahren, das war ich mir als alter weißer Mann schuldig. Sorry, liebes Klima, die nächsten fünf Tage tragen wir nicht dazu bei, dich in die Schranken zu weisen. Danach können wir dem Klima wieder Vorschriften machen.

Ende Juni, herrliches Frühsommerwetter. Summertime is back in town – time to get your Mofa out! Kann man sich was Schöneres vorstellen als eine fünftägige Mofa-Tour nach Bornholm? Bis vor zwei Wochen hätte ich ohne zu überlegen geantwortet: Ja! Alles wäre für mich erquickender gewesen, als mit 25 km/h Freiheit, ohne jegliche Knautschzone, irgendwohin zu knattern. Ich hatte nie eine besondere Affinität zu Zweirädern. Dabei wäre es wohl auch geblieben, hätte mich vor Kurzem nicht Wim angesprochen, der mir eben diese Mofa-Tour schmackhaft machen wollte. Wie immer sage ich bei Einladungen grundsätzlich erst mal ab. Zusagen kann man immer noch. Voreilig zusagen, um dann kurzfristig abzusagen, ist für mich schlechter Stil. Wim, unser fliegender Holländer (bürgerlicher Name Erik, aber mit einer Holländerin verheiratet), ließ sich von meiner mit Inbrunst vorgetragenen Absage jedenfalls nicht beirren. Es gäbe nichts, mit dem er mir diese Tour hätte schmackhaft machen können. Absolut nichts! Nachdem er mir meine Gastkutte mit dem Aufdruck »Überhol du Affe« anhielt, kam ich ins Grübeln. Das ausschlaggebende Argument: Diese farbenprächtige Weste war quasi zu allem kombinierbar! Ich sagte zu! Leni lachte sich kaputt. Sie meinte, sie hätten einen verwirrten Auswanderer gesucht und gefunden. Und ich dachte, Frauen stehen auf kantige Macker und archaische Männertypen. Ab und an lass ich ja mal eine Kante raushängen, um dann wieder charmant zurückzurudern. Aber vielleicht kann ich ja mit dieser Tour mein Ego boostern, um mal in der Covid-Sprache zu bleiben.

Ein wenig Zweifel überkommen mich ebenfalls. Aber: Ohne Scheitern kein Profil. Und andererseits ist eine gepflegte Mofa-Tour das, was mir bisher, neben Prostitution, Korruption und Klingelmännchen, in meiner respektablen Vita fehlte. Unser Schrauber-Gott Wim (er gehört zu den Individuen, die in allem, was sie tun, einfach sehr gut sind), mein persönlicher Yoda, stellte mir eine Hercules Prima 5S zur Verfügung. Etwas eingestaubt und angerostet das Gerät, aber Wim meinte, das würde schon gehen. Ich auf einem Mofa – es ist so würdelos. Verhöhnung dieser Traditionssportart. Da ich vorher noch nie in meinem Leben auf so einer Art Kleinkraftrad gesessen, geschweige denn auch nur einen Meter zurückgelegt hatte, konnte eine kurze Einführungsphase auf diesem Gefährt nicht schaden. Erste Prüfung: Mofa starten. Ich bestehe mit Auszeichnung. Zweite Prüfung: Maschine ausmachen. Meine Antwort »Warten, bis der Tank leer ist«, ließ Wim etwas verwirrt zurück. Auch das klappte, da ich einen Knopf drückte. Wim honoriert dies mit ehrlich gemeintem Applaus. Dritte Prüfung: Parcours-Slalom fahren. Auch das ließ der fliegende Holländer großzügig durchgehen. Ich ziehe mir den Helm ab und denke: Männlicher kann man nicht rüberkommen.

Heute nun ist der große Tag, der Wecker klingelt mich erbarmungslos um 5:30 Uhr aus den Federn. Von Kindesbeinen an war ich in der Gewalt einer ungeheuer positiven Grundstimmung, um nicht zu sagen: krankhaft optimistisch. Irgendwie werde ich schon auf Bornholm ankommen. Mit Begeisterung besuche ich Sehenswürdigkeiten andernorts und habe die meines Zuhauses nur zu selten gesehen. Es wurde Zeit, sich mal wieder den Schönheiten des kleinen Königreiches hinzugeben. Vorab trafen sich »Die Kobras« (ja, sie nennen sich wirklich so) und ihr Gastfahrer aus Germany zum Frühstück sowie zur Lagebesprechung. Zu den »Kobras Hvide Sande« zählen der bereits erwähnte Wim (Typ 1,98 m und 110 kg – sieht aus wie ein Gorilla auf dem Mofa bzw. wie das Matterhorn in Lederjacke – wuchtig),

Kurz vor dem Kickstart – das Outfit muss stimmen, sonst wirkt es sich auf die Gesamtperformance aus. Ein heroisches Bild und gleichzeitig Anmut des Scheiterns!

Søren, Bent (was der an Frisur trägt, da wird jedes Alpaka-Schaf neidisch) sowie Christian. Wohin des Betrachters Auge reicht, nur echte Männer in Lederkluft. Nun ja, und ich. Mit meinem mattschwarzen Helm, auf dem nur ein paar Superheldenaufkleber fehlten, wirkte ich nicht gerade bedrohlich. Ich Höllenhund überlegte kurz, ihn zumindest noch mit Stacheldraht zu dekorieren, um den Hells Angels Charter Kopenhagen zu beeindrucken. Für die Power Rangers würde es wohl reichen.

Zum reichhaltigen Frühstück (wer weiß, wann wir wieder festen Boden unter den Pedalen haben) planten wir den vor uns liegenden fünftägigen Tripp auf die Sonneninsel Bornholm. Punkt 7 Uhr waren fünf unerschrockene Asphalt-Rocker bereit, Hvide Sande über Stock und Stein und mit lautem Knattern und Getöse zu verlassen. Komplett in Lederkleidung gehüllt, bis auf das Rund meines käsigen Lausbubengesichts. Allein die Lederkluft wog knapp 70 Kilo, weswegen ich bereits beim Ankleiden gute 2000 Kalorien verbrauchte. In dem Moment fragte ich mich schon, was ich hier eigentlich mache. Ich war mir sicher, dass spätestens nach dem Dorfschild sich die Spreu vom Weizen trennt und ich das Teilnehmerfeld erstmals entscheidend auseinanderziehen würde. »Hoffnungslos, dass wir mit diesem Mofa-Jünger bis nach Bornholm kommen.« Mit diesen aufmunternden Worten schickte mich Christian auf die Bahn (es wäre aber auch eine Gottesgabe zu viel). Allerdings sah ich es ebenfalls aussichtsreicher an, dass das Bernsteinzimmer gefunden wird, als dass ich mit einem Mofa nach Bornholm komme.

Ich freue mich wie ein frecher Höhlenkobold, sehe in meinem Outfit allerdings aus wie in einem Sondermüllsack. Rom hat das Kolosseum, Harry Potter hat seinen Zauberstab, Darth Vader hat den Todesstern – Hvide Sande hat die Kobra-Mofa-Gang. Wim versucht, durch das wiederholte Betätigen eines akustischen Signalgebers unserer Abfahrt Ausdruck zu verleihen. Wie ein Profi stoße ich mich wuchtig mit den Füßen ab, meine Hercules schnurrt wie ein Kätzchen, zumindest bin ich mit Abstand der Leichteste im Kobra-Teilnehmerfeld. Reisegewicht mit Gepäck und Fahrer ca. 130 kg. Mit einem Topspeed von 30 km/h jagten wir über den Holmsland Klit. Stellen Sie sich diese Bilder mit heroisch untermalter Musik vor. Alles Original, kein Tuning, lediglich die Hauptdüse wurde wegen der Höhe gegen eine 64er getauscht (was auch immer das zu bedeuten hat). Die Hercules quälte mich vom ersten Augenblick an, von entspanntem Reisen die ersten Kilometer keine Spur. Wie ein Roboter, der irgendwo in einem sibirischen Forschungszentrum zusammengeschustert wurde, pflügte ich durch die dänische Heide. Ich Sonnenkönig im Schein einer Energiesparlampe. Wäre es nach mir gegangen, hätten wir in Nymindegab den ersten Checkpoint samt Hot-Dog-Pause erreicht. Zumindest stehen in Nymindegab die ersten Bewohner Spalier und feuern uns an, vor allem mich, denn mein unkonventionell gemütlicher Fahrstil bleibt auch der hiesigen Bevölkerung nicht verborgen. Weit entfernt von dem Gedanken an Hochleistungssport, entspannte ich auf meiner Pubertätsquetsche immer weiter und betätigte mich als ehrenamtlicher Stauführer. Da ich Respekt vor dem Kantstreifen zeige, neige ich immer ein wenig dazu, mich zu weit links auf der viel befahrenen Straße fortzubewegen, und sorge somit für einen besonders zähen Verkehrsfluss. Das sind genau die Art Mofa-Fahrer, auf die ich selber immer nur zu gern schimpfte. Ich groofte mich immer weiter ein in das Rocker-Feeling, mein Kinderfahrrad gehorchte mir mehr und mehr, noch nie lagen lähmende Langeweile und der Rausch der Geschwindigkeit so nah beieinander. Vor mir viel blitzender Chrom und drollige Auspufftöpfe. Søren, auch Pisten-Pelle genannt, gab den Ton an und die Geschwindigkeit vor, vier Easy-Rider folgten ihm bereitwillig. Vor knapp 20 Jahren machten die vier Halbstarken am Lenker die Straßen rund um Hvide Sande unsicher – aus den Halbstarken sind mittlerweile echte Brecher geworden. Ich dagegen fahre konsequent halbstark durch die Gegend. Auf der Höhe von Esbjerg der erste unfreiwillige Pitstopp in Form eines Reifenschadens. Man benötigt keine prophetische Gabe, um zu wissen, dass fünf Mofas auf einer Tour von der Westküste nicht vollkommen unbeschadet auf

Bornholm einrollen. Während Søren, Bent und Christian sich am platten Reifen abarbeiteten, testeten Wim (wer auch sonst) und ich in der Funktion als Verkehrsbehinderung den urigen Pommesbudenladen am Straßenrand. »Die Kobras« sind mehr als ein Club. Neben der gemeinsamen Leidenschaft werden nicht nur Werkzeuge und Ersatzteile, sondern auch Pommes geteilt. Obwohl ich behaupten möchte, dass Wim dies eher unfreiwillig tat. Es wird getüftelt und geschraubt, um den Zweitakter für den Zweizentner-Mann wieder fahrbereit zu machen. Weiter gings mit Riesenfreude »Push it to the limit« war das Motto für die nächsten 100 Kilometer. Ein beherzter Tritt und weißer Rauch steigt auf. Ich freue mich sichtlich über den feinen Benzin-Öl-Geruch, meine Möff-Möff fleht um Gnade. Räng-täng-täng hallt es nach, der Lärm stanzt Löcher in mein Trommelfell. Etwas übermütig versuche ich mich an einem Kickstart und scheitere jämmerlich. Keiner gesehen, Gott sei Dank. Für morgen habe ich mir »Donuts« vorgenommen, die ich gekonnt in den Asphalt fräsen werde. Tuning ist bei den Kobras zwar verboten, ich habe mir aber fest vorgenommen, auf Bornholm nach einem Fuchsschwänzchen Ausschau zu halten und mein Töffli dementsprechend zu pimpen. Nach dem Motto: Wer langsam fährt, hat länger Spaß, setzten wir unsere coole Tour fort. Im weiteren Verlauf wurde mir bei jeder Bodenwelle klar, warum das Gerät umgangssprachlich auch Eierpfeile genannt wird. Verstärkt merke ich den ein oder anderen stechenden Schmerz am Hintern und stelle fest, dass solch eine Art von Pobackenhalter für eine Einkaufstour zum nahe gelegenen Super Brugsen angenehm erscheint, man aber nicht zwei Tage damit nach Bornholm aufbrechen muss. Diese Erkenntnis kommt allerdings ein wenig zu spät. Genauso wie die Erkenntnis, dass ich nicht wirklich Schritt halten kann. Teilweise habe ich das Gefühl, als ob sich irgendjemand einen Scherz erlaubt und alle schon wieder auf dem Rückweg sind, so weit abgeschlagen Letzter war ich. Besorgte erste Fragen in unserer WhatsApp-Gruppe machten die Runde: Wo ist der Deutsche? Einige Zeit später trafen wir uns an einer Tankstelle irgendwo im nirgendwo wieder. Der Tankwart witterte das Geschäft seines Lebens, bis er registrierte, dass alle nur fünf Liter tankten.

Und wieder einer dieser bunten Hot-Dog-Manufakturen, ein Wunder, dass sich mein Magen noch nicht über diese ganze bunte Scheiße nachhaltig beschwert. Im weiteren Verlauf gab es immer wieder Abschnitte, auf denen kein typisch dänischer zweispuriger Radweg vorhanden ist. Auf diesen verfluchten Abschnitten ist der Adrenalin-Kick verpflichtend, der Schwerlasttransport donnert gnadenlos an uns vorbei, teilweise im Abstand von drei Lagen Esspapier, was meine Halsschlagader zur Größe einer Currywurst anschwellen lässt. Adrenalin ist mein Parfüm. Ich war geneigt zu sagen: Fahrt ohne mich weiter. Einziger Nutzen dieser Aktion: Durch den Rückenwindschub beschleunige ich teilweise auf 65 km/h und robbe mich bis auf wenige Meter an Wim heran. Dennoch, was würde ich jetzt für einen wohltemperierten und kuschelweichen Universal Lammfell Autositz geben. Auch einige Brummer aus dem Reich der Fliegen machten mir zu schaffen. Einige verfehlten mich um Haaresbreite, andere suchten ohne Ausweichmanöver den direkten Weg in meinen Magen. Sie dürften sich die nächsten Stunden von Hot-Dog-Resten ernähren. Meine Stimmung lag im Bereich meiner Tachonadel. Trotz der drohenden Gefahr beschlossen wir, den Asphalt noch einmal herauszufordern. Es beginnt zu regnen. Juhuuu, ein Tunnel – kurz ist es trocken, bevor mir kurze Zeit später der Regen wieder mit voller Wucht gegen das Visier pladdert. Solide gut gelaunt geht's weiter, ich lasse mir nichts anmerken und leide still in mich hinein. Ich erinnere mich an einen Satz, der aus unzähligen Dänemark-Urlauben hängen geblieben ist: »Schau, da hinten wird's schon wieder heller«. Der Däne macht aus jedem Wetterdilemma ein fröhliches Spiel. Der Hochsommer in Dänemark ist halt mitunter eine Einstellungssache. Der Regen ist meine Sonne.

Einige Stunden später liegen gefühlt drei Länder, fünf Alpenpässe und vier Klimazonen hinter mir. Endlich, wir erreichten unser Etappenziel in der Nähe von Slagelse auf Seeland. Ein kurzer, aber heftiger Schauer kurz zuvor sorgte dafür, dass wir uns mit unseren nassen, triefenden, durchgeweichten Klamotten in dieser Unterkunft von Beginn an chronisch unbeliebt machten. Heiligs Blechle. Die Zimmer füllen sich schnell mit umgestülpten Handschuhen, Funktionsunterwäsche sowie ausgestopften Schuhen. Wir wurden zu einer schleichenden Belastung in diesem Hotel, das, ich sage mal, spartanisch eingerichtet war. Immerhin: Im Zentrum des Raums stand ein Doppelbett. Die Pension hatte den Charme eines chinesischen Arbeitslagers. Die Matratze scheinbar mit Knete gefüllt, der Kaffee schmeckte wie der nass aufgewischte Boden eines Stundenhotels. Oder war es das? Ein Haus, dem nur noch die Abrissbirne weiterhelfen kann. In dem Hauptraum stehen 30 Gitterbetten auf 50 Quadratmetern, direkt an der Hauptstraße, jeder Antiquar wäre begeistert von dem Jahrhundertwende-Mobiliar, das schlecht behandelt, wahllos im ganzen Haus verteilt im Weg stand.

Egal, kein Ruckeln und Wackeln mehr. Ich fühle mich, als hätte ich gerade eine halbe Stunde Klaus Kinski interviewt. Ich saß vorher noch nie auf einem Mofa, war noch nie

Schrauber, geschweige denn Sammler. Ganze 20 Kilometer bin ich zum Üben mit meiner Hercules Primadonna durch Hvide Sande getingelt, habe ungewollt einen Burnout hingelegt und den Motor nicht nur einmal abgewürgt – super, läuft! Wir können starten. Somit war für mich schon der Start eine Art Trauma-Bewältigung. »Die Kobras« hatten auf jeden Fall die helle Freude mit mir. Und wie sich herausstellte, wird der Langsamste offiziell mit dem Titel Bremser geehrt. Mensch und Maschine vereint, der Titel war meiner. Neben dem Bremser gibt es als offiziellen Titel auch noch den Bergabrollmeister. Nach netter Diskussion, die selbst die Brexit-Verhandlungen in den Schatten stellt, begeben wir uns zur Ruhe.

Am nächsten Morgen wurde ich nicht nur von einer knatternden Geräuschkulisse geweckt, sondern auch von formidabel vorgetragenen Fachgesprächen. »Das Blockieren der Variomatik brachte etwas Besserung gestern, beschädigte aber letztendlich ein wenig den Riemen«. »Trotz offener Leistung und reduzierten Fliegkraftgewichten sowie kleinst möglicher Übersetzung war mein Mofa für Steigungen > 10 % nicht geeignet, weil dann die Drehzahl zu stark einbricht«. Welches Mofa scheint das beste zu sein? Kompetent und souverän führen mich die dänischen Mofa-Wissenschaftler durch dieses Minenfeld der hitzigen Meinungen. Die Begriffsstutzigen tun ihre Pflicht und stellen begriffsstutzige Fragen. Wim strahlt dabei dieses herrlich ordinäre Alphatier aus – auf der Suche nach Komplizen, die bereit sind für die Gefolgschaft. Ende offen!

Das nette 1-Sterne Hotel, welches uns für 29 Euro die Nacht Dusche und Schlafplatz geboten hatte, war nicht das, was man komfortabel nennt. Die wohl wichtigste Nachricht der gestrigen Nacht: Wir haben überlebt. Und vor allem: Ich auf dem Mofa – das verwundert, das überrascht. Das habe ich so nicht kommen sehen. Wim bewundert mich grenzenlos, weigert sich aber, dies zu zeigen.

Triebwerke an und ab auf die Startbahn. Beschwingt wie einst die mystische Wikinger-Gestalt Holger Danske schwang ich mich wieder auf das Kleinkraftrad. Kurze Zeit später passierten wir noch einige Kühe, begleitet von einem Formationsflug einiger Möwen, die kollektiv unsere Tour bestaunten, bis wir wieder Zivilisation erreichten. Unser Etappenziel heute hieß Køge, lächerliche 70 Kilometer, von wo uns die Fähre nach Bornholm bringen sollte. Von daher gönnten wir uns noch einen kurzen Abstecher nach Nørrebro, Wim wollte schon immer mal ein Picknick auf dem Friedhof gestalten. Sie haben richtig gehört, einmal Picknick auf dem Friedhof gehört zu einem der Kopenhagener Phänomene. Möglich auf dem Assistens Kirkegård im Kopenhagener Stadtteil Nørrebro. Für Jütländer befremdlich, für echte Kopenhagener so selbstverständlich wie ein Besuch im Park. Für die Menschen hier hat es nur wenig mit Pietätlosigkeit zu tun, aber viel mit dem Mangel an Grünflächen und Naherholungsgebieten im bevölkerungsreichsten und am dichtesten besiedelten Stadtteil Kopenhagens. Auf diesem Friedhof finden sich die Gräber zahlreicher berühmter Persönlichkeiten, wie etwa jene des Physikers und Nobelpreisträgers Niels Bohr, des Dichters H.C. Andersen und des Philosophen Søren Kierkegaard. Für Jütländer ist das durchaus ein Kulturschock. Wunderbar beschrieben hat dies der Autor Jakob Vølver. In seinem »Überlebenshandbuch« beschreibt der ursprünglich aus Jütland stammende Vølver seine Erlebnisse nach seinem Umzug nach Kopenhagen. Sein Werk *Jydens håndbog til overlevelse i København* fand einiges an Beachtung. Und in der Tat, unterschiedlicher könnten die Lebensumstände nicht sein. Besonders deutlich wird das, fährt man von Kopenhagen den Strandvej (Landstraße 152) über Klampenborg, Humlebæk nach Helsingør. Luxusresidenzen, prachtvolle Villengrundstücke, Designervillen, Schlösser, elegante Hotels, die Øresundküste bis nach Helsingør ist die exklusivste Wohngegend von ganz Dänemark. In Jütland, speziell in Hvide Sande, erschließt sich eine ganz andere Welt. Dänemark – das Minenfeld der kulturellen Eigenheiten.

Auch bis Køge verlief der Verkehr flüssig, der Fahrtwind bot eine angenehme Abkühlung. Schnell gelang es mir, mich wieder an die atemberaubende Spitzengeschwindigkeit von 52 km/h zu erfreuen, lasse im Antritt Messi aussehen wie einen Tele-Tubbie. Folgen Sie mir in eine Welt der Emotionen und sportlichen Höchstleistungen. Wie einst der junge Jens Weißflog hebe ich ab, mit der Präzision eines alten Herzchirurgen knattere ich über den Asphalt – powerful on the road. Mein Talent arbeitet wie ein Schweizer Uhrwerk, meine Lernkurve erreicht bereits am zweiten Tag ungeahntes Niveau. Ich bin voll überzeugt, mein Talent hält dagegen. Wim meinte noch heute Morgen bestens gelaunt, dass mein Fahrstil eine einzige Verhöhnung des 2-Rad-Sports sei. Ich dagegen sehe mich schon mit eigener Sendung auf DMAX: »Lichthupengewitter von hinten«.

Apropos, auch heute bringen mich diese Schwerkraftkasper zielsicher auf die Palme. In diesen Momenten kommt mir mein Helm so sinnvoll vor, wie Schienbeinschoner beim Armdrücken. Vor mir zwei Rennradler. Ich markiere den starken Mann und ziehe lässig an ihnen vorbei, im Rückspiegel hebt der Wutradler die Faust zum Gruße. Der Mensch neigt zur Prahlerei. Und wenn es nichts zum Prahlen gibt, möchte man wenigstens individuell sein. Solch eine Lederkluft beflügelt halt.

Køge hat einen luxuriösen Hinterausgang und so geht es mit der Highspeed-Fähre auf die Sonneninsel. Von der Fähre schaue ich zurück und denke: Die dänische Natur hat Anmut – es ist offenkundig, dass sie nicht grandios ist, mal abgesehen von schönen Dünen, Heide und der einen oder anderen Steilküste – vor allem hier am Møns Klint. Erst mal gemütlich zwei Kaffee getrunken: für 12 Euro. Schnell noch ein Wasser: für 6 Euro.

Endlich – Bornholm! An alle Kritiker: Wir haben es geschafft. Am Ziel Riesenfreude und Überraschung: Kein Motor zerhauen oder überhitzt, mit Genugtuung nahm ich die verdiente Bierdusche entgegen. Sonne, Strand, Luftfeuchtigkeit, es ist heiß hier. Zeit für ein Bad, ein Bad in der Menge. Fühlte mich ein wenig wie der klassische Mofa-Rocker, der sich für unsterblich und sein Mofa mindestens für eine Harley Davidson hält. Es geht auch ohne Geschwindigkeitsrausch und PS-Wahn. Die Bornholmer staunten nicht schlecht, als die Zweitakt-Rowdys sich auf den Mofas der Marken Hercules, Zündapp, Kreidler und Co. ihren Weg zum Campingplatz bahnten.

Was freute ich mich, endlich Bornholm, diese bizarre, geile Insel, kennenzulernen. Dänen gelten als entspannt, Bornholmer sollen noch entspannter sein. Ich war regelgerecht gespannt auf so viel Entspannung. Eine Insel als Vorbild für Europa – 100 % erneuerbare Energien, Baustoffe rein aus recycelten Materialien, hier werden Nachhaltigkeit und Klimaschutz gelebt.

Auf einem Campingplatz, nur einen Steinwurf von Gudhjem entfernt, hatten wir eine kuschelige 6er-Hütte gebucht. Ein butterblondes betörendes Mädchen, eines dieser blonden skandinavischen Naturkinder, alarmierend attraktiv, checkt uns ein. »Hej!«, sagte die Erscheinung und ich merkte, dass sich mindestens drei von uns sofort und völlig aussichtslos in sie verliebten. Die Verliebten starren die Schönheit an, wir alle kommen von diesem Anblick nicht los. In der ganz in Schwarz gekleideten Balzkleid-Kutte versucht das Männchen (Wim), das Weibchen (sie) für sich zu gewinnen. Da kommt der Amore-Fighter in ihm durch. Wim – der Mann mit seiner übergroßen Persönlichkeit und seinem 1000-Megawatt-Lächeln überzeugt. Flirten ohne Sinn und Ziel – nicht abschlussorientiert. Manchmal klappts – diesmal nicht. Egal was sie sagte, wir nickten gründlich. Die junge Dame am Tresen macht den Empfang und das Telefon. Wenn sie sich auf nur eine der beiden Tätigkeiten konzentrieren könnte, wäre sie der Aufgabe besser gewachsen. Aber durch die Doppelbelastung empfindet sie Besucher durchaus als Störung beim Telefonieren und Anrufe als Belästigung bei ihrer Empfangstätigkeit. So wird sie wohl von Besuchern und Anrufern als gleichermaßen unfreundlich empfunden, was aber nichts macht bei ihrem Aussehen.

Das Check-in-Häuschen in einem dezenten Nikotinbraun gehalten, die Cordhose des Eigners ist selbstverständlich auch braun. Trocken; lakonisch; Bornholmer eben. Oder lag sein Blick nur an meiner streng riechenden Kleidung, ich meine, bereits aus vier Metern Entfernung eine Reaktion auf meinen Körpergeruch zu erkennen. Ein zartes Erbleichen war durchaus zu vernehmen.

Gudhjem – klein, sicher und freundlich präsentiert sich dieses moderne, aber verschlafene Nest mit enger Verbindung zur Natur. Gut ein Dutzend historischer Fachwerkhäuser in bunten Farben gestrichen, dazu blühen kleine Gärten in den schönsten Farben, garniert mit etlichen Feigenbäumen. Der Duft von geräuchertem Hering liegt in der Luft.

Rundkirchen, die Stars der Insel, sowie noch einige Windmühlen dürfen im Gesamtbild natürlich auch nicht fehlen. Zufrieden ließen wir uns in einer der unzähligen Cafés nieder und feierten unsere Ankunft.

Wim orderte vorab einen Kakao, serviert mit Vollmilch 3,5 % Fett, zwei Marshmallows und einem Schlag Sahne. Der Bedienung gab er noch mit auf den Weg: »Bitte nur ein klein wenig Sahne.« Für uns schob er noch den Hinweis hinterher, dass es ihm sonst zu mächtig wird. Über Wims gepflegte Esskultur wunderten wir uns schon lange nicht mehr. Ich bekam ein Weißbier einer bekannten bayerischen Vorzeigemarke serviert. Weißbier ist Wochenende, Sorglosigkeit und bedeutet: keine Termine. Nichts passt im Sommer so gut wie Weißbier, ich würde nicht auf die Idee kommen, mir ein Weißbier einzuschenken, wenn es nieselt oder ein Kaminfeuer brennt. Weißbier und Wehmut, Weißbier und Herbst, dass passt in meinen Augen nicht. Das Bier ist allerdings wärmer als das Stück Fleisch auf meinem Teller. Muss ich das Stück Fleisch erst vorab am Bierglas reiben? Kenne ich die Bornholmer Gepflogenheiten?

Willkommen in der Adrenalin-Brauerei. Wim, schluffiger Typ im Kiffer-Duktus, könnte Wortfindungsstörungen zur Kunstform erheben. Er überlegt, plündert in seinem eigenen Leben und findet ständig aufs Neue absurde Anekdoten und Situationen. Er produziert, meist ungewollt, eine Lachsalve nach der anderen, seine Geschichten führen nach spätestens 10 Minuten zur Gesichtslähmung. Menschgewordener Lach-Keks, Quelle ewiger Heiterkeit, 198 Zentimeter Meinungsstärke. Mit dem Filetmesser der Satire unterhält er uns alle ganz vorzüglich. Ich gönne mir noch ein Stück Kuchen, das Crystal Meth des kleinen Mannes. Für die anderen gilt: Kaffee, Kippen, Klartext.

Die Sonne brennt, die Drinks sind kühl, die Mofas stehen. Ich spitze meine Lauscher und muss mal wieder feststellen, auch diese Region Dänemarks hat wenig mit dem Dänisch zu tun, wie ich es einst lernte. Bornholmsk, ein ostdänisch-schonischer Dialekt, ein ähnlich unverständliches Kauderwelsch wie Vestjysk, der geschätzte Dialekt der jütländischen Westküste. Wenn ein gebürtiger Däne wie Wim schon dreimal nachfragen muss, um den Inhalt eines Satzes im Vollen zu verstehen, kann ich mich beruhigt in meine gepolsterte Mofa-Hose zurückziehen und still genießen. Selbstbewusst und liebenswürdig pflegen die kleinen Bornholmer Fischerdörfchen ihren eigenen Charakter. Einer der schönsten Seiten Skandinaviens, wie ich finde. Bornholm – Insel der Künstler. Ja, hier fühlte ich mich wohl.

Einzig das abendliche Unterhaltungsprogramm in Form von Campingplatz-Karaoke drohte die Idylle zu zerstören. Und der auch hier angewandte Monobloc-Stuhl, dieses seit den frühen 1970er-Jahren gefertigte stapelbare Kunststoff-Sitzmöbel (googeln Sie ruhig, sie werden dieses meistverkaufte Möbelstück aller Zeiten mit Sicherheit kennen). Es bedroht neben der Umwelt auch den guten Geschmack.

Ansonsten herrschte eine angenehme »Alles kann, nichts muss«-Atmosphäre. Während ich am liebsten die Windjacke hervorgeholt hätte, sitzt der Däne auch dann noch in Hemdchen und Schlappen da, als schon eine scharfe Brise vom offenen Meer weht. Der Däne harrt aus. Zähneklappernd sauge ich die Sonne bis zum letzten zarten Strahl am Abendhimmel auf. Dann verschwindet sie, übertrieben schnell. Wir üben uns noch im Kickern, Tischfußball ist immer noch die beste Evaluationsmethode, um die Winner von den Losern zu trennen. Ich verliere und fühle mich in meiner Theorie bestätigt.

Bornholm, Perle der Ostsee, wird auch gerne Sonneninsel genannt. Fragt man einen Bornholmer, wie diese Insel entstand, hört man stets die Antwort: Als Gott einst Bornholm erschuf, war er schon ein wenig ermüdet. Ermüdet, weil er betreits sechs Tage die Welt erschaffen hatte. Demnach nahm er alle Zutaten, die er besonders gelungen fand, und warf sie über die Schulter ins Meer. So landeten glitzernde Granitbrocken, Schluchten, Wald und Felder, schneeweißer Puderzuckerstrand und reichlich Sonnenstrahlen in der Ostsee zwischen Dänemark und Schweden. Es entstand nicht nur die sonnenreichste Region Dänemarks, sondern auch eine der fruchtbarsten und ohne Zweifel auch eine der schönsten des Landes. 40 000 Einwohner zählt dieses Eiland, auf einer Länge von 44 Kilometern vom nördlichsten Punkt, der Festung Hammerhus, Nordeuropas größte Burgruine, bis ins südlichste Dueodde. Gerade in der Mitte der Insel präsentiert sich Bornholm sanft hügelig, prädestiniert für easy Mofa Driver. Nicht umsonst hatten wir diese Insel als Zielflughafen gewählt. Gemütlich an der Küste entlang cruisen, der Anblick über den Strand von Dueodde lässt Karibikgefühle aufkommen, dazu das türkisblaue Wasser der Ostsee – hier vermisst keiner die niederländischen Antillen.

Bornholm hat, wie das mit Inseln so ist, eine ganz besondere Geschichte zu bieten und überall sind Spuren der Vergangenheit auf der Insel zu finden. Bornholm wurde nach Ende der Eiszeit vor 10 000 Jahren besiedelt und war bis zur Wikingerzeit um 800 n. Chr. Handelsstützpunkt zwischen Skandinavien und Russland. Danach wurde es ein wenig unbeständiger und in der Folgezeit wechselte die Herrschaft zwischen Dänen, Schweden und Deutschen. Auch die Russen schauten zwischendurch mal vorbei. Seit 1658 gehört Bornholm endgültig zu Dänemark, obwohl es, geografisch gesehen, viel näher an Schweden liegt. Liegt Kopenhagen etwa 150 Kilometer entfernt, sind es bis an die schwedische Südküste (Schonen) nur etwa 40 Kilometer. Auch auf Bornholm hat der Fischfang seinen historischen Stellenwert verloren, die Mehrheit der Inselbewohner lebt heute vom Tourismus oder von der Landwirtschaft. Die typischen Zweige Fischerei, Keramikindustrie und Räucherei spielen dennoch nach wie vor eine wichtige Rolle auf Bornholm, der frisch geräucherte Bornholmer Hering ist die kulinarische Spezialität schlechthin.

Beschwipst von der Bornholmer Gastfreundschaft traten vier lustige Dänen und ein Dreiviertel-Däne mit ihren Leichtmotorrädern die Heimreise an. Ich in meinem Lederkleid – es gibt diesen Blick der Bornholmer, den sie einem zuwerfen beim Vorbeigehen, ein Austarieren der Kleidung, alles wird vorgemerkt, dann geht es sofort in das kollektive Bewusstsein ein, später wird es angeeignet, kopiert und ich wette, morgen rennen sie hier alle so rum. Nun ja, oder auch nicht. Ich befürchte eher, nicht den Deut einer Chance zu haben, mit meiner, zumindest an mir geradezu lächerlich aussehenden, Lederkluft in die bornholmische Gesellschaft aufgenommen zu werden. Was solls! Die Sonne schien grell von einem azurblauen Himmel, der Sommer war mit Wucht über die Insel hereingebrochen, wir staunten und gönnten uns noch mal einen Espresso für 5 Euro fünfzig, während sich die Spatzen um die Hot-Dog-Krümel unter meinem Stuhl balgten.

In meinem Inneren legte sich ein Schalter um, Euphorie und Dankbarkeit übernahmen die Kontrolle, mit 45 km/h rasten wir fließend an blühenden Landschaften vorbei. Auf geht's! Going the extra mile! Moving the goal posts! Rambazamba at its very best!

Bornholm wird in die Riege meiner Lieblingsinseln, neben Mallorca und Sylt, ab sofort feierlich aufgenommen.

Einen Tag später waren wir wieder in unserem Tyskerhavn in Hvide Sande – an einem Ort der Kontraste, neue Hightech-Konstruktionen an Häusern stehen hübsch angestrichenen, aber simplen alten Fischerhütten gegenüber. Die Reifen der Mofas abgewetzter als die Flip-Flops von Mahatma Gandhi. Nach fünf Tagen auf dem Mofa sah ich im Gesicht aus, als hätte ich eine 10er-Karte Sonnenstudio in den letzten 24 Stunden weggesonnt, Haut wie eine Pinnwand. Diese Tour wäre mir eine Schultergelenkfraktur wert gewesen. Es kam glücklicherweise anders. Die Entourage fachsimpelte noch mal kurz und ließ diese Reise Revue passieren. Wie Frodo vor dem Berg, wie Batman vor dem Joker, habe ich mit kühlem Kalkül und grandioser Athletik die Tour gemeistert, ich Speerspitze unserer Leistungsgesellschaft, in mir lebt ein Friedrich der Große. Ab jetzt bin ich mythenumrankt hier im Dorf.

Als verhaltenspsychologisches Genie bin ich kein Mann der schnellen Superlative, aber: dieser Fokus, diese Willensstärke, dieser naturgegebene Hang zum Gewinnen. Ich Easy Rider von Hvide Sande, der finstere Bollo, knattere seitdem einmal die Woche durch die Fußgängerzone, winke ins Volk und sehe mit meinem Hoodie aus wie ein sehr bizarres Kind. Als Kirchenlaie gehe ich davon aus, dass ich gemäß Heiligenverordnung § 8, Absatz 5 wie einst Mutter Teresa heiliggesprochen werde, da ich nachweislich (neben bestandenem Einbürgerungstest) mit dieser Tour nach Bornholm zwei Wunder innerhalb weniger Wochen vollbracht habe.

In diesem Zusammenhang muss ich noch erwähnen, dass die gesamte Organisation der Kobras extrem gut und professionell vonstattenging. Wim, unser Zeremonienmeister, der uns wie ein Hirte zusammentrieb, bevor uns der Alltag wieder entkernen wird.

Dennoch, nie wieder mit der Mofete nach Bornholm – ich schwöre bei Wikinger Blauzahn, ein back on the Bock wird es für mich nicht geben. Vermutlich bin ich aber auch nur sauer, weil diese Tour mir so deutlich wie nie gezeigt hat: Ich werde älter! Könnte mal wieder ein Zimmer im Stanglwirt buchen.

In diesem Sinne: Zündung an, wuchtig in die Pedale getreten und ab damit … ich verabschiede mich mit einem Knall. Hauptsache, ich bekomme bis zum Herbst die Lederkombi wieder vom Balg.

4. Färöer-Inseln

Starring: Tim Uhlemann

Auf zum Flughafen nach Billund. Aus Hvide Sande heraus bewundere ich auf der Höhe der Pizzeria Bella Italia immer mit Wonne die dänischen Gebetsfahnen. Dänische Gebetsfahnen oder Gebetsflaggen sind heute im dänischen römisch-orthopädischen Glauben übliche Fahnen in meist kleiner rechteckiger Form. Sie werden von den Gläubigen bis zur vollständigen Verwitterung dem Wind ausgesetzt, damit nach ihrer Überzeugung die Gebete dem Himmel zugetragen werden. Zugegeben, im Buddhismus wirkt das alles etwas farbenfroher. Laut Überlieferung passt sich der Däne hier wohl dem eher üblichen Grau der Nordsee an. So haben

Dänische Gebetsfahnen

es mir zumindest dänische Fischer erzählt – für den Wahrheitsgehalt kann ich nicht garantieren. Religionsbanausen sprechen hier abwertend nur von in den Zaun gewehtem Plastikmüll. Ich komme gerne hierher und lasse mich von dem speziellen Flair des Ortes verzaubern.

Ansonsten wurde dem Plastikmüll in Hvide Sande der Kampf angesagt. Seit 2020 gibt eine omhu-Filiale im Herzen des Dorfes, direkt neben dem bryghus (Brauhaus) gelegen. Omhu bedeutet so viel wie Pflege und Sorgfalt, dabei haben sich die beiden Startup-Gründer Katrine und Daniel einen Trend zu eigen gemacht: Ab sofort dürfen Urlauber tatkräftig mit anpacken und Müll sammeln. Die Mission dabei ist klar: Die Nordsee zu schützen, Recycling, aus Alt mach Neu, die Aufbereitung und Wiederverwendung von Plastikabfällen für neue Produkte, Plastikmüll neues Leben schenken, bestehende Dinge neu nutzen. Omhu hat alleine in Hvide Sande in den letzten drei Jahren knapp 25 Tonnen Müll gesammelt. Mindestens einmal die Woche geht es raus an den Strand. Es geht um Meeresplastik, saubere Strände und etwas für Hvide Sande zu tun. Neues Leben für Ozean-Plastik ist das Motto, wenn am Strand gefundenes Plastik in der Werkstatt zerkleinert und weiterverarbeitet wird. Weiterverarbeitet zu Schlüsselanhängern, Uhren, Armbändern. Das Herz hängt an Recycling, Nachhaltigkeit in seiner besten Form. Katrine und Daniel schenken Plastikmüll neues und wertvolles Leben, nebenbei findet man an den Stränden rund um Hvide Sande nichts anderes als feinsandigen Nordseestrand. Einen der beiden herzlichen, engagierten und inspirierenden Gründer findet man nahezu täglich im omhu-Hauptquartier an. Und wenn Sie nur auf einen muntermachenden Espresso vorbeischauen (der schmeckt hier übrigens vorzüglich) – Katrine (organisiert u.a. mit WATERZ Skandinaviens größtes Wassersportfestival, das einmal jährlich im September in Hvide Sande stattfindet) sowie Daniel, dieser lässige Hombre mit seinem charismatischen Lächeln, werden Sie begeistert empfangen. Menschlichkeit, Witz, Seele, Daniel bringt von Haus aus alles mit. Dazu zwei ausdrucksstarke Augen, Flip-Flops – fertig ist der perfekte Surfer-Typ, Surfer vibes inklusive. Daniel arbeitet mit Komik, Klugheit und einem gesunden Kaliber an satirischen Mitteln, für jeden hat er ein freundliches Wort parat. Nebenbei feuert Katrine das gesamte ihr zur Verfügung stehende erfrischende Charme-Arsenal ab – die beiden bilden ein starkes Duo. Wer noch ein lässiges T-Shirt oder einen Hoodie benötigt, ist hier ebenfalls genau richtig. Kurzum: Omhu sollten Sie bei Gelegenheit einen Besuch abstatten.

Färöer-Inseln – ich denke mehr an Schafe als Bewohner, an dicke Strickpullover, fermentierte Lammköpfe mit Blutwurst, bunte Häuser mit grasbewachsenen Dächern, sympathische Papageitaucher, Mutter Natur in Höchstform, maximal 13 Grad und Wind, viel Wind.

Vier Tage Schafsinseln zum Preis von zwei Wochen Mallorca. Viele würdigten mein Reiseziel als originell, andere quittierten es als eine Art Unzurechnungsfähigkeit. Irgendwo dazwischen würde ich es selber einordnen. Leni begleitete mich ebenfalls eher widerwillig. Ihr musste ich eine Woche Malediven versprechen zum Preis von sechs Wochen Mallorca. An exotischen nordischen Reisezielen fehlte mir somit nur noch Spitzbergen sowie Lappland. Leni quittierte meinen Spitzbergen-Vorschlag eher naserümpfend: »Ist klar, auf dem Rückweg können wir auf Grönland noch eine Woche Strandurlaub buchen.« Spätestens von meinen atemberaubenden Bildern auf Instagram werden auch die letzten Reisebanausen angefixt sein von meinen exotischen Sommerzielen.

Einchecken in Billund, nachdem wir auf dem Flughafen noch asiatisches Fertigfutter, sogenannte YumYum-Nudeln, weggelöffelt haben (laut Leni »krass lecker«), hätte ich mich diesmal auch für einen Fensterplatz geprügelt. Den Anflug auf die Schafsinseln wollte ich hautnah erleben, hatte mir extra eine Playliste mit Gänsehautgarantie für den Anflug zusammengestellt. Auf geht's mit Atlantic Airways ins Land der Wikinger, auf der kleinen Inselkette zwischen Island und Norwegen gelegen. Ein Flugzeug verirrt sich ins Nirgendwo. Felsig, rau, schroff und ziemlich abgelegen.

Nach knapp zwei Stunden Flug, der Nebelschleier lichtet sich, begann die spektakuläre Aussicht auf das Schauspiel der Bergketten der Färöer, wuchtige Bergspitzen bohrten sich ihren Weg durch die Wolkendecke. Durch die Wolken hindurch schaue ich auf eine seltsame Welt, die Färöer sind nicht nur ein bisschen anders, sondern ziemlich anders. Ungezähmte Natur, eine Poesie der Urgewalten. Playlist an! Es beschallen mich u. a. Eivør mit »Trøllabundin«, Marius Ziska mit »Nærveran«, Jeremy Soule mit »Nerevar Rising«, X-Ray Dog mit »You Can Fly« sowie Roo Panes mit »A Message To Myself« in der Reihenfolge, von mir aus hätte der Kapitän noch eine Extra-Runde über die zerrupfte Insellandschaft anordnen können. Gewaltige grüne Bergkuppen kommen uns im nordischen Nirgendwo Europas immer näher. Ich meinte, selbst bei Leni einen Hauch von Faszination erkannt zu haben. Gewaltige Wasserfälle, tiefe Felsschluchten, aufwühlendes Meer, bei dieser gewaltigen Kulisse des Archipels wird das Wort »Natur« neu definiert. Die Grasfelder auf diesen wuchtigen Bergketten, noch nie habe ich solch ein leuchtendes Grün wahrgenommen. Der Anflug gab einen Vorgeschmack auf das, was sich uns in den nächsten Tagen bieten würde. Bis zum Schluss ruckeln uns diverse Windböen ordentlich durch, etwas wacklig, aber durchaus souverän setzt unsere Maschine auf der einzigen Landebahn des Mini-Airports in Vagar auf (für Leni: Auf der Europakarte links oben und London liegt ganz weit im tiefen Süden).

Wir konnten uns glücklich schätzen, denn das Wetter mit seinem Nebel, Wind und Nieselregen macht einen termingerechten An- oder Abflug mitunter unmöglich. Der Airport im grünen Land der Stille ist nichts für schwache Nerven und selbst für Vielflieger und Meilensammler eine Herausforderung. Der Landeanflug auf die Färöer-Inseln gilt als einer der schwersten, kompliziertesten und spektakulärsten in Europa, nicht wenige behaupten, weltweit. Angeflogen wird dieser Flughafen nur von Atlantic Airways sowie Scandinavian Airlines (SAS), die eine deutlich bessere Performance beim Landanflug aufweisen als andere Airlines, zumindest was die Färöer-Inseln betrifft. Die Maschinen der Atlantic Airways verfügen über ein spezielles Schlechtwettersystem, das ihnen bei starkem Sturm und Regen eine Landung erleichtert, sie gelten daher als zuverlässiger als die Flugzeuge der SAS. Die Landebahn hat die bescheidene Länge von 1800 Metern – nicht viel, wenn man bedenkt, dass hier orkanartige Winde den Flugbetrieb stören! Die Bergspitzen, extreme Winde und das anzufliegende Tal sind drei Komponenten, die Vagar zu einem der gefährlichsten Flugplätze der Welt machen. In meinen Augen völlig übertrieben, von daher verschwieg ich Leni im Vorfeld die besonderen Umstände des Anfluges (vorm gefährlichen Anflug auf die Malediven werde ich Leni allerdings vorab eindringlich in Kenntnis setzen).

Ab und an müssen Maschinen durchstarten, wenn der Wind zu stark ist. Dann dreht der Pilot eine Runde und setzt erneut zum Landeanflug an. Dieses Manöver unternimmt er immer wieder, solange er noch Benzin im Tank hat, um beim Scheitern aller Versuche in die isländische Hauptstadt Reykjavik oder ins norwegische Bergen auszuweichen. Sofern der Wind nachlässt, wird der Anflug auf die Färöer am nächsten Tag erneut versucht.

Willkommen auf den Färöer-Inseln, der Inbegriff der Abgeschiedenheit, Inselgruppe im Nordatlantik mit bescheidenen 300 Tagen Regen im Jahr, einem der letzten unentdeckten Hotspots Europas. Ihr Schicksal ist das Wetter: Regen, Starkregen, Dauerregen. Ein Tief jagt in der Regel das nächste. Viel Wind, was den Vorteil hat, dass irgendwo auf den 18 Inseln auch gerade die Sonne scheint. Ab 10 Grad laufen sie in Shorts rum, steigt die Temperatur auf 13 Grad, reden sie von einer Hitzewelle, und wenn es mal 16 Grad werden, dann wollen sie arbeits- und schulfrei. Die Färöische Kultur bringt besonders viele Wagemutige, Rebellen und Eigenbrötler hervor. Ohne solche exponierten Charaktere wäre die Welt nicht nur ärmer, sondern würden die Färöer-Inseln es auch schwer haben, zu existieren.

Langsam rollt der Tourismus auch über die Färöer, mehr und mehr stellt man sich auf den Tourismus-Boom ein. Bisher war diese Spielwiese im Nordatlantik (die Arbeitslosigkeit liegt bei unter 2 % – Traumdaten einer gesunden Volkswirtschaft) eher wenigen Outdoor-Liebhabern und Fotografen vorbehalten. Immer mehr Outdoor-Enthusiasten entdecken neben Island und den Lofoten nun auch die zu Dänemark gehörenden Färöer-Inseln. Im Land des Fischfangs (die Färöer sind nicht in der EU, weil sie die Kontrolle über »ihr Meer« behalten möchten) und der Schafzüchter freut man sich, tut es doch der Wirtschaft gut, zeigt sich mitunter aber auch überrascht, denn sicherlich gehören die Färöer, ähnlich wie die prominenten skandinavischen Nachbarn, nicht zu den günstigsten Urlaubsländern. Allerdings überzeugen Fjorde, unberührte Natur, faszinierende Wasserfälle, raue Klippen auf ganzer Linie. Raue Schönheit, aus dem Erdinneren ausgespuckt, wie hingeworfen und dann von Wind und Wellen zerzaust. Ein paar winzige Flecken, abgeschieden im Atlantik. Würden die hier lebenden Menschen bei schlechtem Wetter im Haus bleiben, müssten sie das an 300 Tagen im Jahr machen, von daher ist eine Gesellschaft, die 800 Jahre auf einer Insel gelebt hat, anders, als es Großstädter sind. Die Wesensart des Ruhrgebiets könnte man hier wohl nur schwer implantieren.

Die Färöer-Inseln, oder *Føroyar*, wie die Einheimischen sagen, gehören zur dänischen Krone und sind eine Gruppe aus 18 Inseln mit autonomer Verwaltung. Die Kriminalitätsrate tendiert gegen null, in den letzten 100 Jahren gab es nur vier Morde. Es gibt ein Gefängnis, bei klarem Wetter wohl die Strafanstalt mit der schönsten Aussicht. Es gibt 12 Zellen, im Schnitt sind sieben der 12 Zellen besetzt, die meisten Delikte hängen mit Alkohol zusammen (längere Strafen müssen in Dänemark abgesessen werden). Die Färinger betrachten sich weniger als Dänen, sondern als eigenständiges Volk, das ebenfalls von Wikingern auf den Färöern abstammt. Die färöische Sprache ist eher mit dem Norwegischen und Isländischen verwandt, dennoch beherrscht auch jeder Färinger die dänische Sprache. Die Färinger sind, wie auch die Grönländer, eine »gleichberechtigte Nation« innerhalb des Königreichs Dänemark und mit zwei Abgeordneten im dänischen Parlament vertreten.

Was? Sie wissen nicht genau, wo sich die Färöer befinden? Bei Leni, die die Färöer irgendwo zwischen Äquatorialguinea und Dschibuti einordnet, würden Sie mit Ihrem Halbwissen durchaus auf Verständnis stoßen. Man muss nicht zwingend Längengrad, Breitengrad sowie die GPS-Koordinaten der Färöer abrufbar haben, aber zumindest sollte man wissen, dass sich diese 18 Inseln in der Mitte des Golfstroms im Nordatlantik, auf halbem Weg zwischen Schottland und Island, befinden.

Ein Archipel aus 18 vulkanischen, gebirgigen Inseln, die zum ersten Mal im Jahre 300 n. Chr. besiedelt wurden. Der Name »Schafsinseln« wurde den Inseln von norwegischen Wikingersiedlern im 9. Jahrhundert gegeben. Die Färöer unterliegen der äußeren Souveränität des Königreichs Dänemark, sind seit 1948 aber eine selbstverwaltete Nation, das heißt, dass die Inseln alleinige Zuständigkeit haben, Gesetze zu erlassen und unabhängig von Dänemark in verschiedenen Bereichen wie Steuern, Bildung, Handel oder soziale Sicherheit zu regieren.

Das Gesetz über die Autonomie der Färöer 1948 sichert der kleinen nordischen Inselnation weitgehende Selbstbestimmung in allen inneren Angelegenheiten, liegt aber weiter unter der externen Souveränität des Königreichs Dänemark, d.h. Außen- und Verteidigungspolitik verbleiben bei Dänemark. Die Färöer haben ihr eigenes gewähltes Parlament und entsenden darüber hinaus zwei Mitglieder, welche die Färöer-Inseln im dänischen Parlament in Kopenhagen vertreten. Die 17 bewohnten Inseln sind dank hervorragender Infrastruktur miteinander verbunden, die Basis für die Instandhaltung der sozialen, wirtschaftlichen und kulturellen Tragfähigkeit der Gemeinden im gesamten Land.

Dass Hvide Sande eine andere Welt ist, wussten wir. Eine Steigerung dieser Welt erlebt man auf den Färöer, es ist das Leben in einer Blase. Das wird einem direkt am Flughafen bewusst, als wir feststellten, dass man den Schlüssel für seinen Mietwagen im Handschuhfach des offenen Fahrzeuges findet. Das Kennzeichen wurde vorab per E-Mail mitgeteilt. Obwohl wir uns auch für den Hubschrauber hätten entscheiden können. Hubschrauber fliegen nach Fahrplänen genauso wie die Busse und sind kaum teurer. Bezahlt wird das alles von der dänischen Regierung, Kopenhagen muss die Färöer bei Laune halten.

Der Transfer vom Flughafen bis nach Tórshavn dauert etwa 40 Minuten, wir entschieden uns für eine zentrale Unterkunft in der Inselhauptstadt. Die ersten Kilometer, weiterhin von Wind und Regen gebeutelt, garniert mit vielen »Boah« und »Alder« aus unserem Munde (wir bezeichnen uns selber als kulturbeflissene Globetrotter). Dunkle Vorgärten voller kahler Sträucher säumen die nass glänzende Straße. Es regnet nicht, aber die Luft ist so feucht, dass ich den Scheibenwischer in der Intervallposition laufen lassen muss. Zwischendurch ziehen doch immer wieder Regentropfen ihre schrägen Bahnen über unsere Fenster.

Manchmal sind Worte einfach nicht genug. Die Straße gehorcht der Willkür der Lavafelder, ab und an schaut ein Schaf um die Ecke. Hier beansprucht die Natur ältere Rechte als die Zivilisation. Eis, Asche, Feuer, Wasser, man hat den Eindruck, man bewegt sich rückwärts durch die Evolution, ein Ort voller scheuer Individuen – ein Ort, der sich totstellt. Das Meer als Taktgeber für das Inselklima. Dank Golfstrom sind die Temperaturschwankungen auf den Färöern überraschend gering. Während in den Sommermonaten die Durchschnittstemperatur knapp 11 Grad beträgt, fällt sie in den Wintermonaten selten tiefer als 4 Grad (die Menschen hier tragen viel weißes Fleisch). Das Schöne: Hier ist es definitiv zu teuer und zu kalt für Pauschalreisende. Hier ist es entweder zu lange hell oder zu lange dunkel. Ein Land, weitgehend in Ruhe gelassen von der Welt.

Tórshavn empfängt uns mit sanften 9 Grad und einem Wechselspiel aus Sonne und Wolken – ausbaufähig, aber immerhin. Während der Autofahrt Richtung Tórshavn stellen wir schnell fest, dass es eine grob fahrlässige Idee ist, sich einen speziellen Foto-Moment (die lauern hier an jeder Ecke) für später zu reservieren. Dank des unvorhersehbaren Klimas zählt auf den Färöern jeder Moment. Das Landschaftsbild ist in erster Linie von sattgrünem Gras geprägt, das selbst vor Hausdächern nicht Halt macht und perfekt als Teil der Landschaft verschmilzt. Schroffe Klippen, die sich dem stetig heranrollenden Meer widersetzen. Neue Horizonte, unbekannte Welten, wir wissen um die Einmaligkeit unserer Reise.

Wolken – wir machen Bekanntschaft mit den treuesten Gästen der Färöer, die auf ihrem langen Weg über den großen Teich zwischen all den Hügeln Rast machen und viele der 18 Inseln in ein tiefes Grau hüllen. Diese Bilder, die dann hauptsächlich über soziale Medien wie Instagram in die Welt transportiert werden, sind für die Einheimischen Fluch und Segen zugleich. Natürlich hilft es, die Färöer-Inseln bekannter zu machen, sollte nach Möglichkeit aber nicht überhandnehmen. Es wird schwierig, die richtige Balance zu finden, wenn jetzt schon Sonnenanbeter wie Leni die Färöer bereisen. Die Heimat wird auch für viele Färinger selbst immer interessanter. Die Verbundenheit mit der Heimat ist seit jeher groß, mittlerweile gibt es aber auch genügend Arbeit für alle (auch aufgrund neu geschaffener Jobs im Tourismus- und Reisegewerbe), was dazu führt, dass viele Färinger, die zum Studieren hauptsächlich lieber nach Kopenhagen gehen, in ihre geliebte Heimat zurückkehren. Zur Freude der Regierung wurde die 50 000-Bewohner-Marke zum ersten Mal geknackt (Tendenz steigend), bei 80 000 Schafen wohlgemerkt. Dies führt allerdings dazu, dass der Wohnraum in der Hauptstadt Tórshavn langsam knapp wird. Auch aus diesem Grund wurde soeben ein gigantischer Untersee-Tunnel fertiggestellt, der die Hauptstadtinsel mit der Nachbarinsel Eysturoy verbindet.

Die erschwinglichste Variante, um von A nach B zu kommen, man glaubt es kaum, ist der lokale Hubschrauberservice für die zivile Bevölkerung, der bei Bewohnern und Touristen auf viel Gegenliebe stößt. Der Helikopter als ganz normales Fortbewegungsmittel, das ist die spannende Infrastruktur einer Inselwelt (drei Verkehrsampeln auf den gesamten Färöer-Inseln), bei der der Begriff Verkehrsstau zum Fremdwort wird. (Vorsicht: Das Navi signalisiert nicht immer Zusammenarbeit.)

Seit jeher habe ich ein Faible für solch abgelegene Inseln wie die Färöer oder Island, am Rande der Welt gelegen.

Trotz dieser Rauheit verbreiten diese Orte auf unerklärliche Weise ein beruhigendes Gefühl der Stille, bieten den perfekten Nährboden für alle meine Sinne. Man taucht ein in eine komplett andere Welt, lässt sich vom windgepeitschten Nordatlantik treiben, friedlich-idyllischer Zufluchtsort zwischen grünen Tälern, Fjorden und Wasserfällen gelegen. Kindliche Fantasiewelten von mythischen Bergen, mit Rasen bedeckten, hobbitartigen Häusern werden hier Wirklichkeit. Menschen, die seit Generationen von den rauen Elementen der Inseln geformt und geprägt wurden, Wärme und Natürlichkeit verbreiten und Besucher mit offenen Armen, aber auch einem Hauch von Zurückhaltung empfangen. Ich lechze nach Winkeln der Welt, die mich wie ein Pionier fühlen lassen, mich umhauen, Ziele mit wilden Kulissen, die in meinen Gedanken verweilen und als Brennstoff für meine Tagträume dienen.

Der Juni beglückt die Menschen in diesem nahezu baumlosen Land (aber dafür mit einem Überfluss an Merkwürdigkeiten) mit fast 20 Stunden Sonnenlicht, das nach einer langen Zeit der Dunkelheit endlich ausbricht. Die Luft so frisch wie ein Eisbonbon. Sonnenuntergang und Sonnenaufgang liegen nun sehr nahe beieinander, die Mitternachtssonne feiert bis in den späten Abend. In Tórshavn, der Hauptstadt der Färöer, leben heute knapp 20 000 Einwohner oder 40 % der färöischen Bevölkerung. Anders als das Kernland Dänemark sind die Färöer nicht Teil der Europäischen Union, bezahlt wird demnach mit der färöischen Króna, ausgestellt von der dänischen Nationalbank, sie weist denselben Wert auf wie die dänische Krone. Dänisch hat hier in allen offiziellen Angelegenheiten den gleichen Status wie Färöisch, ist offizielle Zweitsprache und wird bereits in jungen Jahren in Schulen unterrichtet.

Was schaut man sich an in vier Tagen Färöer? Es gibt zweifellos einige ikonische Orte auf den Inseln, die den märchenhaften Archipel ins Rampenlicht rücken, hinter jeder Ecke wartet eine Schönheit darauf, entdeckt zu werden. Die 18 Inseln putzen sich immer mehr heraus, auch die färöische Gastronomie hat noch nie ein so hohes Ansehen genossen. Mit dazu beigetragen hat ohne Zweifel der färöische Sternekoch Poul Andrias Ziska mit seinem Restaurant Koks.

Direkt am ersten Tag entschieden wir uns, dem legendären Koks einen kulinarischen Besuch abzustatten. Die Kontaktdaten hatte ich im Vorfeld vom Henne Kirkeby Kro (ebenfalls ausgezeichnet mit 2 Michelin-Sternen), drei Kilometer vor den Toren Henne Strands gelegen, bekommen. Diese ganzen Sterne-Genussoptimierer kennen sich doch alle untereinander. »Schreib ihm einfach, der ist nett!« Schon hatte ich die Kontaktdaten vom färöischen Sternekoch Poul Andrias Ziska, nie war Recherche einfacher. Wenn mich meine Reise schon auf eine Inselgruppe fernab in der Mitte des Nordatlantiks führt, wäre es nicht zu verzeihen, es nicht mit einem Termin beim modernen, mit 2 Michelin-Sternen ausgezeichneten Küchen-MacGyver zu verbinden. Das legändere Restaurant Koks in Kirkjubøur.

An diesem verschlafenen Morgen hatten wir die Straßen fast für uns allein. Staus gibt es hier nur wildtierbezogen, wenn mal wieder eine Wollkreatur mit eigener Persönlichkeit meint, mitten auf der Straße ein Nickerchen zu machen. Welch magische Natur dabei an unseren Fenstern vorbeiflog, einzigartige Wildnis, malerische Hütten, Seen, Wasserfälle, die nach oben wehen (auf den Färöer-Inseln gibt es nur eine Jahreszeit: Wind. Man unterscheidet zwischen starkem Wind und nicht so starkem Wind, aber immer Wind), windgepeitschte, spektakuläre, spitzgeschliffene Klippenlinien. In diesem Moment befanden wir uns zweifelsohne an einem der schönsten, aber auch geheimnisvollsten und mysteriösesten Ort der Welt. Gibt der Nebel den Blick frei auf malerische Dörfer am Meer oder hellgrüne Bergketten, ist jeder Aussichtspunkt eine einmalige Möglichkeit, diese Eindrücke bildlich festzuhalten. Die Straße führt an der Küste entlang, schlängelt sich behutsam in den Berg und spuckt einen mit direktem Blick in Schafsaugen irgendwo wieder aus. Momente, die einen fesseln, aber auch erstarren lassen. Vor allem wenn man einen dieser berüchtigten Tunnel durchquert. Einspurig, keine Beleuchtung, direkt in den Berg gefräst, statt gemauert. Leni ließ sich mit geschlossenen Augen, den Händen vor dem Gesicht sowie dem beiläufigen Kommentar »Wir werden alle sterben« unruhig in den Sitz gleiten. Auffällig still war sie die nächsten Kilometer. Gespenstisch ist vor allem, wenn ein Fahrzeug entgegenkommt, man nur die Lichter auf einen zurollen sieht und schweißgebadet hofft, eine Einbuchtung zu finden. Nach einer gefühlten Ewigkeit glitten wir aus dem Berg in dichten Nebel – Leni begrüßte ich mit einem High Five und entschuldigendem Blick zurück im Leben. Wir fahren weiter und durchforsten die Gegend mit offener Kinnlade: Absurde, postkartentaugliche Landschaften sind hier ein Dauerzustand. Wenige Orte auf der Welt werden eine solche Wirkung auf die Sinne haben wie die Färöer, die beste Vorbereitung für den anstehenden Gaumenschmaus im Koks. Wir waren sehr gespannt, die kulinarische DNA der isolierten vulkanischen Inselgruppe kennenzulernen. Charakter und Stolz sind in dieser innovativen Restaurantszene junger Küchenchefs besonders ausgeprägt, die Grenzen der lokalen Küche werden selbstbewusst herausgefordert. Kreativität scheint für eine isolierte Kultur im Nordatlantik besonders wichtig. Die Färöer haben nicht besonders viele Gemeinsamkeiten mit den anderen skandinavischen Ländern, aber eine hohe Lebensqualität gehört ebenso dazu wie eine hervorragende Küche. Im Zusammenspiel mit färöischen Methoden und Zutaten werden Gerichte mit Michelin-Stern-Potenzial kreiert. Gefüllte Teller mit beeindruckenden Farben, welche die Geschichte der Färöer erzählen. Wir sind gespannt auf die Einzigartigkeit der kulinarischen Tradition der Färöer. Traditionen wie die Kunst, Schaf- oder Lammfleisch zu fermentieren oder Fisch zu trocknen, Prozesse, wo Naturelemente ihre Wirkung entfalten. Angefangen hat alles mit dem berühmten färöischen Küchenchef Leif Sørensen, der im Jahr 2004 zusammen mit anderen nordischen Chefs wie NOMAs Rene Redzepi das New Nordic Food Manifesto unterschrieb. In diesem nordischen Essensmanifest zeigt sich der Wunsch, die neue skandinavische Vorgehensweise beim Essen (Fokus auf lokale und frische Zutaten) zu feiern und zu bewahren. In diese Fußstapfen tritt Poul Ziska im vom Michelin-Stern-gekrönten Koks. Wie schmeckt der erste Bissen eines neun Monate alten Stücks Lammfleisch? Zumindest haben wir den Mut, das herauszufinden.

Das abgelegenste Gourmet-Restaurant der Welt liegt etwa 25 Kilometer außerhalb der Hauptstadt Tórshavn (wir durchfahren Orte, die außer Färinger sowieso niemand aussprechen kann). Nach einer halbstündigen Autofahrt erreichen wir das alte Bauernhaus in dem abgelegenen Tal direkt am See Leynavatn, was bereits einen großen Teil des Reizes ausmacht. Das Restaurant ist nur über eine Schotterpiste erreichbar, die perfekte Kulisse, um kreative färöische Küche zu präsentieren. Überall lauern Schlaglöcher, teilweise so tief wie der Weitblick unseres Verkehrsministers. Aber mit unserem auf Extremsituationen spezialisierten Fahrzeug (dank

Reifen, die den Durchmesser manch einer Innenstadtwohnung haben) kann es nur heißen: Freie Fahrt voraus.

2017 würdigt der Guide Michelin die Küche des Koks mit einem Stern, 2018 folgte im atemberaubenden Tempo der zweite Michelin-Stern. Poul Ziska gilt als eines der größten Talente der neuen nordischen Küche und kochte bereits zuvor im dreifach besternten Restaurant »Geranium« von Rasmus Kofoed in Kopenhagen. Er repräsentiert heute die nächste Generation der neuen nordischen Küche. Seit 2014 leitet der in Tórshavn geborene und aufgewachsene Poul das Koks. Er beweist, dass die Revolution der nordischen Küche noch lange nicht vorbei ist, und bringt dabei den ganz speziellen Charakter der Färöer auf den Teller.

Liebenswürdig strahlend werden wir von Karin Visth, der Sommelière im Koks, begrüßt. Die Schweizerin zog es Ende 2013 kurzerhand auf die Färöer-Inseln, seit Januar 2014 leitet Karin zusammen mit Küchenchef Poul das Restaurant. Sie führt uns in den gemütlichen Raum des Restaurants, wo überschaubare 18 Gäste Platz finden.

Es folgt wieder einer dieser »Alder, krass!«-Momente. Man lässt sich in der Mittagshitze (immerhin 11 Grad) in diesem Restaurant mit therapeutischem Ausblick auf den See nieder. Am Nebentisch begrüßten uns Beinta und Claes, ich liebe diese herzliche Duz-Kultur. Reden mit Beinta war wie das Warten auf einen Ausbruch. Erst mal passiert nur wenig. Dann murmelt sie ein wenig und wirkt, als hätte man sie gerade aus dem Mittagsschlaf gerissen. Sie scheint die Ruhe selbst zu sein. Dann, plötzlich, regt sich was. Dann schmunzelt sie und es schießt etwas aus ihr heraus, ein Spruch, eine Anekdote, die Lesebrille dabei stets auf halbmast. Beinta und Claes, dazu diese Aussicht, es war Liebe auf den ersten Blick. Allein dafür hat sich dieser Kurztrip auf die Färöer zwei-

Therapeutischer Ausblick auf den See – the adventure begins

Koks, welch wohltuendes Paralleluniversum – mehr Hygge geht nicht

felsohne gelohnt. Kurze Zeit später begrüßt uns Poul nicht minder freundlich und bestätigt uns, dass dem See mit seiner allmächtigen Präsenz therapeutische Wirkung nachgesagt wird. Nachdem wir beim Erzählen kurz ins Deutsche verfallen waren, bestreiten wir die weitere Kommunikation auf Dänisch. Angeregt plaudern wir mit Poul, der nicht nur mit dem zweiten Stern ausgezeichnet wurde, sondern auch den Nordic Countries Young Chef Award verliehen bekam. Er gibt uns einen kurzen Einblick in seine fantasievoll gestaltete Karte (wir studieren die Speisekarte, als wäre sie der neue Pirelli-Kalender) und verspricht uns sehr intensive Geschmacksnoten in seinen Gerichten. »Eissturmvogel und Wurzelgemüse«, »Lappentang und Blaubeeren« … kurz gesagt Algen aller Art. Ich entscheide mich für fermentiertes Lamm und wähne mich damit auf der sicheren Seite. Poul wünscht viel Spaß bei seiner Interpretation der »Neuen Nordischen Küche«. Anschließend rauscht er durch die Restaurant-Lobby, mustert die Umstehenden kurz und eilt schließlich lächelnd zurück in die Küche. Er musste zurück zu der gerade erst im Nachbarort gefangenen Languste, die soeben à la minute mit Tannenzweigen geräuchert wird. Man spürt sofort, hier draußen warten aufregendere unternehmerische Herausforderungen auf jeden Selbstständigen.

Die Koks-Küche legt Wert auf einen hohen ästhetischen Anspruch, es wird uns ein Teller präsentiert, auf dem jedes Detail perfekt angerichtet, jeder Tropfen, jedes Blättchen und jede Alge millimetergenau platziert ist. Garniert mit exklusiven Zutaten, die nur Inselbewohnern zugänglich sind, die sich in die Natur begeben. Lammfleisch und robustes Wurzelgemüse schmücken den Teller, wir entscheiden uns für eine Flasche Wein als begleitende Geste. Der erste Bissen, in Erwartung von frischem Gras auf der Zunge, ist einzigartig.

Eine wilde Mischung aus Gerüchen entsteht, im Mund trifft tierischer, rauer Geschmack auf die Geschmacksrezeptoren. Die Geschmacksknospen stellen zufrieden fest: lecker. Das butterweiche Lammfleisch, zu dem uns Karin einen perfekten Wein serviert, hat einen unglaublich sanften Geschmack. Ich esse zum ersten Mal in meinem Leben Algen und ich muss sagen, es schmeckt ganz hervorragend. Karin darauf angesprochen, erklärt sie uns: »Frisch aus dem Wasser schmeckt diese Alge nach nichts, getrocknet hat sie das Aroma von schwarzem Trüffel und passt damit perfekt zu fermentiertem Lamm.« Pouls Credo lautet: Verwende nur Zutaten, die du vor deiner Haustür findest. Da die Färöer nicht ganz so viel zu bieten haben, schöpft er aus diesem Mangel seine Kreativität. Die Färinger haben gelernt, mit dem auszukommen, was diese Vulkaninseln im Nordmeer zum Überleben bieten. Ein Besuch im Koks soll wachrütteln, für die Feinheiten der Umwelt empfänglich zu werden. Poul besitzt die einmalige Fähigkeit, den Geschmack der Färöer-Inseln, Aromen sowie Gerüche in Gerichte zu übertragen. Vereinfacht gesagt: die unglaublichen Produkte der Inseln für sich selbst sprechen zu lassen. Lokal beschreibt den Stil wohl am besten. Des Weiteren besticht Karin mit ihrem unglaublichen Weinwissen. Im Restaurant mit dem einzigen Weinkeller der Färöer führt sie das Regiment über 400 europäische Weinsorten. Die Begeisterung für die Magie des Weines verbindet uns. Ihr enormes Wissen sowie ihr ausgeprägter Geschmackssinn sind beneidenswert. Darüber hinaus pflegt sie einen tollen Umgang mit Menschen. Beneidenswert und für mich wahre Freude, mit solchen Experten über Wein zu reden. Allein dafür hat sich der »Eintritt« in diesen Gourmet-Tempel gelohnt. Wir sind uns einig: Je mehr Fachwissen man sich aneignet, desto mehr steigert es den Genuss.

Die Dinge auf den Färöer-Inseln wachsen teilweise so langsam, dass sie sich mit der Zeit mit unglaublichen Aromen füllen. Zum Würzen werden wilde Algen mit Trüffelgeschmack verwendet, Voila, es ist angerichtet. Dank ihrer besonderen Beziehung zu der Umwelt werden gerade ihre Ressourcen sehr geschätzt. Als Bewohner eines isolierten Archipels im Nordatlantik haben die Menschen früh gelernt, zu essen, was sich in der Umwelt um sie herum befindet. Nach Möglichkeit jedes Stück vom gefangenen Fisch, geschlachteten Tier zu nutzen und vor allem, so viel wie möglich für schwierigere Zeiten zu lagern und zu bewahren. Folglich entstanden Lebensmittel mit unverwechselbarem Geschmack, die von Natur aus von dem Klima beeinflusst sind, in dem sie gelagert werden.

Wir beschließen unser kulinarisches Erlebnis mitten im Nordmeer mit »Lappentang mit Heidelbeeren«, der Kellner serviert umsichtig und wünscht uns bei diesem authentischen färöischen Erlebnis einen guten Appetit. Wir lassen uns bereitwillig ein letztes Mal von Pouls kulinarischem Wirbelsturm mitreißen. Jeder dieser Gänge war wie ein eigenes Kunstwerk angerichtet, in dem der Starkoch die Architektur und die Kultur seiner Heimat interpretiert. In diesem gemütlichen Ambiente, im Grunde nichts anderes als ein typisch skandinavisches Einfamilienhaus, fühlt man sich eher wie bei Freunden zu Hause als in einem Sterne-Restaurant. Einige Gerichte bieten auch Grenzerfahrungen, so wie der Seeigel am Nachbartisch. Ein paar Schnitte mit der Mini-Schere und schon ist das stachelige »Sushi« probierfähig. Bei der orangefarbenen Masse, die in ihrer Konsistenz an Kaviar erinnert, muss ich passen. Der Gast am Nachbartisch lässt die Masse im Mund balancieren und lobt den cremigen, sanften Geschmack, der ihn an eine Portion Rührei erinnert.

Noch immer gilt: Geht es der Fischindustrie gut, geht es den Färöer-Inseln gut.

Satte drei Stunden lang sitzen wir, immer wieder kulinarisch wie visuell aufs Neue verblüfft, an unserem Tisch, ehe sich Poul nochmals zu uns gesellt. Leicht angesäuselt und mit Algen aller Art zwischen den Zahnlücken bedanken wir uns bei unserem perfekten Gastgeber. Poul fasst zusammen: »Unsere Stärke besteht darin, die außergewöhnlichen Produkte für sich sprechen zu lassen, wir versuchen, im Einklang mit dem zu kochen, was die Natur der Färöer-Inseln bietet.« Die Besinnung auf lokale Wurzeln und Nachhaltigkeit nehmen in dieser Philosophie einen besonderen Platz ein. Die Färöer sprühen förmlich vor New Frontier Energie, meint Poul. »Es gibt eine ungeheure Hartnäckigkeit, Risikobereitschaft und Arbeitsmoral innerhalb der Bevölkerung«, erklärt er weiter. Wenn wir die Möglichkeit haben, sollten wir den Kabeljau der Insel probieren, der als einer der besten der Welt gilt. Sauberes Wasser, starke lokale Strömungen sowie konstante Wassertemperaturen von um die 8 Grad in den Wasserstraßen und Fjorden um die 18 Schafsinseln sorgen für ideale Lebensbedingungen.

Lust, die Tradition der färöischen Gastfreundschaft hautnah mitzuerleben? Wer auf authentische Erlebnisse nicht verzichten möchte, umgeben von einem launenhaften Ozean, dem sei *Heimablídni* empfohlen. Bei dieser Tradition werden Gäste von Einheimischen zu einer selbst gekochten Mahlzeit nach Hause eingeladen und bekommen somit einen Einblick in das Familienleben (auch der Färinger spricht wieder beschämend viele Fremdsprachen beschämend gut). Sind das nicht die besten Momente einer Reise, in denen man mit Einheimischen zusammenkommt, ihre Geschichten hört, Einblicke in die Traditionen erhält und sieht, wie sie leben? Ich verspreche Ihnen, das wird der beste Teil Ihrer Reise!

Aber auch hier gilt allgemeines Schuheausziehen – auf Socken rutscht man einfach besser.

Zum Schluss erklärt uns Poul, dass der Begriff Koks aus dem Altnordischen, der färöischen Sprache abzuleiten ist und übersetzt so viel heißt wie: etwas Überraschendes, etwas Außergewöhnliches zu tun. Hier ist der Name definitiv Programm! Die Qualität ist einfach phänomenal.

Wir machen uns auf den Weg zurück in die Hauptstadt Tórshavn, übrigens benannt nach dem germanischen Gott des Blitzes und Donners Thor. Welcher Aspekt der färöischen Küche uns am meisten überraschte? Leni und ich waren uns einig: Algen aller Art! Die Färinger pflegen für uns Mitteleuropäer eine ungewöhnliche Esskultur. Zumindest versteht man nun, dass Gäste extra für einen Besuch im Koks auf dem kleinen Flughafen der Färöer-Inseln landen. Gerichte mit »Ecken und Kanten« eröffnen völlig neue Geschmacksdimensionen, süß, frisch, sauer und vor allem spannend und ungewöhnlich. Toll, dass es Menschen gibt, die wunderbares Essen zubereiten können. Meine Ungeschicklichkeit in der Küche finde ich abstoßend wie eh und je. In der Küche gibt es mich nur hektisch und ungelenk.

Ebenfalls etwas Außergewöhnliches: nachts um 1 Uhr in völliger Helligkeit ins Bett zu gehen.

Standesgemäß haben wir im Hotel *Føroyar* bei einer färöischen Amazone auf wollbestrumpften Haxen eingecheckt, in dem, so verraten es Bilder im Foyer, auch schon Deutschlands Nationalelf übernachtete. »Hello, wie kamm from Tschörmennie!«, bis mir einfiel, dass wir auch Dänisch sprechen können.

Mit seinem grasbedeckten Dach schmiegt und duckt es sich stilsicher in die Wiesen über der Hauptstadt Tórshavn.

Herzlich Willkommen im Koks – home of Hygge

Dank seiner Architektur genießt man hier von jedem einzelnen Zimmer einen atemberaubenden Blick aufs Meer. Im Grunde heißt *Føroyar* nichts anderes als »Schafsinseln«.

»Wie hast du geschlafen?«, wollte Leni am nächsten Morgen beflügelt wissen. »Im Liegen«, erwiderte ich etwas weniger inspiriert. Das hatte sie auch vernommen, scheinbar hatte ich im Schlaf einen halben Wald abgeholzt. Seicht vor sich hin zu dösen sieht wohl anders aus. Dieses unaufmerksame Gegrunze muss an dem vollgestopften Magen vom Vortag gelegen haben. Wir stehen vor dem Spiegel. Es ist diese absolute, die objektive Schönheit. Das ist Leni. Ich hingegen trage kein cooles Gesicht, was selbstverständlich nur dem überkritischen Betrachter auffallen würde. Als Ausrufezeichen trage ich manchmal einfach so eine Krawatte – sie ist der Hinweispfeil für die Begriffsstutzigen: »Hallo, hier schöner Mann.« Leni dagegen, und das würden nicht nur Ästheten so sehen, ist einfach nur schön. Gut mit allem, was dazugehört: Exzentrik, Launen … Sie wissen schon.

Wir konnten es immer noch nicht glauben, dass wir fein gebettet mitten im Nordatlantik aufwachten auf einer Insel, vor 60 Millionen Jahren dem Atlantik entwachsen. Da wo Leni auf der Landkarte immer Fliegendreck vermutete, dort befanden wir uns in diesem Augenblick. Spüre einen Frieden, der ist unbeschreiblich, hier findet man sein Seelenheil. Zumindest gibt es hier keine Vulkane, die den Flugverkehr stören könnten, andere Natursensationen durchaus. Und daraus ergibt sich das eigentliche Problem: Wie nutzt man vier Tage auf den Färöer-Inseln? Was muss man gesehen haben?

Auf zum Shoppen in Tórshavn. Zugegeben, es ist nicht vergleichbar mit dem Strøget in Kopenhagen oder der Fifth Avenue in New York City, aber was man hier bekommt, sind

Poul Andrias Ziska und Sommelière Karin Visth –
ein Duo, das sich perfekt ergänzt

charmante Geschäfte, die meisten davon in kleinen, alten Holzhäusern. Ein Muss ist dabei ein Pullover von den Designern Guðrun & Guðrun, die ausschließlich färöische Wolle verwenden. Drei Japaner stehen vor uns und tun alles, um das Klischee zu erfüllen. Beschirmt und behütet ergießen sich ihre Aufnahmen über die Landschaft.

Tórshavn mit seinem charmanten historischen Hafenviertel wirkt auf mich unglaublich beruhigend, jede Minute wird einem ein neuer imposanter Blickwinkel präsentiert. Der junge Puls der Stadt schlägt in den alten Straßen. Nur wenige überschaubare Straßenzüge umfasst das historische Zentrum der Hauptstadt. Das Internet ist hier hervorragend. Wichtig, wenn man mit dem Rest der Welt kommunizieren will. Auf den Inseln haben sie das beste 4G-Internet der Welt, was auch rege genutzt wird. 94 % der Menschen hier haben einen Facebook-Account.

Der Platz wird langsam knapp in der Hauptstadt, steigende Baulandpreise und verdichtetes Wohnen nehmen zu. Färinger grenzen sich gerne ab: untereinander, aber auch von anderen nordischen Ländern, vom Rest des Kontinents sowieso. Und so möchten sie auch leben. Nie würden Färinger in eine Hochhaussiedlung ziehen. Eine Verstädterung mit Blockbauten würde hier nicht infrage kommen. Färinger wollen auf grasende Pferde zwischen den Einfamilienhäusern schauen, gerne darf auch mal ein Schaf durch den Vorgarten blöken. Das Höchste, was sich die Inselbewohner vorstellen können, sind charmante Reihenhäuser und Apartments. Da auch die Bevölkerung stetig wächst (die Geburtenrate liegt mit 2,4 erheblich über der von Deutschland mit 1,5), sind sie gezwungen, den Anteil an Reihenhäusern und Apartments deutlich zu erhöhen. Gegenwärtig wohnen über 80 % der Hauptstadtbewohner in Einfamilienhäusern.

In ca. zwei Stunden hat man die gesamte Hauptstadt durchlaufen und nahezu alles gesehen. Ich kann mich nicht sattsehen an diesen putzigen roten, grünen, gelben Holzhäusern, deren Dächer stets grasbewachsen sind. Heute 11 Grad Außentemperatur und der Färinger sinniert darüber, was für ein Glück sie doch heute wieder mit dem Wetter haben. Dieses traumhafte Wetter nutze ich noch mal für eine kurze Joggingrunde. Egal wo ich mich befinde auf der Welt, keine noch so armselige Schotterpiste bleibt von mir unbejoggt.

Zurück in der Lounge des Hotels lernen wir Brandur kennen, als Mitarbeiter im Marketing des Hotels tätig. Brandur erzählt, dass nahezu jeder Färinger früher oder später seine Sachen packt, um die Färöer-Inseln erst mal zu verlassen. Ein anderes Leben probieren, zumindest eine Zeitlang. Viele zieht es erst mal nach Kopenhagen, in die dänische Hauptstadt. Die Mehrzahl der Färinger lässt sich in Kopenhagen oder Amerika ausbilden, spätestens zur Familiengründung kommen sie wieder zurück auf die von erloschenen Vulkanen und Felskegeln geprägten Inseln. Unfassbare 82 % der Frauen (in Dänemark 80 %) befinden sich in einem Arbeitsverhältnis. Talente, die sonst im Haushalt verkümmern würden, stehen dem Arbeitsmarkt zur Verfügung. Auch ein Grund, warum die Gleichberechtigung zwischen Mann und Frau in Dänemark sowie auf den Färöer-Inseln so vorbildlich ist wie in fast keinem anderen Land.

Brandur zog es für ein halbes Jahr nach Berlin, um für seine Bachelorarbeit zu forschen. Anschließend tat er das, was die meisten Färinger tun: Er kehrte zurück in die Heimat, obwohl Akademiker-Jobs auf der Inselgruppe nicht unbedingt zu finden sind wie Sand am Meer. Zurück auf diesem einsamen Archipel, isoliert mitten im Nordatlantik. Warum kehrt man in die raue Heimat zurück, wenn einem doch eigentlich die Welt offensteht?

Brandur hat dafür eine einfache Erklärung: »Schaut euch um.« In diesem Moment bricht die Sonne durch die Wolken, eine magische Schönheit erwacht, die entfernt an die Kulissen aus »Herr der Ringe« erinnert. Brandur ist sicherheitsorientiert. Hier kennt er seine Möglichkeiten, weiß, was Sinn ergibt und was nicht. Laut Brandur ist das sehr beruhigend. Die Kriminalität liegt faktisch bei null. Die Welt da draußen ist ihm zu hektisch, zu unsicher. Als junger Mensch muss man raus und lernt in der Fremde die Vorzüge der Heimat schnell zu schätzen. Indem er es sagt, verabschiedet sich die Sonne wieder hinter den treuesten Begleitern der Färöer – den Wolken. Schon hat man wieder das Gefühl, durch eine Milchglasscheibe zu schauen. Das ist wahre Heimatliebe, so denke ich.

Es ist ein Leben im Ausnahmezustand. Das Symbol dafür ist der Flughafen. Häufig kann man hier erst einchecken, wenn man sicher sein kann, dass der Flieger aus Kopenhagen tatsächlich landet und nicht wegen dichtem Nebel ausfällt. Fast-Food- oder Burger-Ketten schaffen es nicht bis hierhin. Keine Chance bei einem Volk, das Schafskopf für eine Delikatesse hält. Es ist in der Tat ein anderes Leben. Diese Andersartigkeit ist genau das, was dich wie ein Magnet anzieht. Das hier ist pures Heimatgefühl. Eine gewisse moralische Pflicht spielt laut Brandur ebenfalls eine große Rolle. Keine Heimat ohne Verantwortung. Bei knapp 50 000 Einwohnern spürt jeder, dass er gebraucht wird. Würde keiner wieder zurückkehren, wären die Färöer-Inseln schnell am Ende. Laut Brandur macht es hier eindeutig mehr Freude, neue Strukturen aufzubauen, als in Berlin oder Kopenhagen. Hier profitiert wenigstens das eigene Volk und man kann sich bei einer guten Idee sicher sein, dass es nicht bereits mehrere Dutzende andere gab, die diese Idee auch schon hatten. Als Pionier hat man es hier definitiv einfacher und es ist doch auch viel cooler, das erste hippe Kaffeehaus auf den Färöer-Inseln zu eröffnen als das 35. im Bezirk Kreuzberg. Kreative Köpfe mit ausgefallenen Ideen und Konzepten sind immer herzlich willkommen. Färinger nehmen die Dinge in der Regel selbst in die Hand, wollen die Zukunft aktiv mitgestalten und mitbestimmen, wie man hier in 10 bis 15 Jahren lebt. Wenn drei Worte genügen, um die hervorstechende Wesensart der Färinger zu beschreiben: Anders sein wollen!

Einspurige Tunnel bewältigt man nur mit sicher erhöhtem Pulsschlag und sie sind gerade auf den Färöer-Inseln immer mit einem mulmigen Gefühl behaftet. Schnell haben wir gelernt: Das Fahrzeug, das die Ausweichstelle auf der rechten Seite hat, hat auszuweichen. Alles natürliche Licht verschwindet und man wird sich bewusst, dass auf dieser Röhre ein ganzer Berg lastet, Angstzustände und Schweißausbrüche nicht ausgeschlossen. Von daher freuten wir uns auf den seit Dezember 2020 nach nur drei Jahren Bauzeit fertiggestellten Eysturoy-Unterwassertunnel mit Unterwasserkreisel auf halber Strecke. Dieser Tunnel verbindet nun die beiden größten Inseln der Färöer Eysturoy sowie Streymoy, tief unter dem Atlantik. Die Einfahrt in den Tunnel verrät noch nicht, was sich in seinem Inneren versteckt. 360 Millionen Euro verschlang dieses gigantische Bauwerk, das größte Infrastrukturprojekt der Inseln, in sensationellen 36 Monaten fertiggestellt. Über das Bahnprojekt Stuttgart 21 würden die Macher wohl nur müde lächeln.

Nach etwa der Hälfte des Tunnels wird man von einem grün-blau schimmernden Bauwerk empfangen, der erste Unterwasserkreisel der Welt, der einer riesigen Qualle ähnelt. Diese Lichtkunst, die vom einheimischen Künstler Trondur Patursson entworfen wurde, lässt einen staunend zurück. Für kurze Zeit vergisst man, wo man sich eigentlich befindet. Das ist die Tradition der Färöer – von der Dunkelheit ins Licht. Dieser Tunnel, dieser Kreisel, was für eine beeindruckende Leistung, fast 200 Meter tief unter dem Meer.

Die Reisezeit zwischen den Inseln wird mit diesem Projekt um bis zu 70% verkürzt. Der Weg von Tórshavn ins nördlich gelegene Klaksvík beträgt dann nur noch eine halbe statt mehr als eine Stunde. Die Pendler werden es danken. Weitere Projekte zum Ausbau der Infrastruktur zwischen den Inseln sind geplant. Das nächste Großprojekt sieht vor, bis 2030 die Inseln Suduroy und Sandoy auf 25 Kilometern zu verbinden.

Nach elf Kilometern spuckt uns der Tunnel auf der Insel Eysturoy wieder aus. Was wir sehen: Schafe, Schafe und nochmals Schafe. »*Ull er Føroya Gull*« – die Wolle ist das Gold der Färöer, lautet ein altes Sprichwort, und das bereits seit dem Mittelalter, seitdem die ersten Wikinger die Klippen der Färöer erreichten. Graue Schleier liegen um die Felsküsten, der Himmel liegt leicht darüber. Wer hier keinen Frieden findet, findet ihn wohl nirgends. Es gibt diese Orte, die zwingen einen zum Glück, weil sie sich auf das Wesentliche beschränken. Auf das, was die Seele reinigt und ihr guttut. Diese magischen Orte findet man hier zur Genüge, ein Land der begrenzten Möglichkeiten, dafür aber der wahren Werte, die es einem einfach machen, abzuschalten, weil alles so herrlich reduziert ist.

Noch nicht einmal »Google Street View« zeigt Bilder von den Färöer-Inseln, was dazu geführt hat, dass findige Färinger einfach Kameras auf ihren Schafen montierten und somit »Google Sheep View« schufen. Alles war nun aus der Schafsperspektive zu bewundern, aus dem Marketing-Gag wurde schnell ein voller Erfolg.

Die weitere Fahrt ist geprägt von Einsamkeit und Nebel. Manchmal schaut man aus dem Fenster und sieht: nichts. Ein paar Kilometer weiter strahlender Sonnenschein. Anschließend wieder dichte Wolken, mal unter uns, mal über uns, mal fahren wir mitten durch, fantastische Lichtspiele inklusive. Der Verkehr auf den Färöer-Inseln ist mitunter nichts für Weicheier. Von der Bergseite droht an manchen Stellen Steinschlag, auf der Talseite geht es teilweise steil bergab ins Meer oder in tiefe Schluchten. Sattgrüne Hänge, die sich in den felsigen Untergrund krallen, schwindelnd machende Ausblicke in Schluchten, in deren Tiefe Wildwasser gurgelt. Die Färinger scheinen gegen derlei Beschwerden offenbar immun, ihre Resistenz gegenüber Schwindel scheint angeboren zu sein. Erwachsene Färinger scheinen zusammen mit der Führerscheinprüfung auch einen Kurs im Rennfahren zu absolvieren. Schwerpunkt: kurviges Gelände. Völlig angstfrei »rasen« sie über die Inseln, ihre Überholmanöver zeugen von ungebrochenem Gottvertrauen und finden gerne direkt vor einer nicht einsehbaren Kurve statt. Hier herrscht die Natur, nicht der Mensch. Hier und da finden sich, wie von Geisterhand hingewürfelt, ein paar winzige Ortschaften. Eine weitere Herausforderung sind die Kilometerangaben. Sie basieren wahrscheinlich auf der Luftlinie zwischen den Orten oder auf irgendeiner anderen dubiosen Messmethode, jedenfalls entspricht die Zeit, die man zum Beispiel in Deutschland als erfahrener Autofahrer einrechnen würde, um eine bestimmte Strecke zurückzulegen, keineswegs der angegebenen Entfernung. Hinzu kommt, man möchte am liebsten alle 100 Meter anhalten und die Aussicht als Souvenir in den Kofferraum packen, wenn das möglich wäre, so einzigartig sind die Panoramen, die sich nach jeder Kurve eröffnen.

Wir erreichen Klaksvík und gönnen uns in Fríðas Kaffihús einen muntermachenden Espresso. Im Kaffeehaus stoßen wir auf eine seltsame Szene: Statt Karten zu zocken und Bier zu trinken, sitzen hier Männer mit Wolle und Nadeln – und stricken. Sie stricken einen dieser berühmten Island-Pullover, ob man das auf den Färöer sagen darf?

Eine neue Masche? Anstatt auf Wikinger zu treffen, die früher Wein aus dem Schädel ihrer Gegner getrunken haben, frönen die modernen Wikinger ihrer Strickleidenschaft und trotzen der asiatischen Konkurrenz. Beeindruckt machen wir uns auf den Weg zu unserem letzten Stopp unseres Aufenthaltes auf den Färöern. Wir entscheiden uns für den kleinen magischen Ort Saksun, besonders schön in einer Bucht gelegen, ein Ort wie aus dem Bilderbuch. Manchmal braucht die Seele etwas Seichtes und Schnulziges.

Die Aussicht in den Fjord, der ein paar Hundert Meter tiefer liegt, ist grandios, atemberaubend, der Blick wandert rund in die immergrüne Umgebung. Hier findet der Ausdruck »Am Ende der Welt« ganz sicher seine Bedeutung. Steile Berge umgeben Saksun, von schwarzen Klüften gespalten, von tiefen Seen und Tälern geformt. Die Häuser, weniger höflich bemerkt, renovierungsbedürftig, freundlich gesagt arg angejahrt. Eine grandiose, unberührte Landschaft liegt unausgeforscht zu unseren Füßen. Teilweise senkrechte Berge, das Brausen des Meeres und die Kollision der weißen Brandung gegen die schwarzen Felsen geben hier den Ton an. Kleine, grasgedeckte Häuser, deren Ausdruck den Willen und Mut versprechen, für immer einzigartig zu sein und andersartige Wege zu gehen. Unfassbar isolierte, raue Natur, hier begegnen sich der Golfstrom und kalte Meeresströmungen aus den nördlichen Gewässern – Überleben oder Untergang seit Jahrhunderten. Wir erleben exklusiv den Luxus der Langsamkeit, erleben ein entspanntes Verhältnis zu dem Begriff Zeit, hektische Bewegung der Gedanken verschwindet hier sofort und unmittelbar. Mehr Faszination geht nicht.

Scheiden tut weh! Wir fragen die Rezeptionistin des *Føroyar* nach einer guten Bar, worauf sie uns die Bar des *Føroyar* empfehlt, die »Wikinger-Bar« heißt oder so etwas Ähnliches. Wir lassen diese einzigartige Reise in der Hotelbar ausklingen. Heroisch bestelle ich einen Färöischen Drink, kann dabei den Namen des Getränkes nicht ansatzweise aussprechen. *Föroya Bjór* – es muss ja nicht immer Pellegrino in Portofino sein. Leni überlässt mir in kniffligen Situationen die Handlungsvollmacht, da sie bei mir regelmäßig hofft, auf den akademischen Unterbau setzen zu können. Wie man sich doch im Leben täuschen kann. Irgendwann wird sie es durchschauen und mir graut heute schon vor dem Satz:

Saksun – ein Ort wie aus dem Bilderbuch. Ekstase kann ich!

»Wir müssen reden!« (Weitere Einzelheiten zu Leni und mir entnehmen Sie bitte meinem Buch: *Dänemark – Gekommen, um zu bleiben.*)

Der Barkeeper, Holger aus Deutschland, serviert uns einen starken Kaffee. Holger wollte ursprünglich mit dem Auto nach Island, stieg aber auf halber Strecke auf den Färöer-Inseln aufgrund fürchterlicher Seekrankheit aus und blieb einfach auf den Färöern. Nach eigenen Angaben hat er es nie bereut. Die warmherzigen, großzügigen Bewohner haben es geschafft, trotz Nebel und kalt-getönter Kulissen eine Art zu entwickeln, das Glück in der Seele anzusiedeln. Mittlerweile steht er auch breitbeinig und erklärt uns dazu: »Färinger laufen breitbeinig, weil sie so viele Berge haben. Und sie stehen auch so! So breitbeinig wie Cowboys beim

Duell, weil es so windig ist. Einen Färinger im Ausland erkennt man immer an seinem Gang und wie er steht.« Ob er für immer bleiben möchte, frage ich ihn. »Si«, sagt er mit italienischem Akzent und spricht das Wort so aus, als wäre es mit zwei Dutzend »i« geschrieben. Ein langgezogenes »claro« schiebt er noch hinterher, falls das »Si« noch nicht eindeutig genug war. Es ist ein Geschenk Gottes, nicht nur alleine zurechtzukommen, sondern sich dabei auch noch gut zu fühlen. Draußen fällt ein windiger Regen und verwandelt, falls ich die Windchill-Formel richtig im Kopf habe, die objektiven 10 Grad Celsius Lufttemperatur in subjektive 4 Grad. Wie schnell steckt man hier wohl in einem seelischen Dauernovember? Der Himmel ist einfach zu oft zu sehr mit Wetter gefüllt. Vielleicht macht deshalb hier jeder Mensch irgendetwas Kreatives, musiziert oder malt oder schreibt. Auf den Färöer-Inseln überlegt man scherzhaft, ein Denkmal aufzustellen für den einzigen Bewohner, der nie in seinem Leben ein Gedicht geschrieben hat. Die Menschen hier sind Geschichtenerzähler – quasi von Natur aus und seitdem ihre Vorfahren auf diesen unwirtlichen Inseln im Nordatlantik siedelten. Dies hat einen einfachen Grund: Man brauchte Geschichten. Um durchzuhalten und nicht verrückt zu werden in den endlosen, dunklen Wintern auf diesen menschenfeindlichen Inseln.

Auf einer Skala der Freundlichkeit gebe ich den Färingern eine solide 110 von 100. Wir sind begeistert von der rauen einzigartigen Atmosphäre, der sich keiner entziehen kann, und beeindruckt von den Menschen (Knutur Bruun, Bragli, Gisli, Dagur, Villi, Einar – die Exoten unter den Skandinaviern), die mit großer Gelassenheit hier leben. Die Momente, die man in Erinnerung hat, wenn's dem Ende zugeht, die Eindrücke auf den Färöern werden dazugehören. Man fühlt sich gleich als Teil der großen Färöer-Familie – vielleicht ist das das Geheimnis von Färöers Hipness. Ständig sind wir verstrickt in Zukunft und Vergangenheit – hier wird dir schnell klar, das Jetzt ist unser einziges Zuhause. Wir schmetterten noch mal den gesamten Soundtrack meiner Playliste in die Hotelbar und erreichten damit exakt einen Follower – den Barkeeper. Genießen den letzten Schluck, schauen in die grüne Weite und sind uns alle einig: Man kann die Färöer-Inseln verlassen, aber niemals vergessen!

5. Lesung

Zurück in Hvide Sande! Dagegen scheint die Hauptstadt der Färöer mit ihren 20 000 Einwohnern geradezu quirlig bis hektisch. Da lobe ich mir das Landleben, die Provinz rund um Hvide Sande. Ich tausche Jeans gegen Jogginghose und nehme mein fallendes Attraktivitätsbarometer billigend in Kauf. Man sollte allerdings nie die Nachbarschaft in diesem Ort unterschätzen, Andersen, Jensen, Iversen und Kristensen können jederzeit vor der Tür stehen. Man sollte nie komplett auf Gesellschaftstauglichkeit verzichten, immer kann jemand der Nachbarn unangemeldet anklopfen. Minimal notwendige Körperpflege ist von Vorteil und zumindest das Tragen einer Hose empfehlenswert. Auch Leni ist durchweg empfangsbereit, sie möchte bei unangemeldetem Besuch nicht aussehen wie Hartz IV. Dabei bewundere ich die unbekümmert leichte Herzlichkeit, mit der meine Dänin wildfremde Menschen begrüßt. Da schlummert ein echtes diplomatisches Talent, eine Meisterin des Sich-bedeckt-Haltens.

Keine Unsicherheiten, keine mühsame Konversation. Ich wundere mich immer über diese Offenheit der hier lebenden Menschen. Für mich, der das provinzielle Idyll erst vor einigen Jahren zu seinem Lebensstandort gemacht hat, nicht immer ganz einfach. Wenn ich ehrlich bin, mag ich nichts weniger als unangemeldeten Besuch. Leni hat sich daran gewöhnt, mir sitzt durchweg eine leichte Paranoia im Nacken. Sicherheitshalber habe ich zu meiner Jogginghose immer eine Krawatte sowie Kaffeebohnen griffbereit. Um ein wenig intellektuell zu wirken, lege ich eine alte Ausgabe des Feuilletons der *FAZ* dekorativ auf den Küchentisch. Jederzeit kann es klopfen und die Zeit intimer Anonymität crashen. Dabei hat die Amerikanisierung auch Hvide Sande erreicht. Bei »Happy Halloween« werden bei uns die Türen dreimal von innen abgeschlossen, der Schlüssel bleibt sicherheitshalber stecken. Da lobe ich mir die Gegensprechanlage sowie die Anonymität deutscher Großstädte. Morgens vor 9 Uhr wird die Tür ebenfalls nicht geöffnet, da meine kommunikativen Fähigkeiten, die ein Sozialleben erfordert, bis zu dieser Zeit noch nicht hergestellt sind. Die einen sagen Morgenmuffel, ich würde es als geistige Trägheit beschreiben. Zu dieser frühen Stunde funktioniert mein Körper eigentlich nur durch ein motorisches Notfallsystem. Es ist vorgekommen, dass eine ältere Dame in unserem Wohnzimmer stand, um für eine Tierschutzorganisation zu sammeln. Seitdem tendieren wir dazu, die Tür zu verriegeln, um zumindest ein wenig Zeit zu gewinnen. Machen Sie vor allem nie den Fehler und bestellen den Pizza-Boten an Halloween. In freudiger Erwartung einer leckeren Pizza öffnet man beschwingt die Tür und hat plötzlich vier kostümierte »Horror-Kinder« vor der Tür stehen. Monster-Alarmismus im Dorf. Diese kriminelle Vereinigung (erschreckend, alle Bandenmitglieder minderjährig) fordert mit unverhohlenen Drohungen Schutzgeld in Form von Naturalien. Kommt man dieser Drohung nicht nach, kann man sich zwischen Eiern im Briefkasten oder Rasierschaum an den Fenstern entscheiden. Ich überreiche alte Bonbons und preise sie als extrem lecker an. Ich verabschiede die Bande mit dem Hinweis, dass der Nachbar nicht vor Ort sei, er sich aber für die Eier im Briefkasten entscheiden würde. Schaut doch ein Däne vorbei, heißt es: »Kaffee?« »Jo!« »Wie nimmst du ihn, mit Milch, mit Zucker, mit beidem?« »Mit Tasse« (klassischer dänischer Humor). Die Antwort lautet ganz sicher: »Schwarz mit nix, bitte!« Heute bleibt es ruhig und nach 21 Uhr entspanne ich in meinem Indoor-Outfit. Zeitig begebe ich mich ins Bett, um für meine morgige anstehende Lesung im Café HAV bei uns auf dem Campingplatz fit und vital zu sein.

Am nächsten Morgen sitze ich bei bereits angenehmen 18 Grad auf unserer Terrasse. Umgebungsgeräusche sind ausgeknipst bzw. sind den nahen Wellen vorbehalten. Die Vögel in unserem begrünten Garten laden zum melodischen Kammerkonzert, niemand dirigiert, koordiniert die Akteure. Wir wohnen in einer schönen Seitenstraße von Hvide Sande, nah den Dünen, nah den Wellen. Zu eng für jede Art der Reisebusse, die sich ein paar Hundert Meter weiter über die 181 schieben. Hier herrscht kein Gedränge von Passanten, kein Geschiebe der Parkplatzsucher, kein Hupkonzert, hier ist Hvide Sande still, keine Spur der Hektik des Dorfkerns, hier sind die Bewohner unter sich. Hier fühlt es sich an, als gäbe es keine Touristen, und niemals ahnt man, in einer der dänischen Touristenmagneten zu wohnen. Dann verlässt man unsere Seitenstraße, und sobald man den Blinker setzt bzw. sich in einer der zahlreichen Kreisverkehre in die 181 einreiht, beginnt der Horror der Hochsaison. Auf dem Weg

Richtung 181 grüße ich wie gewohnt Andersen, Jensen, Iversen und Kristensen, treibe somit meinen intensiven Integrationsprozess voran und bewege das Auto in gemäßigter Geschwindigkeit durchs Dorf. Eine junge Frau ist an der Bushaltestelle gestrandet, ob sie weiß, dass der nächste Bus erst in 45 Minuten fährt? Das sind die logistischen Tücken des Dorflebens, der Hinweg beinhaltet immer und unmittelbar auch die Planung des Rückweges. Hier gehört die Straße quasi allen, sie wird mit jedem Verkehrsteilnehmer geteilt, eine herrliche nordische Hippiementalität macht sich breit. Ampelanlagen? Wozu? Die Verkehrsteilnehmer sind in gegenseitiger Rücksichtnahme daran gewöhnt, aufeinander zu achten. Das Aufstellen einer Ampel hätte hier ganz sicher Eventcharakter. Aufgrund ihres magischen Lichtes würde man diese Ampel sofort als Gottheit verehren und zu ihren Ehren diverse Feste veranstalten. Fahren wir nach Flensburg, versuche ich, mich daran zu erinnern, was es bedeutet, wenn die Ampel rot leuchtet. Solange ich mich mit meiner individuellen Mobilitätsgarantie innerhalb des Dorfes bewege, bin ich mehr oder weniger die Ruhe selbst. Die meisten Ortskundigen schaukeln mit entspannten 40 oder 45 auf dem Tacho durchs kleine Fischerdorf, hat man den richtigen Entspanntheitsgrad erreicht, kann man es ertragen. In Hvide Sande fällt man in eine andere Welt, nichts, was mich hier aus der Ruhe bringen könnte. Habe ich nichts gesagt? Ich genieße ja die ruhige Art der Westjütländer, aber die extreme Gelassenheit, um nicht zu sagen Bewegungs- bis Regungslosigkeit, beim Autofahren der hiesigen Bevölkerung stellt mich jedes Mal auf eine harte Probe. Der hier lebende Däne treibt es aber auch mitunter auf die Spitze. Die friedfertige Besonnenheit der hier lebenden Menschen überträgt sich eins zu eins auf ihr Fahrverhalten. Prinzipiell wird eine Geschwindigkeit gewählt, die stets unterhalb der zugelassenen Höchstgeschwindigkeit liegt. Als Pendler malträtiere ich den Asphalt des Holmsland Klits an 220 Arbeitstagen im Jahr und lege auf der Strecke zwischen Hvide Sande und Henne Strand knapp 20 000 km zurück. Für mich kann ein Asphaltband nicht schöner sein und es wäre ein Traum, wenn ich diesen Wegabschnitt nicht mit anderen teilen müsste. Zugelassene Höchstgeschwindigkeit: 80 km/h. Kaum bewege ich mich aus Hvide Sande heraus, werde ich von der ersten Asphaltkolonne ausgebremst. Rums! 78 km/h! Ich fletsche die Milchzähne, lege die Ohren an und stehe kurz vorm Biss ins Lenkrad. Ich versuche, ruhig zu bleiben, denke an den Zen-Meister, der stundenlang seinen Garten harkt, und sehe mich in einer beruhigenden Tee-Zeremonie. Allerdings nur für den Bruchteil einer Sekunde. Der rechte Fuß wippt unruhig hin und her. Sobald es die Situation zulässt, lege ich geschmeidige 5 km/h obendrauf und gleite am vorausfahrenden Fahrzeug vorbei. Keine zwei Minuten später. Rums! 71 km/h. Äderchen auf meiner Stirn geraten in Wallung, innerlich braut sich ein nervlicher Molotowcocktail zusammen. In dieser Situation hilft auch kein Zen-Meister mehr. 30 Minuten von Hvide Sande nach Henne Strand. 45 Minuten, wenn die Hutablage, die Klopapierrolle mit Häkelschutz oder der Wackeldackel vor mir fährt. Meistens werden diese Autos von Personen gefahren, die komplett im Fahrersitz versinken. Selbst erfahrene Pendler können diesen Wahnsinn nicht umgehen, und wer das Pech hat, in die irren Augen des Psychodackels oder auf die Hutablage zu schauen, der weiß: Das kann lange dauern. Diese Autos fahren langsam, sehr langsam. Diese Geschwindigkeit würde einem selbst in der Spielstraße noch langsam vorkommen. Überholen in der Hochsaison nahezu unmöglich, man darf also phlegmatisch hinterherfahren. Schnell hat man Gesellschaft, denn eine lange, sehr lange Autoreihe befindet sich irgendwann hinter einem. Eine Zeitlang habe ich versucht, es mir schönzureden, und mir eingebildet, wir imitieren das Autokorso-Feeling der WM 2006. Spätestens nach 5 Minuten autistischem Kopfnicken des Psychodackels hilft die Vorstellung aber auch nicht mehr, hier dran zerbricht jeder Autofahrer und so tuckern wir Minute um Minute mit lebensmüden 71 Stundenkilometern über den Holmsland Klit. Die ersten Rennräder überholen uns ohne Anstrengung, mitleidende Blicke inklusive. Das Rot der Bremslichter des vor mir schleichenden Autos (uninspirierte Bremsintervalle lassen meinen Puls weiter in die Höhe schnellen) inszeniert meinen Gesichtsausdruck in der nahezu passenden Beleuchtung (bin dann in der Lage, ein im Weltmaßstab wirklich unrettbar dummes Gesicht zu machen). Hoffnung keimt auf, nachdem der vor mir Fahrende seine absolute Spitzengeschwindigkeit von 76 Stundenkilometern erreicht, die unerwartete Zunahme des Fahrtempos sorgt für ordentlich Endorphin-Ausschüttung in meinem Körper. Ungeduldig wartet man auf die eine verführerische Situation, die ein Überholmanöver ermöglicht. Besteht die Möglichkeit, gestaltet sich der Überholvorgang stets spannend. Befindet man sich auf gleicher Höhe, erkennt man meist ein Köpfchen, das gerade so über das Lenkrad ragt, die Arme eng am selbigen angewinkelt. Bei leicht geöffnetem Fenster flattert das Hemd an den Armen und schaukelt am Oberkörper. Auffällige ruckartige Körperbewegungen werden vermieden. Einigen Herrschaften gelingt es dabei eindrucksvoll, Blumentapeten mit Motiven der 50er stilsicher zu Kleidungsstoffen zu recyceln. Bei deutschen Haltern blitzt meistens noch eine bunte Outdoorjacke hervor. Durch meinen

Anfall von Selbstjustiz euphorisiert, drücke ich kurz das Gaspedal durch und gucke dabei mindestens so cool wie Colt Seavers in seinen besten Zeiten. Ich entdecke bei mir einen Anflug von hochmotivierter Hochzeitsgesellschaft, fluchend winke ich dem Slow-Motion-Schumacher hinterher. Das erleichterte Aufatmen meinerseits ist bis Henne Strand zu hören. Zumindest bis zum ersten Kreisverkehr. Rums! Kernschmelze-Gefahr. Der Däne liebt Kreisverkehre, hat sie womöglich sogar erfunden, beherrscht sie aber nicht. Selbst wenn es sich um einen Kreisverkehr mitten in der Wüste handeln würde und man bereits aus mehreren Hundert Metern einsehen kann, dass sich kein, aber auch wirklich kein anderer Verkehrsteilnehmer in der Nähe befindet – der Däne bremst umfassend runter, nahezu komplett, beispiellos. Es fühlt sich an, als hätte der Däne den Flugmodus im Gehirn angeschaltet, esoterisch hat er alle Nebengeräusche des Lebens ausgeblendet, stoische Behäbigkeit macht sich breit. Bitte gehen Sie nie von der Selbstverständlichkeit aus, dass der Däne lässig in den Kreisverkehr einrollt, es wird mit der umgangssprachlich bekannten Redewendung »In die Eisen gehen« enden. Natürlich fluche ich. Es gibt diesbezüglich sehr widersprüchliche Theorien, ob es gesund ist, die Wut ungefiltert herauszulassen, oder es vielleicht besser wäre, eine buddhistische Zurückhaltung zu pflegen. Ich habe mich für die temperamentvolle Kur entschieden. Da ruhig zu bleiben wäre meine Erleuchtung. Die restlichen Kilometer bis Henne Strand wackle ich heftig mit dem Kopf auf und ab, klarer Fall von hochsaisongeschädigt. Eine Mischung aus dem gemächlich schwunglosen Dänen und dem verwirrt chaotischen Fahrstil der Italiener, das wäre es. Verstehen Sie mich bitte nicht falsch. Auf dem Holmsland Klit rast man nicht, man gleitet und ich sehe dieses Asphaltband nicht als eine wunderbar in die Landschaft modellierte Rennstrecke. Was allerdings nicht beruhigend auf mich wirkt, ist das stete Fahren unterhalb der zugelassenen Höchstgeschwindigkeit. Dem Deutschen mache ich da weniger einen Vorwurf, wenn er mit 78 km/h über den Asphalt gleitet. Er befindet sich im Urlaub und sieht sich längst auf der Terrasse seines Ferienhauses in die Holzkohle pusten. Und zugegeben, ich fahre nicht anders in der Toskana. Man möge es mir verzeihen, ich bin halt auch nur ein »Däne« mit Ruhrpott-Migrationshintergrund. Ich verspreche, ich werde an mir arbeiten. Sie merken schon, meine Probleme gleichen eher einer schlecht eingeräumten Spülmaschine oder einer Waschmaschine, die sich erst beim zweiten Versuch schließen lässt. Ich gebe zu, ein sehr privilegiertes Leben also. Und ja, die empfindlichen Strafen für zu schnelles Fahren sind mir durchaus bewusst. Ein Norweger hatte sich in Deutschland einen nagelneuen Lamborghini (Listenpreis rund 190 000 Euro) zugelegt. Damit machte er sich auf den Heimweg Richtung Norwegen. Allerdings hatte der neue stolze Besitzer überschaubare Freude an seinem neuen Luxusschlitten. 20 Kilometer vor der Fähre, die ihm vom dänischen Hirtshals nach Norwegen bringen sollte, wurde er mit 236 km/h kurzerhand von der dänischen Polizei ausgebremst, der Wagen direkt vor Ort beschlagnahmt. In Dänemark gilt: Bei Geschwindigkeitsüberschreitungen, die mehr als 100 % betragen, sowie durch schnelleres Fahren als 200 km/h begeht man eine sogenannte »Wahnsinnsfahrt« (genau wie alle, die sich mit mehr als zwei Promille ans Steuer setzen). Wer bei solch einer Fahrt gestoppt wird, verliert umgehend sein Fahrzeug. Die konfiszierten Fahrzeuge werden versteigert, die Einnahmen fließen in die Staatskasse. Darüber hinaus muss der Fahrer mindestens drei Jahre auf seinen Führerschein verzichten. Das passiert auch, wenn das Auto nur geliehen, geleast oder gemietet ist. Ausnahme: Falls das Auto über einen Kredit finanziert wurde, gehen die Einnahmen aus der Versteigerung an den Gläubiger. Die »Wahnsinnsfahrt« wird in Dänemark als juristischer Begriff geführt. Der Polizeisprecher von der Polizeiwache Nordjütland kommentierte diese Wahnsinnsfahrt gegenüber der Presse folgendermaßen nüchtern: »Das war traurig für den Fahrer und er konnte es nicht ganz verstehen!« Auf der anderen Seite bietet Dänemark dem Autofahrer einen Service, den ich in Deutschland schmerzlich vermisse, wenn ich mir an der Ampel mal wieder den Hals verrenke. Die Ampel, die direkt vor dem Übergang auf der anderen Seite hinter den Einmündungen platziert ist. Man braucht einfach nur aufrecht nach vorne zu schauen. Autofahrer, die das erste Mal in Dänemark unterwegs sind, erschrecken sich oft beim Abbiegen, weil sie plötzlich eine rote Ampel sehen und meinen, die gilt ihnen.

Klar, Vorurteile wie »Der Däne pflegt einen sehr geschmeidigen Fahrstil« sind Verallgemeinerungen, manchmal auch dumm, aber eben auch sehr oft unterhaltsam und witzig. Vorurteile sind nicht objektiv, meist eine von feindseligen Gefühlen bestimmte Meinung, die sich jemand ohne Prüfung der Tatsachen voreilig über jemanden gebildet hat. Von daher kann ich hier auch nicht mehr von Vorurteilen sprechen, da ich diese Verhaltensweisen seit über 10 Jahren hautnah miterlebe. Ich möchte eher von stereotypen Verhaltensweisen sprechen, von immer wieder in der gleichen Form wiederkehrenden menschlichen Verhaltensweisen. Bestimmte Handlungen, die immer wieder auf dieselbe Art und Weise wiederholt werden.

Da Sie mittlerweile von meinem Problem vor 9 Uhr in Kenntnis gesetzt wurden, bin ich froh, dass der Startschuss für die Lesung erst um 19 Uhr fällt.

Live und in Farbe werde ich heute nicht nur aus meinem Buch lesen, sondern auch über Dinge sprechen, von denen ich nichts verstehe. Ich Tausendsassa der Alltagsbetrachtungen, einer der schillerndsten Personen der deutschsprachigen Literatur.

Des Öfteren wurde ich gefragt, nicht als »Lecturer« ein paar Lesungen aus meinem Werk zu veranstalten. Lesungen – also im Mittelpunkt stehen! Da ich keine sehr masochistische Seite habe, habe ich immer nur herzlich gelacht. Im stillen Kämmerlein formulieren, das Niederschreiben von Gedanken in Zeilen – ja, aber bei einer Lesung im Mittelpunkt stehen. Nix für mich. Um es genießen zu können, im Mittelpunkt zu stehen, sollte man im besten Fall unglaublich spontan und schlagfertig sein, kurzum, all das, was ich nicht bin.

Leni dagegen begann sofort sanft, aber beharrlich die Ketten meines Widerstands zu zersägen. Auf wollüstige Bilder (»denk an die BHs, die dir entgegenfliegen werden«) folgten starke Argumente:

»Wie arm wäre die Welt da draußen ohne deine Bücher? Die Menschheit braucht dich«, sagte sie. Und in diesem Moment wusste ich: Sie hat recht! »Sollte es nicht ganz rund laufen und du dich mehr zum Horst machen – im Scheitern ist der eigentliche Erfolg vergraben«, fügte sie süffisant und mit breitem Grinsen hinzu.

Ich hatte nie das dringende Bedürfnis, im Mittelpunkt zu stehen, war weder Sänger, Geigenvirtuose, Pianist, Musical-Star, Clown oder Zauberkünstler. Aber Leni meinte, ich hatte eine Verantwortung gegenüber der Würdigung des besonderen Bildungsanspruchs meiner Gäste, die eine Lesung bereits seit Längerem forderten. Sozusagen Sinn suchenden, kulturbewussten deutschen Bildungsbürgern der europäischen Kulturgemeinde die dänische Magie näherzubringen. Angespornt durch Kollegen wie Kolumbus, Humboldt und Hemingway war mein Impuls geweckt. Mein bescheidenes Aussehen korrespondiert dabei mit einer chronisch männlichen Selbstüberschätzung.

Vorab noch ein paar Stunden im Büro die Kollegen unterstützen – Tourismus im Sommer ist Hochleistungssport. Nach wie vor arbeite ich in Henne Strand für eine Ferienhausvermietung mit angeschlossenem 5 Sterne-Campingplatz & Resort. Die letzten Monate im Zuge des Lockdowns waren unwirklich, über drei Monate keinen deutschen Gast zu begrüßen, die Gefühlslage schwankte zwischen surreal bis gespenstisch. Wie schnell können unvorhergesehene Dinge Existenzen bedrohen. Wir waren glücklicherweise nicht im extremen Maße davon betroffen. Unser Campingplatz, inklusive Servicegebäuden, war von Schließung nicht betroffen. Durchgehend waren auch alle Mitarbeiter im Büro anwesend, zumindest unterteilt in zwei Gruppen, falls doch mal jemand positiv auf Corona getestet wurde. Dänen, die aufgrund der Grenzschließungen nicht in den Süden reisen konnten, entdeckten mehr und mehr ihr Heimatland und strömten vorzugsweise zu uns an die Westküste. Wir konnten uns über Arbeit nicht beschweren, zum einen über Stornierungen deutscher Gäste hinweg über Monate, zum anderen über den »normalen« Betrieb mit durchweg dänischen Gästen, was uns relativ weich fallen ließ. Die Lücke, welche die deutschen Touristen in dieser Zeit hinterlassen hatten, konnten sie dennoch nicht schließen. Was wir auf dem Campingplatz auffangen konnten, war bei den Ferienhäusern unmöglich. Die gesamte Ferienhausbranche fuhr massive Verluste ein. Der Verlust von nahezu 90 % deutschen Gästen war nicht aufzufangen. Es gab Ferienhausanbieter, die während der ersten beiden Lockdowns aufgrund von nicht angetretenen Reisen knapp 35 000 Gutscheine verteilt haben.

Während des Lockdowns kam der Großteil unserer dänischen Gäste von der Hauptinsel Seeland aus dem Großraum Kopenhagen. Kopenhagen, wo die Reichen & Schönen leben, von wo die Geschicke des Landes geleitet werden. Nun muss man dazu sagen, Kopenhagener gelten hier an der Westküste, ich sage mal vorsichtig, als leicht arrogant, etwas hochnäsig, als verwöhnte Snobs, die Hauptstädter fühlen sich dem provinziellen Jütland schon sehr überlegen, die es an Solidarität mit dem eher ländlichen Jütland fehlen lassen. *Jyderne*, die Jütländer, sind in den Augen Kopenhagener wortkarg, einfach und neigen zu quittungsfreiem Schwarzhandel. (Die Rede ist dann von »*Jyske-dollars*«. Als ehrenwerter Neubürger habe ich mich auf diese Zahlungsart selbstredend nie eingelassen. Da fehlt der Punk in mir, bin für Regelüberschreitungen nicht gemacht.) Westjütland wird gerne als »Verfaulte Banane« bezeichnet. Umgekehrt haben die Hauptstädter den Ruf, notorisch lärmende und endlos klagende Waschlappen zu sein.

Genau das konnten wir in dieser Zeit beobachten: Auch der Däne (überwiegend aus dem Großraum Kopenhagen) kann sich leidenschaftlich über Kleinigkeiten echauffieren. Verwundert rieb ich mir die Augen und stellte auch bei meinen dänischen Kollegen eine gewisse Unzufriedenheit über ihre Landsleute fest. Nun gut, diese Pandemie ging uns allen an die Substanz und ich wäre als Hauptstädter wohl auch lieber zum Gardasee als zum Ringkøbing-Fjord gefahren, aber in den meisten Fällen waren die Beschwerden doch schlichtweg übertrieben und in der Tat von einer gewissen Arroganz geprägt.

Sie merken schon: Däne ist nicht gleich Däne. Zwischen denen in Westjütland und denen auf Seeland liegen Welten. Gerade der wahre Charme der Westjütländer erschließt sich nicht im Handumdrehen; er will gemächlich, wie es die Menschen hier selber leben, entdeckt werden. Die Mentalität der Menschen an der Westküste unterscheidet sich schon von der Mentalität der Ostjütländer oder der Menschen auf Seeland. Sie begegnen freundlich den Fremden, aber vielleicht doch eine Spur reservierter. Ich kann nur die Menschen an der dänischen Westküste beschreiben, dort, wo ich seit über einem Jahrzehnt wohne. Dänen rund um Kopenhagen wird man mit Sicherheit ganz anders wahrnehmen. Und natürlich sind meine Erfahrungen mit Dänen im höchsten Maße subjektiv, geprägt von persönlichen Erlebnissen. Beschreibt man die Menschen eines Landes, bleibt einem nichts anderes übrig, als ein wenig zu generalisieren. Aber ich gebe zu: Wer von der Liebe zu einem Land berichtet, dem fällt eine objektive Darstellung mitunter schwer.

Nach Monaten des Lockdowns waren sich meine dänischen Kollegen einig: Was sind wir froh, wenn wir wieder deutsche Gäste begrüßen dürfen. Von daher – der Ruf deutscher Gäste im Ausland ist weitaus besser, als viele denken, wenn man mal vom Sauftourismus auf Mallorca absieht (irgendwo beruhigend, dass sich auch der Däne in der Anonymität der Masse ein Benehmen erlaubt, das zu Hause nicht möglich wäre).

Täglich lief nebenbei der Fernseher, den Corona-Live-Ticker dabei immer im Blick – in der Hoffnung auf positive Nachrichten. Mitte Juni wurden die Grenzen zu Dänemark endlich wieder geöffnet und seitdem werden wir nahezu überrannt. Endlich wieder groteske Beschwerden deutscher Gäste wie:

- Sehr geehrte Feriepartner-Mitarbeiter:innen,
  gestern hatte ich einen fatalen Zusammenstoß mit der schrägen Deckenwand im Schlafzimmer. Da zum Glück die Wände nur aus dünnen Gipskartonplatten bestehen, gab die Wand an der Aufprallstelle nach und brach ein. Mein Kopf blieb heile. Daraufhin habe ich den Grundriss des Hauses nachgemessen und komme im Erdgeschoss auf eine Wohnfläche von 13,8 m x 6,9 m = 95,2 qm. Im Prospekt ist das Haus mit 120 qm angegeben. Zur Berechnung der Wohnfläche bei Dachschrägen nach deutscher Wohnflächenverordnung (WoFIV) zählen Flächen mit einer lichten Höhe unter 1 m nicht zur Wohnfläche, zählen Flächen mit einer lichten Höhe von 1m bis unter 2 m zu 50 % zur Wohnfläche, zählen Flächen mit einer lichten Höhe ab 2 m zu 100 % zur Wohnfläche. Unter Berücksichtigung dieser Punkte und aufgrund der schrägen Wände der ersten Etage kommt man niemals auf 120 qm. Somit ist der Mietpreis für dieses Haus viel zu hoch. Bitte teilen sie mir bis morgen mit, ob nach dänischen gesetzlichen Vorgaben zur Wohnflächenberechnung bereits Flächen mit einer Deckenhöhe ab 50 cm für die Berechnung der Hausfläche berücksichtigt werden dürfen. Wir werden zur Klärung der Angelegenheit morgen im Büro vorbeischauen.

- Da wir am 03/07 den Whirlpool nicht nutzen konnten, vermerken Sie bitte eine Mietminderung von 6,77 Euro.
  Mietpreis 2 Wochen 1898/14 = 135,57 Euro.
  Mietminderung Whirlpool Ausfall 5 % (basierend auf

Frankfurter Tabelle) ergibt 6,77 Euro. Sollte bei der Reparatur ein Wasserablassen erforderlich sein, reduzieren Sie bitte die Wasserrechnung dementsprechend für die neue Wasserbefüllung um 0,6 qm x 60 DKK / qm = 0,6 qm x 8,05 Euro / qm = 4, 83 Euro.

Endlich blicken wir wieder in die Gesichter unserer Stammkunden. Obwohl ich sagen muss: Namen sind so ein Ding für sich. Manche vergessen einen einmal gehörten Namen nie und können sich auch das dazugehörige Gesicht merken. Andere vergessen zwar den Namen, aber erkennen sofort, wen sie vor sich haben – ich armer Hirsel bin in der Lage, mich auf einer Party den gleichen Leuten ein zweites Mal vorzustellen. Ich kann mir weder besonders gut Namen noch Gesichter merken. Klar, unsere Stammgäste erkenne ich sofort und habe auch den dazugehörigen Namen abrufbar. Dann gibt es aber auch Tausende andere Gäste, die man übers Jahr ein- und auscheckt. Dutzende Gäste darunter, die zumindest regelmäßig kommen. Ein steter Kampf für mich, wenn der Name ständig nur auf den Lippen liegt. Ich gehe halt sparsam um mit meinem geringen Speicherplatz zwischen den Ohren. Es gehört wohl zum schwierigen Übergang zur zweiten Lebenshälfte. Was will man erwarten von jemandem, der nicht selbstständig in der Lage ist, einen Becher mit Automatenkaffee zu füllen. Aber ich genieße es, jeden Tag eine andere flüchtige Bekanntschaft zu machen, kurze, tiefe Einblicke in das Leben fremder Menschen zu gewinnen. Das ist spannend, aber nicht belastend.

Was wir feststellen, ist der immer größer werdende Wunsch deutscher Bürger, nach Dänemark umzusiedeln. Ich selbst erlebe es in meinem Job in der Konversation mit Deutschen immer öfter, dass über das Auswandern nach Dänemark gesprochen wird. Nicht jedes Mal in vollem Ernst, mitunter nur als Ausdruck von Überdruss an den Zuständen in Deutschland, die viele zunehmend als bedrückend empfinden. Ein mitunter rigides gesellschaftliches Klima, politische Übergriffigkeiten bis in die engste Privatsphäre hinein. Und dann auch noch Inflation, Gas- und Stromknappheit bei gleichzeitigem Beharren der Regierung auf vermeintlichen Segnungen der deutschen Energiewende. Natürlich ist da der Vorwurf naheliegend: Deutschland ist immer noch eines der sichersten und wohlhabendsten Länder der Welt. Wir erleben aber immer mehr deutsche Urlauber, die uns ihr Leid klagen.

Menschen, die ihre Heimat verlassen, um in der Fremde ihr Glück zu versuchen, hat es zu allen Zeiten gegeben. Doch je unzufriedener die Menschen werden, desto mehr wächst die Bereitschaft, das Risiko eines Neuanfangs einzugehen. Unglaubliche Unzufriedenheit und Verdruss schwingen bei vielen unserer Gäste mit. Neben den klassischen Motiven wie Jobwechsel und Familienzusammenführung stellen Auswanderungsberater jetzt einen neuen deutlichen Trend fest: Emigration aus politischen Gründen. Viele, die auch das deutsche Geistes- und Meinungsklima nicht mehr aushalten, die grenzenlose Freiheit, wie wir sie noch in den Debatten der Neunzigerjahre genossen, scheint verloren gegangen. Viele zweifeln an der Zukunftstauglichkeit des Wirtschaftsstandorts Deutschland. Und was nahezu alle verzweifeln lässt, ist die deutsche Energiepolitik. »Leider fehlt es in der deutschen Politik am Bewusstsein dafür, woher unser Wohlstand kommt«, ist einer der Sätze, die wir häufig hören. Oder Sätze wie: »In Deutschland ist absehbar keine leistungsträgerfreundliche und rationale Politik mehr zu erwarten, und da es mir nicht liegt, aufzugeben, versuche ich lieber auszuwandern.« Die Menschen bemängeln das moralisches Gängelgefühl, dass man zu bestimmten Themen seine Meinung besser nicht mehr öffentlich sagt. Das Ergebnis dieser Entwicklung ist: Bei den eigenen Staatsbürgern ist die Bundesrepublik längst zum Auswanderungsland geworden.

Bloß raus aus Deutschland. Nicht, weil in Dänemark ganz andere Themen diskutiert würden, aber alles hat hier mehr Raum und mehr Gelassenheit. Natürlich haben wir hier dieselben Themen wie in Deutschland, aber kräftig abgemildert und in Form einer vernünftigen Debattenkultur. Da kann man noch gefahrlos »Gesundheit« wünschen, ohne dass eine Online-Petition angekurbelt wird.

Auch hier blieb Corona nicht ohne Einfluss, die Pandemie hat verdeutlicht, wie sehr Selbstverständlichkeiten wie ein Wochenende am See oder ein Restaurantbesuch fehlen können. Sie hat bei vielen die Erkenntnis reifen lassen, dass man das Beste aus seiner verbleibenden Zeit machen sollte. Ein Haus oder Umzug nach Dänemark erscheint dabei vielen als sicherer und geliebter Rückzugsort. Nie zuvor waren Deutsche entschlossener, nach Dänemark auszuwandern. In zwei Jahren Pandemie, Homeoffice und Einschränkungen scheint bei vielen die Erkenntnis drastisch gewachsen zu sein, dass man sich Träume erfüllen und das Jetzt genießen sollte, dass es sich auch von anderen Orten aus arbeiten lässt und dass es nicht schadet, über ein alternatives Domizil nachzudenken. Die Mischung aus Home-Schooling und Home-Office während der Pandemie hat in Deutschland viele Familien an den Rand der Belastbarkeit gebracht. Wer da einen Blick auf die Arbeitsbedingungen in Dänemark warf, geriet schnell ins Schwärmen. Flexibilität im Job ist hier selbstverständlich, dazu weniger durchschnittliche Wochenarbeitszeit und ein ordentliches Gehalt.

Mehr denn je suchen unsere Gäste einen sicheren Ort in einer politisch sicheren Region. Genau das bietet Dänemark. Der Umzug nach Dänemark hat bei vielen nicht nur mit Vernunft zu tun, sondern mit Leidenschaft und Liebhaberei. Die Temperatur der Nordsee oder die knapp 130 Regentage hier an der Westküste werden es kaum sein, für viele ist es auch eine emotionale Angelegenheit: Weil die Dänemark-Fans seit Jahrzehnten hierherkommen, weil sie sich wohl und zu Hause fühlen. Hätten wir hier eine Ölpest, würden die Gäste ihre Reise nicht stornieren, sondern herkommen und helfen. Immer mehr folgen dem Traum von nordischer Gemütlichkeit. Die Gefahr, enttäuscht zu werden, wischen viele beiseite. Viele kennen das Land aus dem Sommerurlaub, genau deshalb aber besteht das Risiko, enttäuscht zu werden. Viele Deutsche vergöttern das Leben hier sehr, aber auch in Dänemark ist nicht alles perfekt. Viele hält es nicht davon ab.

Dänische Medien schreiben von einer »Explosion« der Zahl deutscher Auswanderer. Gerade in der grenznahen Gemeinde Sønderborg lassen sich die meisten Auswanderer nieder, die Zahlen der drei Grenzkommunen (Sønderborg, Tønder, Aabenraa) zeigen, dass bereits mehr Deutsche im ersten Halbjahr als im gesamten Jahr zuvor nach Dänemark gezogen sind. Allein in der Tønder-Kommune hat sich die Zahl Deutscher Auswanderer seit 2019 verdreifacht. Laut EDC in Tønder stehen Deutsche in Südjütland mittlerweile Schlange, um ein Haus zu erwerben, bei fast jedem zweiten Hausverkauf ist der Käufer inzwischen ein deutscher Einwanderer. Mittlerweile wohnen allein in der Tønder-Kommune 1200 deutsche Staatsbürger. In der Sønderborg-Kommune rechnet man mit bis zu 2000 Zuzügen aus Deutschland. Viele zieht es auch an die dänische Westküste in die Ringkøbing-Skjern-Kommune. Nicht nur, weil sie diese Gegend aus ihren Urlauben kennen, sondern weil exakt diese Kommune zu Dänemarks Kommune mit der höchsten Lebensqualität gewählt wurde. Die Kollegen von *flytmodvest.dk*, die deutsche Auswanderer an der Westküste betreuen, berichten mittlerweile von regelmäßig bis zu 150 deutschen Gästen im Rathaus von Ringkøbing, die sich zu einem Vortrag über das Auswandern einfinden.

Die dänische Westküste: Mit weitem Abstand ist Deutschland das größte Herkunftsland von Dänemark-Urlaubern. Anders als die Besucher aus anderen Ländern haben die südlichen Nachbarn ihrem Sehnsuchtsort auch in den letzten beiden, von Einreiserestriktionen geprägten Jahren die Treue gehalten. In unruhigen Zeiten und Konflikten überall auf der Welt zieht es viele in das friedliche kleine Nachbarland im Norden. Viele Deutsche träumen dabei von einem eigenen Feriendomizil in Dänemark. Normalerweise gilt in Dänemark die Regel: mieten erwünscht, kaufen verboten. Während Dänen die Freiheit genießen, überall in Europa ein Ferienhaus zu kaufen, ist das für Ausländer in Dänemark nicht möglich. Dank einer Sonderregel, die sich Dänemark beim Eintritt in die europäische Gemeinschaft clevererweise gesichert hat. Die letzte Abstimmung im dänischen Parlament, das Kaufverbot für Ausländer – insbesondere für Deutsche – aufzuheben, wurde mit 92 zu 15 Stimmen abgeschmettert. Es ist die Angst vor einem Mini-Deutschland auf dänischem Boden, die Angst vor Sylter Verhältnissen schwingt mit. Die Furcht vor einer Invasion deutscher Ferienhausbesitzer, die auf diese Weise wieder die Küsten »besetzen«. Seit 1959 macht ein Gesetz den Dänemark-Fans, die nicht selbst im Land leben, schwer, festen Grund zu kaufen. Das Dekret sollte schon damals – lange vor Gründung der

EU – verhindern, dass die für die Erholung der dänischen Arbeiterschaft gedachten Sommerhäuser von Bürgern anderer Staaten aufgekauft werden. Bis heute findet sich keine politische Mehrheit, um dies zu ändern. Ohne Konkurrenz reißen sich bisher die 5,8 Millionen Dänen um die Ferienhäuser entlang der unverbauten Küsten. Wer allerdings eine innige und treue Beziehung zu Land und Leuten nachweisen kann, hat Chancen auf eine Sondergenehmigung, die allerdings nicht so einfach erteilt wird. (2013 durften laut Justizministerium noch 40 Deutsche auf diesem Wege ein Ferienhaus in Dänemark erwerben, im Jahr 2021 wurden bereits 404 Genehmigungen erteilt.) Auch in Dänemark hat die Fernreise-Bremse Corona dafür gesorgt, dass der Handel mit Freizeitimmobilien blüht. Diese Treue vieler Deutscher Urlauber zahlt sich für diejenigen aus, die nicht mehr nur mieten, sondern auch kaufen wollen. Jetzt muss man seine Anbindung an Dänemark nur noch nachweisen. Leichter gesagt als getan, denn die zuständige Zivilbehörde verlangt Nachweise und Beweise. Alles muss dokumentiert werden, je öfter, je länger man Dänemark bereist hat, desto höher die Chancen. Die Kriterien für eine Ausnahmegenehmigung laut Behörde: Frühere Aufenthalte in Dänemark (dieser Punkt wird besonders gewichtet – 25 Aufenthalte in den letzten 25 Jahren sollten es aber schon sein), Anbindung an die Immobilie, familiäre Anbindung, sprachliche oder kulturelle Anbindung. Auf der Internetseite der Zivilbehörde (civilstyrelsen.dk) können Antragsteller sämtliche Aufenthalte in Dänemark eintragen. Dann heißt es Daumen drücken. Sollte die Sondergenehmigung tatsächlich erteilt werden, beginnt anschließend die Häuserjagd, sollte man nicht bereits eine Immobilie im Auge haben. Das Problem dabei ist: Man kann keinen Antrag einfach pauschal stellen. Eine allgemeine Genehmigung bekommt der erfolgreiche Bewerber nicht, dass er jetzt irgendwo in Dänemark kaufen darf. Vielmehr muss für jedes Ferienhaus ein Antrag gestellt werden. Nach dem Antrag heißt es: zehn Wochen warten. Ist die Genehmigung endlich erteilt, ist das Haus möglicherweise schon verkauft. Im besten Fall bekommt man den Verkäufer also dazu, einen Vorbehalt im Kaufvertrag zu akzeptieren. Für den Verkäufer wiederum schwierig, da er quasi zehn Wochen vom Markt ist. Ist der Kauf des Ferienhauses realisiert, muss man beachten, dass man seine feste Adresse dort nicht hin verlegen kann. In Dänemark gilt die sogenannte Wohnpflicht, das heißt: Jedes Haus muss bewohnt sein und darf nicht erworben werden und dann leer stehen. Darüber hinaus ist Dänemark noch in Zonen aufgeteilt. Es gibt die Stadtzone, die Landzone und die Sommerhauszone. In einer Sommerhauszone sind die Grundstücke und Häuser per se mit dem Titel Sommerhaus behaftet und dürfen nicht ganzjährig bewohnt werden.

Ansonsten alles beim Alten. Bin weiterhin Kummerkasten für all diese Leute in ihren Jack-Wolfskins und Multifunktionsfolien. Übertrieben gesagt: Empfangschef, Chefeinkäufer, Gästebetreuer und Zimmermädchen – alles zugleich. Eine Mischung aus Bürosteward, Busenfreundin, Reiseführer und da auch schon mal Gäste liebevoll zusammengebracht, eine Art lebendige Tinder-App. Der Check-in-Tresen schafft gleichzeitig eine angenehme Distanz. Unsere Bühne und gleichzeitig die Hafenmauer, das Bollwerk gegen die tagtäglich anbrandenden Wünsche unserer Konsumenten. Bewundere die Gäste, die zum Einchecken eine wuchtige Ledermappe auf den Tresen legen, mit einem routiniertem »Zzzzzippp« den Reißverschluss aufziehen und sich durch geschätzte 150 Seiten blättern, sorgfältig in Klarsichtfolien sortiert, bis sie endlich neben Anfahrtsplan die Reservierung ihrer Unterkunft gefunden haben. In Farbe ausgedruckt. Diese Gäste sind uns aber lieber, als die, wo General Zufall Regie führt, die weder Kunden- noch Buchungsnummer abrufbar haben. Sie wissen zwar ihren Namen, der hilft aber wenig weiter, wenn auf einen anderen Namen gebucht wurde.

Zufrieden lehne ich mich auf dem wippenden Bürostuhl zurück, nach einem Pflastereinsatz und einem fünfzehnminütigen Kurzvortrag zu den aktuellen Wind- und Wetterverhältnissen an der Westküste Dänemarks. Habe das Gefühl, heute schon viel geschafft zu haben, das Klingeln des Telefons reißt mich jedoch abrupt aus meiner Siegerpose. Meine liebevolle Kollegin deutet meinen konzentrierten Blick ins Nichts als kreative Schaffensphase und ist so freundlich, den Anruf mit deutscher Nummer entgegenzunehmen. »Nein, er ist gerade nicht am Platz. Kann ich etwas ausrichten?« Sie malt dabei ein Blümchen auf ihre Schreibtischunterlage – unsere Frühstückszeit ist uns halt heilig. Jeden Morgen werden wir um Punkt 10 Uhr mit einem Frühstück der Extraklasse beglückt, Glück, wer hier arbeiten darf. Einziger Kritikpunkt und dänische Unart zugleich: Butter direkt aus dem Kühlschrank! Ich werde es nie verstehen! Steinharte Butter auf Schwarzbrot oder wahlweise Weißbrot – nicht lustig. Für mich und anscheinend nur für mich in dieser Runde muss Butter streichzart sein. Ein weiterer Kulturcrash erfolgt bei der Klopapierrolle. The Great Toilet Paper Debate! Sie lachen? Es geht hier um die existenzielle Frage, ob Sie die Klopapierrolle mit dem Ende nach vorne oder hinten hängen. Greifen Sie von vorne oder hinten? Und nein, es gibt in diesem Moment keine wichtigere Frage im Leben als die Abrollrichtung von Klopapier. Normal soll ja jeder nach seiner Façon selig werden, aber nicht bei der Frage der Abrollrichtung. Da gelte ich als Hardliner! Natürlich wird das Papierende nach vorne gelegt, man zupft von vorne, allein schon, weil man besser danach greifen kann und es leichter ist, an der Perforationslinie abzureißen, von der Hygiene ganz zu schweigen (Stichwort Keime an der Wand). Der Däne, und ich weiß nicht warum, greift mit Vorliebe von hinten. Allein aus ästhetischen Gründen könnte ich da durchdrehen. Sagen Sie mir nicht, das geht Ihnen am … vorbei. Es geht hier nicht um Ketchup oder Mayo, Martini – geschüttelt oder gerührt, ob man das Papier faltet oder knüllt, weich-faserig oder vier Lagen reißfestes Papier benutzt, es geht um die entscheidende Frage der Abrollrichtung. Die Hinten-Variante geht gar nicht! Und als Hardliner hängt man die Klopapierrolle auch in fremden Badezimmern um. Punkt!

Keep Rolling!

Zurück am Arbeitsplatz erinnert mich die Blume auf der Schreibtischunterlage meiner Kollegin, dass ich noch Anrufe zu tätigen habe. Mitunter sehr unangenehme, zum Beispiel mit Hauseigentümern. Es geht um Geld. Von Kollegen aus der Branche kenne ich einen sicheren Plan, es nur zweimal klingeln zu lassen und beim dann erforderlichen Rückruf selber wiederum nicht abzunehmen. Dieses endlose Ding-Dong kann einen sehr weit bringen, die meisten Probleme verschwinden schließlich von selbst. Ich teste diese sichere Variante heute zum ersten Mal und dieses Mal nimmt jemand beim zweiten Klingelton am anderen Ende ab. »Gut, dass Sie sich melden.« »Das ist doch selbstverständlich«, erwidere ich und beschließe, es in Zukunft nur noch einmal klingeln zu lassen.

Anschließend greife ich zum zweiten Stück *feriekage* (Urlaubskuchen – jeder Kollege am letzten Arbeitstag vor dem Urlaub beglückt die Belegschaft mit einem *feriekage*), wobei sich der halbe Kuchen in die Tastatur ergießt. Beim Versuch, die Krümel aus der Tastatur zu entfernen, stelle ich erschrocken fest, dass ich 12 Fenster auf dem PC geöffnet habe und ich mich nicht mehr mit dem Laufwerk verbinden kann. Die weiteren 30 Minuten verbringe ich in der Warteschleife der IT-Support-Hotline. Während ich beobachte, wie anschließend mein Mauszeiger per Fernwartung aus Aarhus gesteuert über meinen Bildschirm huscht, gönne ich mir ein drittes Stück *feriekage*. Vielleicht sollte ich mittelfristig eine Karriere als Influencer anstreben. Die Arbeit in der Tourismusbranche macht Spaß. Viel Spaß. Mann muss es sich nur immer wieder sagen. Und meine charmante, liebenswerte Kollegin sorgt immer für Erheiterung:

Deutscher Gast: »Haben Sie Gastronomie?«
Kollegin: »Ja, wir haben Gas in Flaschen!«

Deutscher Gast: »Guten Rutsch«
Kollegin: »Ja, die Rutsche hat geöffnet.«

Ein Aufschrei perlt sich ins Gehirn aller Protagonisten. Und ich mache mich hier nicht lustig, darf diese Geschichten ausdrücklich erzählen. Wundervoll, mit wie viel Humor meine Kollegin den Büroalltag meistert. Unsere grundsätzliche Philosophie im Umgang mit den Gästen lautet: Wir wollen Partner sein, die Gäste sollen sich wohlfühlen, das ist unsere Aufgabe. Wir sind nicht Diener unserer Gäste, wir bewegen uns auf Augenhöhe und dabei mit höchstem Respekt. Und wenn es doch mal Ärger gibt – das Gespräch auf eine neutrale

Ebene lenken, Emotionen rausnehmen. Wenn selbst ein guter Kaffee die Situation nicht entschärfen kann, gerne die nächsthöhere Instanz herbeiholen, das trägt zur Deeskalation bei.

Abschließend noch mal ein Tipp an alle Saunagänger. Man darf zwar ausdrücklich an fast jedem Strand des Landes nackt herumrennen, aber niemals in der Sauna. So offenherzig unsere lieben Nachbarn auch wirken: In Sachen nackter Haut in der Sauna sind sie sehr viel verschlossener als ihre südlichen Nachbarn. In Saunas wird die Kleidung niemals abgelegt. Bitte unbedingt Badekleidung tragen, auch in unserem Erlebnisbad. Außer Sie wollen gern die einzige nackte Person im Raum sein.

Wir näherten uns mit großen Schritten der 19 Uhr-Marke. Ich hätte von meinem Arbeitgeber schon einen roten Teppich erwartet oder zumindest irgendeinen Teppich in irgendeiner Farbe, auf dem ich stolzgeschwellt in buntes Blitzlichtgewitter getaucht werde.

»Herr Uhlemann: ein kurzes Foto vorweg«, meinte der Fotograf von dem örtlichen Tageblatt (die örtliche Presse ist mit dem *Vesterhavsposten* vertreten). »Einmal Ihre Schokoladenseite, bitte.« Schnell wurde klar – ich habe keine. Korrektes, verantwortungsvolles Schweigen meinerseits. Auf durchgangsversperrende Security-Kolosse habe ich verzichtet, die erst bei Vorzeigen der Eintrittskarte respektvoll nickend zur Seite treten. Natürlich mit Eintritt. Hallo, da sitzt ein Mann und gibt sich Mühe, das kann man sich schon anhören, also kostet das was, aus, fertig. In unserer Gesellschaft wird Respekt nun mal mit Geld ausgedrückt!

Meine Garderobe, unser Aufenthaltsraum – kein Fernseher. Und eine Rockband hatte hier wohl auch noch nicht logiert. Das nenne ich Backstage Glamour.

Ich schaue noch mal in die »Arena«, dass »Saallicht« schon ein wenig heruntergedimmt, fast ein Dutzend Köpfe, Stille. Der Saal schweigt bedächtig, ein professioneller warm-Upper wäre nun nicht schlecht. Letzte Checks: Wie sitzt die Frisur, hängt irgendwo irgendwas raus, Nase gepudert? Diese Fragen sollte man als »Mitarbeiter der Unterhaltungsindustrie« vor dem Gang auf die Bühne gewissenhaft geprüft haben.

Catering – ich erwarte Köstlichkeiten wie: Gulasch, Spätzle, Rührei, Lachsschnittchen, Pasta, Backkartoffeln, Rotwein, Gin-Tonic! Gereicht werden immerhin Käsehäppchen, die ich vorweg fast alleine verputze. Ich kann ja nichts dafür, das ist diese All-Inclusive-Mentalität, das System hat mich verdorben. Unser Küchenchef reicht mir immerhin stilles Wasser und eine gekochte Kartoffel. Ich stelle fest: Ich kenne mich mit Lesungen so aus wie in den Außenbezirken der Mongolei. Aufsteller mit meinem Konterfei wiesen den Weg, dem ich gerne folgte, eine neue Art der Selbstfindung.

Ich befinde mich backstage und schaue ein weiteres Mal durch den Vorhang. 14 von 20 Stühlen sind bereits besetzt, aufgeregte Gespräche wabern durchs Publikum. 20 Stühle (entspricht übrigens 25 % aller Einwohner von Henne Strand – eine überragende Quote für eine erste Lesung, niemand hielt es in der Kargheit seiner Stube) sind zunächst ein schönes Kompliment, jedoch auch eine Bürde, solange sie leer sind. Wobei ich mir nicht sicher bin, ob es sich bereits um Gäste oder zufällige Kundschaft handelt. Es wird voller, meine Aufregung steigt, überlege kurz, mithilfe einer Nebelmaschine auf olympischem Niveau einzulaufen, verwerfe den Plan aber schnell wieder. Mein Publikum: dezent in der Kleidung, kulturbeflissen, vornehm im Auftreten, Damen von Welt, anspruchsvoll in Bildung und Kultur.

Zeit für Local Heros, exklusiver Campingplatz trifft auf exklusive Lesung.

Es geht los, in mir herrscht die angespannte Atmosphäre einer Versteigerung, bin starr wie eine Porzellanvase, Tausende Gedankenfetzen im Kopf. Peder moderiert mich an, ich bekomme eine Gänsehaut wie eine Ritterrüstung, bevor ich unter der Druckwelle 20 klatschender Hände empfangen werde und ich wie eine Sturzgeburt in den Raum poltere. Draußen kurzes, durchdringendes Hundegebell, wie Idyll zerstörend das doch sein kann. Peder in gewohnt trockener Art: »Begrüßen sie mit mir den Mann vom Plakat.«

Einlaufmusik, schwinge meine Hüften im Takt mit dem Hinweis, für den eigenen Garten sind diese Tanzkünste ausreichend. Zeit für Local Heros, exklusiver Campingplatz trifft auf exklusive Lesung. Las Vegas war in diesem Moment weit weg, ich hatte keinen separaten Bühnenaufgang, der Künstler, der Autor, der Typ vom Plakat musste vor Lesungsbeginn einmal durchs Publikum robben, tänzelnd, leichtfüßig, vorbei an mehreren farbigen Halstüchern, gewohnt routiniert talentlos, während es sich die Hitze in meinem Körper bequem machte. Dann verbeugen, Veranstalterhand schütteln, vor den Tisch stellen und mit kühlem Kopf den Abend beschwingt eröffnen (Stimme anheben und losreden), dabei eingeübte Zwischenwitze durch Pausen und leichte Umständlichkeit als just erdacht zu tarnen.

Höfliche Menschen, sie klatschen noch vor dem ersten Wort. Hier versteht man es noch, Unterhaltungskünstler würdig zu empfangen. Jetzt musste ich was sagen und am besten nicht ganz so viele Äs. Kurze Lokalkoloritschnulze, die ich mir zurechtgelegt hatte, Kurzzusammenfassung des Buches und anschließend pointierte Überleitung mitten hinein in den Text. Nun hieß es zu zeigen, dass ich der Unterhaltungsindustrie gewachsen bin. Recht locker setze ich mich hin vor die restlos geschlossenen Reihen des Publikums, beginne flüssig und moderat mit der Lesung. Kein Blitzlichtgewitter, keine Mikrofone, die mir entgegengehalten werden, keine Fragen nach dem Sponsor meines Outfits. Wie ein kleiner Fremdkörper betrete ich das Podium.

Ich hatte nun keine Schützenhilfe auf der Bühne, stand für mich allein vorm Publikum. Für mich hat das zur Folge, auch aus Selbstschutz, dass ich in eine andere Rolle schlüpfe, um ein Stück weit Distanz zur eigenen Person aufbauen zu können. Quasi als Versteck vor denen, die zugucken. Es hilft im Kopf, denn im schlimmsten Fall wäre es dann halt auch nur eine nicht funktionierende Figur und kein schlechter Uhlemann. 45 Minuten satirischen Knaller-Monolog musste ich nun, die Pointen im Timing richtig setzend, im Kopf haben. Willkommen im Business der Eitelkeiten. Jetzt war ich Primetime, mein Name nahezu in einem Atemzug mit der »Tagesschau«!

Andere beginnen ihre Welttournee in Las Vegas, ich im Café HAV vom Henne Strand Camping & Resort. Andere spielen in der Jahrhunderthalle in Frankfurt, ich wäre schon froh, wenn ich es in irgendeine Jahrzehntehalle schaffen würde. Hätte ich mir doch mal eine patente Agentin zugelegt. Eine Frau, die mir mit Sklaventreiberstimme meinen Terminkalender vorliest.

Lesungen? Ab Fernsehen wird die ganze Chose erst richtig interessant und lukrativ.

Sollte ich im Vorfeld Autogramme schreiben üben? Nicht nötig, den übertriebenen Fußballprofikringel sollte ich auch spontan hinbekommen.

Ich starte mit meiner völkerverbindenden Tätigkeit, die erste Reihe taxiert mich mit Kennermiene. Der erste hustet, der zweite räuspert sich, der dritte nimmt seine Brille ab, um sie durch lautes Zusammenzuklappen im Brillenetui zu verstauen. Es war klar, meine Einstiegssätze müssen gestaltet sein wie edles Konfekt, nichtssagende Formulierungen nicht gefragt. Ich nehme Kontakt auf mit dem Publikum, versammle die Blicke auf mich. Hier steht der Coming Man zeitgenössischer Literaturkunst und bittet um – nein: verlangt – die verdiente Aufmerksamkeit aller für das, was er vorzubringen hat.

Nichts geht über gutes Entertainment. Es lief gut an, und was mich beruhigte: Ich wusste ja, es kamen noch Kracher-Passagen, da waren doch bestimmt ein paar sichere Lacher dabei. Allein schon über das erste kabellose Mikrofon meiner »Ochsen-Tour« verlieh ich meiner Freude Ausdruck. Nervös? Ja, schon, aber nicht wirklich unangenehm, eher sachdienlich verkrampft. Die Kunst besteht darin, ruhig zu werden und doch auch hellwach zu sein.

Ganz wichtig: Ein Knaller direkt zu Beginn, damit die Besucher gleich dabei sind, vor allem auch begeistert genug, im Anschluss beim Merchandising ordentlich zuzulangen (dabei fällt mir auf, ich habe gar kein Merchandising im Angebot).

Meine »Welttournee« startet sehr elegant. Kein Computergespiele, keine Lichtshow, kein Laufsteg ins Publikum, keine Nebelgranaten, überhaupt nichts – bis auf ein Buch sowie etwas Musik. Ansonsten überschaubar:

- 0,2 Kubikmeter Bühnenbretter

- 0 festangestellte Tontechniker

- 0 Dixieklos pro 20 Besucher

- 2 Teebeutel für den Künstler

- 0 Merchandisingstände

- 0 Hydraulikbühnen

Immerhin war ich ein Papp-Star, hatte einen Pappaufsteller, neben dem ich stand. Der Autor lebensgroß und daneben ein Stapel Bücher. Nach kurzer Zeit hatten wir die schönste Schankstubenstimmung, das lag vielleicht auch daran, dass ich mich mehrmals verlas. Wichtig: Ab und an sollte man Satzzeichen als Indizien für Stimmhebungen interpretieren.

Der erste Gast lief kreidebleich raus – ich hielt es für eine Form der Bewunderung (im Nachhinein stellte sich raus, er hatte nur was Falsches gegessen). Nach 45 Minuten und vielen weiteren »Ähms« war es geschafft.

Ende der Show, der Applaus klingt nach, vermehrt Schreie nach dem Künstler, ich bilde mir zumindest ein, dass ein ohrenbetäubender Kanon des Begehrens durch die Location lodert – Henne Strand verändert sich gerade für immer. Huldvoll nahm ich die bewundernden Bezeugungen ihrer Begeisterung entgegen. Ich habe im Rahmen meiner Möglichkeiten vorgetragen. Das Zauberwort lautet allerdings: »Im Rahmen meiner Möglichkeiten!« Vorgelesene Inhalte haben so eine langsame, angenehme Tiefe – zumindest wenn jemand liest, der es kann. Ich war stolz, dass es ausnahmsweise nicht ich war, der unangenehm auffiel. Zum Schluss durfte ich doch noch einige Bücher signieren. Auch ohne vorher zu üben ging es gut und sah schon sehr autogrammig aus, mit Schwung und in einem Zug. Eine ältere Dame hat ein Buch dabei, um es von mir signieren zu lassen, was ich natürlich auch tun werde, auch wenn ich es nicht geschrieben habe. Zwei Kindern drücke ich noch Flyer in die Hand, leider erkennen sie diesen billigen Indoktrinierungsversuch der korrupten Erwachsenenwelt und lassen sie kommentarlos auf dem nächsten Tisch liegen.

Mein Publikum war herausragend an diesem Abend. Sehr nett, zahlreich, lachte angemessen häufig und erduldete wohlwollend auch ruhigere Textpassagen, ohne gleich in Scharen auf die Toilette zu rennen oder sabotierend zu brabbeln. Hätte ich eine Agentin, sie hätte mich wohl »Tour-Rider« genannt nach dieser in meinen Augen vollendet glamourösen Veranstaltung.

Kaum am Stehtisch, brach ein Fragegewitter los, gegen das die Pressekonferenz bei Entlassung eines Fußballtrainers einem vornehmen Plausch entsprach. Wie kommt man zum Schreiben, kann man davon leben, wie fällt einem das alles ein, ob ich das alles selbst erlebt hätte, wie lange schreibt man an solch einem Buch, Hörspiel in Planung, Filmrechte gesichert? Ich kommentierte fröhlich bis staatstragend mit der Routine vieler Jahre Unterhaltungsbranche (sprich Campingplatz sowie Ferienhausvermietung). Vorfreude auf den Backstagebereich, Käseschnittchen unter Alufolie warteten auf mich. Ein Auftritt ist auch immer viel social acting, irgendwann ist man froh, wenn man die Tür zumachen kann. Dann das Ventil: der letzte Applaus. Backstage gönne ich mir einen Rotwein und man bekommt eine Ahnung davon, warum viele Mitarbeiter der Unterhaltungsindustrie Schwierigkeiten haben, mit Alkohol maßvoll umzugehen

Es war Glamour, es war Glitzer, warmer Empfang, optimale Betreuung, super Organisation, gigantisches Publikum (keiner, der rief LAUTER). Ja, an diese Welt könnte ich mich gewöhnen. Ich willenlose Marionette des dänischen Tourismusverbandes hatte den Bildungsauftrag für heute Abend erfüllt. Wenn man vor 20 Gästen spielt, lügen Künstler schon mal gerne, die »viel intimere Atmosphäre kleiner Clubs« sei ohnehin viel besser als die »großen Hallen«, die besseren Veranstaltungen fänden zweifellos im kleinen Rahmen statt. Ich dagegen kann auf große Hallen wirklich gut verzichten. Es sind schließlich die kleinen Bühnen, die das Große hervorbringen.

Natürlich hat Schreiben auch mit Eitelkeit zu tun und natürlich will man als Autor letzten Endes auch nur von allen geliebt werden. Erkannt werden ist toll, nicht erkannt werden aber noch besser. Ich muss zugeben: Angst, Aufregung und Lampenfieber lohnen sich für den magischen Moment, die geschriebene Geschichte live mit anderen Menschen zu teilen.

Ich muss dann jetzt los, meine Filmrechte nach Hollywood verkaufen. Ich »god of hellfire« war nun »on fire«, kann man sagen, fühlte mich aber auch irgendwie überbewertet. Wie paranoid man wohl erst würde, wenn man in einer Samstagabendshow aufgetreten war. Allein die Buchmesse fand ich schon sehr aufregend, das Schaulaufen, die Viehversteigerung, Hände schütteln, signieren, ach, SIE sind auch hier, ja, DAS bin ich, live und in Farbe, ein Interview, zwei Interviews, die Kekse vom Lau-Verlag essen, Bestsellerliste, klar, nächstes Mal mit Vorschuss, andere Autoren sehen, staunen, einige angetrunken und mit Groupies im Schlepptau. Muss mich dringend mal setzen, ah, ein großes blaues Sofa, was, warum darf ich hier nicht sitzen? Ach, ein Prominentenkochbuch wird hier gleich vorgestellt, Livelesungen, Leckereien aus allen Gastländern, bisschen plaudern, ein paar gute Sätze, etwas Zurechtgelegtes, leuchtende Sätze raushauen, so tun, als sei die Frage neu, sehr interessant und gar nicht so leicht zu beantworten, mal eine Gegenfrage, nicht aufmüpfig, sondern vertiefend, konstruktiv, zwischendurch ein wenig rumlügen, der Übertritt in die Welt der Verstellung, mein Produkt nach Möglichkeit geschickt platzieren. Ein Wahnsinn! Ich liebe Buchmessen.

Genauso wie meinen flauschigen Arbeitsplatz, bei dem ich weder mein Leben noch meine Würde gefährde, bei dem ich immer wieder Menschen außerhalb meiner kleinen Baumkrone begegne und man immer wieder neue Dinge erlebt, bei dem ich noch nie, auch nicht an einem Montag, mit einem die Sinne betäubenden Scheppern im Kopf aufgewacht bin und so gar keine Lust verspürt habe.

2020 ist das Jahr des Campingurlaubs. 2020 rollt. Über Stock und über Stein. Es rollen die Camper, die Bullis, die Wohnwagen, die Camplet-Wohnanhänger. 2020 treffen Menschen aufeinander, die sonst fein säuberlich in getrennten Welten aneinander vorbeirollen – Corona sei Dank. Der Campingurlaub hat sich in Corona-Zeiten für viele als wunderbare Alternative gezeigt, die sonst mit dieser Urlaubsform eher weniger vertraut sind. Die Branche boomte bereits vor Corona, 2020 wurden nochmals alle vorherigen Rekorde gebrochen. In Deutschland verzeichnete man im Jahr 2020 eine 100 %-Steigerung an Wohnmobil-Zulassungen. Auch wir auf Henne Strand Camping & Resort erlebten einen unglaublichen Run. Man reist im eigenen Mobil an, ist mehr oder weniger unter sich, kann sich am Strand frei bewegen. Die wenigsten hatten in diesen unstabilen Zeiten Lust, eine Flugreise zu buchen, um anschließend mit 100 anderen Personen auf engstem Raum zu frühstücken.

2020 spülte mehr als je zuvor alle Kategorien ins kleine Königreich. Der Rentner, der das einfache Leben auf seinen 80 000 Euro teuren stillstehenden Rädern genießt. Der campende Rentner mag Beständigkeit, er liebt und bevorzugt seinen alten Stellplatz, umgeben von anderen standhaften Rentnern fühlt er sich bestandsgeschützt.

Dazwischen gesellt sich der Aktivcamper, der gleich mit seinen (E-)Mountainbikes, Kanus und Wanderstöcken samt Funktionskleidung für jedes Temperaturgefälle anreist. Wander- und Fahrradkarten sowie diverse Wander- und Aktivitäts-Apps weisen ihm den Weg durch seinen Abenteuerurlaub. Den Lockdown verbrachte er damit, eine Ladestation für seine E-Bikes an seinem Wohnwagen zu bauen.

Familien, die mit dem alten Wohnwagen der Schwiegereltern anreisen und versuchen, sich bestmöglich aus dem Weg zu gehen – diesmal leider nur auf 8 statt auf 80 Quadratmetern. Daneben der Hippie, der erst mal seine Hängematte zwischen zwei Bäumen aufspannt, vor dem Jeep mit dem Dachzelt. Er berichtet der Familie von nebenan von seiner Wüstensafari durch Burkina Faso und wann und wo das nächste Batik-Festival stattfindet. Am liebsten ernährt er sich von dem, was die Natur so hergibt. Dabei ist es doch gerade in Dänemark der gesunde Umgang mit den ungesunden Dingen, die einen glücklicher machen.

Die jungen Bulli-van-Life-Enthusiasten, die in ihren aufwendig ausgebauten Fahrzeugen vom einfachen Leben träumen, bis sie bemerken, dass das WLAN-Netz nicht ausreicht, um rund um die Uhr alles auf Instagram zu posten. Dennoch ist dieser Generation die Freude anzumerken, dass sie dem Bus nicht länger mehr hinterherrennen müssen, sondern ihn nun selber steuern.

Gerade umwehte mich schillernder Autor noch eine Wolke mysteriöser Eleganz, nun heißt es – ab auf den Highway 181 Richtung Realität. Geduldig warte ich abends noch auf einen Anruf für die Besetzung im »Dschungel« oder zumindest im »Sommerhaus der Stars« bzw. »Bachelor in Paradies«. Ich bin bereit – Slang-Ausdrücke wie:

- Alder, Dicker …
- Das fuckt mich ab …
- Ich schwör, ährlisch …
- Das Ding is …
- Weißt du, was ich meine …

jederzeit abrufbar.

Ich warte, zumindest an diesem Abend, vergeblich.

Lesung, ich hatte es getan und konnte auf meiner To-do-Liste des Lebens einen Punkt abhaken und die Position »Mach dich vor 20 Leuten zum Vollhorst« gleich mit. Große Literaten hätten diesen denkwürdigen Abend in irgendeiner Bar ausklingen lassen. Ich dagegen saß in meinem *hyggekrog* (gemütliche Lieblingsecke) und ließ diesen großartigen Abend noch mal Revue passieren. Es wurde Zeit, mein Herzklopfen jetzt herunterzufahren. Ich konnte meine völkerverbindende Tätigkeit voll entfalten. Mir war klar, mit diesem Abend werde ich irgendwann zu Grabe getragen wie Lady Di. Ich gönne mir noch einen Absacker, der meine Magensäfte zum Brodeln bringt, und denke mir: Wäre ich doch schon Autor mit abgeschlossener Vermögensbildung. Hätte ich doch mal öfter im Feuilleton der *FAZ* geblättert.

6. 1000 Jahre deutsch-dänische Geschichte

Endlich war es so weit, am 15. Juni 2020, nach einem fast achtmonatigen Einreiseverbot infolge der Corona-Pandemie, durften deutsche Touristen wieder die Grenze nach Dänemark passieren. Was haben wir sie vermisst!

Auch meine dänischen Kollegen und alle anderen in der Branche bestätigten: Es hat einfach was gefehlt! Wir wurden überrannt, die Sehnsucht nach Meer und Dünen war in diesem Sommer nach den Corona-Entbehrungen wahrscheinlich noch größer als sonst.

Ich kann mich nicht erinnern, dass Dänen und Deutsche schon mal ein besseres Verhältnis gepflegt haben.

Schaut man zurück und wühlt ein wenig in der Geschichte dieser Länder, besteht durchaus eine komplizierte Beziehung zwischen Deutschen und Dänen. Die deutsch-dänische Nachbarschaft verlief nicht immer so harmonisch, wie man aufgrund der jüngsten Erfahrungen glauben mag.

Bereits zu Wikingerzeiten (von Wikingern und Sachsen zu Dänen und Deutschen) erfolgte die erste vertragliche Fixierung einer Grenzziehung in der Region, die den deutsch-dänischen Grenzraum bilden sollte, als die Gesandten Karls des Großen und des dänischen Königs Hemming 811 die Eider zur Grenze zwischen beiden Machtbereichen bestimmten. Der Name »Danmark« wird das erste Mal um 800 in der dänischen Geschichte erwähnt. »Dan« ist die Bezeichnung für »daner«, den Menschenschlag, der zu dieser Zeit in diesem Gebiet wohnte. »Mark« bedeutet nichts anderes als Grenzgebiet. Danmark bedeutet somit so viel wie »danernes Grenzgebiet«. Sehr wahrscheinlich war damit der Grenzverlauf zu Norddeutschland und den damals dort wohnenden Sachsen gemeint.

Zur Wikingerzeit war es der deutsche Missionar Ansgar, der um das Jahr 850 das Christentum nach Dänemark brachte und begann, die ersten Kirchen zu bauen. Das Christentum löste quasi Asatro, die Götter der nordischen Mythologie, ab. Wer erinnert sich nicht an den Hauptgott Odin, die Fruchtbarkeitsgöttin Freja oder den Kriegsgott Thor. Noch heute lassen sich viele Begriffe auf diese Zeit zurückführen. Die Stadt Odense ist nach Odin benannt, die Wochentage Mittwoch (onsdag = Odin) oder Donnerstag (torsdag = Thor) ebenfalls. Was sich so einfach anhört, war ein schweres Stück Arbeit. Während die gesellschaftliche Elite recht schnell vom Christentum zu überzeugen war, war die normale Bevölkerung nicht so leicht zu überzeugen und bevorzugte lange weiterhin die Götter der nordischen Mythologie.

König Harald Blåtand (Harald Blauzahn) wurde im Jahr 965 vom deutschen Priester Poppo zum Christen getauft, von 965 bis 1065 war das Christentum in Dänemark dem Erzbischof in Hamburg-Bremen unterstellt. Im Laufe der 1000er-Jahre entwickelte sich eine eigenständige dänische Kirche.

Im Mittelalter war die dänische Kirche ein Teil der katholischen Kirche und dem Papst in Rom unterstellt. In den 1520er-Jahren kamen Luthers protestantische Ideen nach Dänemark. Nach dem Bürgerkrieg zwischen Katholiken und Protestanten unter Führung von Christian III., wurde im Zuge der Reformation im Jahr 1536 der Protestantismus in Dänemark eingeführt. Innerhalb des Königreichs gab es einflussreiche deutschsprachige Gruppen, etwa Zünfte, den Adel und generell die Hofkultur. Mit der Reformation 1536 gewann die deutschsprachig-lutherische Theologie großen Einfluss, es kristallisierte sich über das Luthertum und den Humanismus eine besonders enge Verbindung zwischen Dänemark und Deutschland heraus.

In der deutsch-dänischen Geschichte geht es weiter mit König Christian VII., der den deutschen Leibarzt Johann F. Struensee 1766 an den königlichen Hof holte, den er zuvor bei einer Auslandsreise kennengelernt hatte. Struensee wurde am königlichen Hof schnell zu einer dominanten

Persönlichkeit, was zwei Jahre später darin gipfelte, dass er mit der Mutter von Christian VII. ein Kind zeugte. Zwischen 1770 und 1772 war Struensee eine sehr mächtige Person in Dänemark. Es bildete sich eine Front gegen ihn, sie führte schließlich dazu, dass Struensee 1772 aufgrund von Machtmissbrauch zum Tode verurteilt und enthauptet wurde. 1776 wurde das erste Gesetz zur dänischen Staatsangehörigkeit eingeführt. Fortan durften nur noch Personen für den dänischen Staat arbeiten, die entweder in Dänemark, Norwegen, Schweden oder Holstein geboren waren.

Prägend in der deutsch-dänischen Geschichte war auch die Schlacht um Hemmingstedt, gute 270 Jahre zuvor. Am 17. Februar 1500 schlugen in der Schlacht bei Hemmingstedt die Dithmarscher Bauern die zahlenmäßig weit überlegenen Truppen des dänischen Königs.

Nach der Niederlage der Dänen in der Schlacht von Bornhöved 1227 fällt Dithmarschen an das Erzbistum Bremen, deren Erzbischof allerdings wenig Einfluss geltend macht, sodass sich die Küstenbewohner quasi selbst regieren. Das Großbauerntum erwirbt seinen Wohlstand hauptsächlich mit Getreidehandel, mit der Zeit wecken das reiche Land und der Zugang zur Nordsee Begehrlichkeiten. Der seit 1481 regierende dänische König Johann beschloss, seine Autorität in Holstein wiederherzustellen. Nachdem er 1497 auch König von Schweden geworden war, fühlte er sich stark genug, die Dithmarscher zur Unterwerfung aufzurufen. Dieser Bitte kamen die Dithmarscher nicht nach und so marschierte ein 12 000 Mann starkes dänisches Herr in die Landschaft Dithmarschen an der Nordsee ein, ihnen standen ganze 3000 bewaffnete Bauern entgegen.

Johanns Heer drang zunächst in Meldorf ein, das Dithmarscher Heer hatte sich hinter eine alte Schanze zurückgezogen, den »Tausendteufelswall« bei Hemmingstedt. Dieser Wall versperrte den einzigen Vormarschweg der Dänen, eine schmale Landstraße zum Ort Heide. König Johann wähnte sich bereits als Sieger, als er den Befehl zum Weitermarsch gab. Bedenken, dass der Weg wegen des einsetzenden Tauwetters für den Transport der Kanonen sowie für Ross und Reiter zu beschwerlich und unsicher sei, wischte er beiseite. Da es am Vortag fast ununterbrochen geregnet hatte, verwandelten sich die Wege in Schlammpfade. Zudem öffneten die Dithmarscher die Siele des Seedeichs, sodass mit der Mittagsflut das Wasser hereinströmte. Nun waren die Einheimischen klar im Vorteil, die ihre Brustpanzer ablegten und ihre Lanzen als Springstöcke nutzten, mit denen sie traditionell über die vielen Wassergräben sprangen. Damit waren sie viel beweglicher als die königlichen Truppen, ein Großteil der gegnerischen Soldaten ertrank, behindert von der schweren Panzerung. Mit den übrigen zeigten die Dithmarscher keine Gnade – als Rache für das Blutbad in Meldorf, die Niederlage der Dänen bei Hemmingstedt war besiegelt. Die Schlacht wird zur Legende, das Ereignis prägt fortan das Selbstverständnis der Dithmarscher. Man kann die Schlacht am »Tausendteufelswall« als militärische Sensation sehen, König Johann ließ die wehrhaften Bauern künftig in Frieden. Das Land Dithmarschen blieb bis ins 19. Jahrhundert weitgehend frei und unabhängig.

Im weiteren Verlauf entwickelte sich die Verfassungsfrage zu einem Grundproblem Schleswig-Holsteins in seinem Verhältnis zu Dänemark. Es ging längst nicht mehr nur um das Problem einer für Schleswig und Holstein gemeinsamen, möglichst liberalen Verfassung, vielmehr wurde nun in Holstein und von den Deutschen in Schleswig mehrheitlich eine Vereinigung beider Lande unter dem Dach des Deutschen

Bundes verlangt, während man auf der dänischen Seite unter der Devise »Dänemark bis zur Eider« den Gedanken einer gemeinsamen Verfassung für das Königreich und Schleswig propagierte. Beide Lager mit ihren unvereinbaren Zielen »Dänemark bis zur Eider« bzw. »Schleswig-Holstein bis zur Königsau« prallten schließlich in der sogenannten »Schleswig-Holsteinischen Erhebung« ab 1848 erstmals militärisch aufeinander.

Im Jahr 1848 kam es zum ersten Schleswig-Holsteinischen Krieg zwischen Deutschland und Dänemark, dieser dauerte von 1848 bis 1851 und wird auch als *Treårskrigen* (»Drei-Jahres-Krieg«) bezeichnet.

Viele neue politische Strömungen des 19. Jahrhunderts beeinflussten auch die Entwicklung in der dänischen Monarchie, mit der die Herzogtümer Schleswig, Holstein und Lauenburg damals durch Personalunion verbunden waren. Das Herzogtum Schleswig war gemischt deutsch, dänisch und friesisch besiedelt. Nach der Pariser Februarrevolution 1848 kam es in ganz Europa zu politischen Unruhen, in vielen deutschen Staaten brach daraufhin die März-Revolution aus. Auch die bestehende Personalunion mit Dänemark wurde infrage gestellt, viele Schleswig-Holsteiner wünschten sich die Schaffung eines selbstständigen, vollkommen von Dänemark unabhängigen deutschen Bundesstaates Schleswig-Holstein. Vertreter der Ständeversammlungen Schleswigs und Holsteins sandten eine ultimative Forderung an den dänischen König, die unter anderem die Aufnahme Schleswigs in den Deutschen Bund vorsah. Diese Forderung hätte Schleswig-Holstein praktisch von Dänemark getrennt, nur noch der König wäre ein gemeinsamer geblieben.

Die deutsche nationalliberale Bewegung in den Herzogtümern Schleswig und Holstein drangen im Bündnis mit den meisten Staaten des Deutschen Bundes im Mai 1848 in Dänemark ein. Auf den dänischen Sieg in der Schlacht bei Nybøl folgte der Sieg in der (ersten) Schlacht bei den Düppeler Schanzen. Die starke dänische Flotte beherrschte den Kriegsschauplatz, durch eine dänische Seeblockade kam innerhalb weniger Tage der norddeutsche Seehandel zum Erliegen. Unter dem Einfluss Englands, Frankreichs und Russlands wurde der Waffenstillstand von Malmö vereinbart. Nachdem Preußen und der Deutsche Bund aus dem Krieg ausgeschieden waren, waren die Schleswig-Holsteiner auf sich allein gestellt. In der Schlacht bei Idstedt im Juli 1850 erlitten die Schleswig-Holsteiner die entscheidende Niederlage, damit hatten die dänischen Truppen wieder ganz Schleswig unter ihrer Kontrolle. Das Londoner Protokoll bildete und garantierte den Fortbestand der dänischen Herrschaft über die Herzogtümer, schrieb jedoch ihre Eigenständigkeit ebenso fest.

Dänemark gewann zwar diesen ersten Schleswig-Holsteinischen Krieg, die Probleme und Spannungen waren allerdings nicht aus der Welt geräumt. Mit dem Wunsch nach Bildung einheitlicher Nationalstaaten im 19. Jahrhundert wurde Schleswig auch die darauffolgenden Jahre sowohl von deutschen als auch von den dänischen Nationalliberalen beansprucht. Die Schleswig-holsteinische Bewegung opponierte weiterhin gegen Dänemark und forderte den Zusammenschluss Schleswig und Holsteins innerhalb eines deutschen Staatenbundes. Dem standen die dänischen Nationalliberalen entgegen, welche die Vereinigung Schleswigs mit Dänemark forderten. Bis dahin waren die Herzogtümer Schleswig (als dänisches Lehen) sowie Holstein und Lauenburg (als Mitgliedsstaaten des Deutschen Bundes) mit dem dänischen König in Personalunion verbunden und bildeten so den dänischen Gesamtstaat.

1863 erließ die dänische Regierung die sogenannte Novemberverfassung mit dem Ziel wiederum, Schleswig entgegen dem Londoner Protokoll von 1852 verfassungsrechtlich in das eigentliche Königreich einzubinden. Um eine Zurücknahme der Novemberverfassung zu erwirken, besetzten im Dezember 1863 Truppen des Deutschen Bundes die Bundesstaaten Holstein und Lauenburg. In Schleswig marschierten die deutschen Truppen zunächst noch nicht ein, sondern blieben auf dem Territorium des Deutschen Bundes.

Dem preußischen Ministerpräsidenten Otto von Bismarck gelang es, die Einbeziehung Österreichs zu erwirken. Im Januar 1864 stellten die beiden Großmächte Preußen und Österreich Dänemark ein 48-Stunden-Ultimatum zur Aufhebung der Novemberverfassung und zur Räumung Schleswigs. Die dänische Regierung kam dieser Aufforderung nicht nach und rechnete zu Beginn des Konfliktes mit britischer und russischer Unterstützung aus strategischen Gründen: Beiden Mächten musste eine Machtvergrößerung Preußens unwillkommen sein. Aus diversen anderen Gründen verweigerten beide Mächte allerdings die Unterstützung und auch der pan-skandinavisch ausgerichtete schwedische König Karl XV. konnte seine versprochene Unterstützung nicht halten, da er sich gegen das schwedische Parlament nicht durchsetzen konnte.

Die stark besetzte preußisch-österreichische Truppe griff im Februar die Befestigungsanlage Danewerk an, worauf die Dänen das Danewerk räumten, um der preußischen Umfassung zu entgehen, und zogen sich unter Zurücklassung der schweren Artillerie über Flensburg in die Düppeler Schanzen, eine gegenüber von Sønderborg zwischen Flensburger Förde und Alsensund gelegene Befestigungsanlage, zurück. Die kampflose Aufgabe des Danewerks, das gerade in der im 19. Jahrhundert aufkommenden dänischen »Nationalmythologie« aufgrund seiner langen Geschichte eine erhebliche Rolle spielte, löste in Dänemark einen Schock aus.

Als zwei Monate später auch die Düppeler Schanzen überrannt wurden, war mit diesem Ausgang der Schlacht der Krieg im Grunde entschieden. Die dänischen Verluste von 4800 Mann waren nur schwer zu ersetzen, während die Preußen ihre Verluste von 1200 Mann problemlos ersetzen konnten. Dieser Tag der Niederlage sollte in die Geschichte eingehen, dessen Folgen noch heute von Bedeutung sind. Er erzeugte im dänischen Nationalbewusstsein ein tiefes Trauma, das bis heute nachwirkt.

Im Juli wurde der Waffenstillstand zwischen Preußen, Österreich und Dänemark unterschrieben, im Oktober 1864 endete der Krieg mit dem Frieden von Wien. In Folge des Krieges annektierte Preußen Schleswig und Holstein und bildete 1867 die Provinz Schleswig-Holstein. Die Herzogtümer Schleswig, Holstein und Lauenburg wurden aus dänischer Hoheit gelöst und der gemeinsamen Verwaltung durch Preußen und Österreich unterstellt (von 1200 bis 1864 war das Herzogtum Schleswig staatsrechtlich ein dänisches Lehen, in dem der dänische König seit 1460 in Personalunion wirkte). Durch diesen Deutsch-Dänischen Krieg kamen etwa 200 000 dänische Schleswiger unter preußische Hoheit und der dänische Herrschaftsbereich verkleinerte sich zum dritten Male deutlich seit dem 17. Jahrhundert, da die Herzogtümer nun nicht mehr von Kopenhagen aus regiert wurden. Im Mittelalter reichte der dänische Sprachraum noch bis zu einer Linie Eckernförde-Treene-Husum, wo auch etwa der Grenzwall Danewerk verlief.

Nach dem Ersten Weltkrieg wurden die Karten neu gemischt. Zwar hatte Dänemark nicht teilgenommen, aber nach der Niederlage Deutschlands im Ersten Weltkrieg, wurde im Versailler Vertrag eine Volksabstimmung für die nördlichen Bereiche Schleswigs vorgesehen und dabei die Abstimmungszonen und -modalitäten nach den Wünschen Dänemarks definiert (seit 1864 hatte Dänemark immer wieder darauf gepocht). Bei den Volksabstimmungen wurde am 10. Februar 1920 und am 14. März 1920 in Schleswig in zwei Abstimmungszonen über die staatliche Zugehörigkeit Schleswigs abgestimmt. Deutschland oder Dänemark? Die Menschen in Flensburg und Sønderborg, auf Sylt und Apenrade stimmten ab, zu welchem Staat sie künftig gehören wollten, und legten damit den heutigen Grenzverlauf fest.

In Zone I in Nordschleswig stimmten 74,4 % für die Zugehörigkeit zu Dänemark und 25 % für Deutschland, was bei der dänischen Gesamtmehrheit zu erwarten war. In der südlichen Zone II in Mittelschleswig (dem heutigen nördlichen Südschleswig) mit deutscher Mehrheit wurde einen Monat später abgestimmt. Hier entschieden sich 80,2 % für Deutschland sowie 19,8 % für Dänemark. Nur drei kleine Gemeinden auf Föhr hatten dänische Mehrheiten, verblieben jedoch bei Deutschland. So blieb Zone II geschlossen bei Deutschland. Während sich die Nordschleswiger für die Zugehörigkeit zu Dänemark entschieden, votierten die Südschleswiger für das Deutsche Reich. Die Grenze wurde zugunsten Dänemarks nach Süden verschoben, sodass das Gebiet nördlich von Flensburg wieder zum Königreich gehörte.

Das Herzogtum Schleswig wurde somit in ein dänisches Nordschleswig und ein deutsches Südschleswig geteilt. Die Abtretung Nordschleswigs an Dänemark erfolgte am 15. Juni 1920, dieser Tag wird in Dänemark als Wiedervereinigungstag (*Genforeningsdag*) bezeichnet und bis heute gefeiert. Am 10. Juli 1920 ritt König Christian X. auf einem Schimmel über die alte Grenze, um die Wiedervereinigung Nordschleswigs mit Dänemark symbolisch zu besiegeln.

Von den knapp 400 000 Einwohnern Schleswigs waren Mitte des 19. Jahrhunderts etwa 200 000 dänisch orientiert. Zwischen dem folgenden Deutsch-Dänischen Krieg und dem Jahr 1900 wanderten etwa 60 000 dänische Schleswiger aus. Nach dem Deutsch-Dänischen Krieg 1864 entstand in Schleswig eine dänische Minderheit, mit der Teilung 1920 fanden sich nun auf beiden Seiten der neuen Grenze Minderheiten der jeweils anderen Seite. Nach 1920 wanderten rund 12 000 Deutsche aus Nordschleswig aus, teilweise erfolgte die Auswanderung infolge von Ausweisungen. Nach dieser Abwanderung lebten in Nordschleswig sodann noch zwischen 30 000 und 40 000 Angehörige der deutschen Minderheit. Im Zuge dieser Abstimmungen gab es natürlich auch viele Enttäuschte, etwa die, die einen Grenzverlauf südlich von Flensburg gefordert hatten und nun dänische Minderheit in Deutschland waren, sowie jene, die gerne Deutsche geblieben wären und jetzt zur Minderheit in Dänemark gehörten. Viele setzten große Hoffnungen auf Grenzverschiebungen zu ihren Gunsten, was das gegenseitige Verhältnis nicht erleichterte.

Seit 1920 hat die heutige 70 km lange Grenzlinie zwischen Flensburg und Sylt Bestand, gut 20 Grenzübergänge bestehen zwischen Deutschland und Dänemark.

Durch diese Grenzziehung nach den Volksabstimmungen 1920 entstanden Minderheiten auf beiden Seiten, die Volksabstimmungen führten zu Spannungen auch innerhalb der Familien, teilweise führte der Wahlkampf zu Feindschaft. Deutsche Tugend gegen Dänenstolz.

Die Geschichte des Zweiten Weltkrieges sollte allen Leserinnen und Lesern bekannt sein. Am 9. April 1940 marschierte die deutsche Wehrmacht in Dänemark ein. Bis zur

Befreiung 1945 sind die Jahre für die Dänen bis heute sehr bedeutend, denn sie begründen einen weiteren Baustein in ihrem Nationalgefühl. In dieser Zeit bewiesen die Dänen viel Mut und Widerstandsgeist gegenüber den Besatzern, vor allem im Herbst 1943. Nahezu sämtliche Juden des Landes versteckten die Dänen in einer beispiellosen Aktion in kleinen Schiffen und Booten und brachten sie in einer Nacht-und-Nebel-Aktion ins neutrale Schweden.

Während der Besatzungszeit entwickelte sich das bisher distanzierte Verhältnis zwischen Dänen und deutscher Minderheit in Nordschleswig zu offener Feindschaft, was sich u.a. in Boykottmaßnahmen äußerte. Nach der deutschen Kapitulation entlud sich in Nordschleswig die in der NS-Besatzungszeit aufgestaute Aggression der dänischen Seite gegenüber der deutschen Minderheit.

Ab Februar 1945 durften die Einwohner der damals östlichen Gebiete Deutschlands, die heute zu Polen gehören, flüchten, was dazu führte, dass 250 000 von ihnen nach Dänemark gelangten, 35 000 davon kamen nach Oksbøl an der dänischen Westküste. Die Dänen bemühten sich, die Flüchtlinge in einigen wenigen großen Lagern zusammenzuführen, auch um das öffentliche Leben in Dänemark wieder in Gang zu bekommen. Hinzu kam, dass die Dänen keinerlei Kontakte zu den unerwünschten deutschen Flüchtlingen haben sollten. Bis zu 35 000 lebten in dem stacheldrahtbewehrten Barackenlager Oksbøl, das über eine eigene Verwaltung mit Bürgermeister, Lagerpolizei und Schulen verfügte. Damals bildete dieses Flüchtlingslager fünf Jahre lang die fünftgrößte Stadt Dänemarks. Heute erinnert in Oksbøl das Flüchtlingsmuseum *FLUGT* an diese Zeit.

Nach dem 5. Mai 1945 wurden viele Deutsche in Nordschleswig als Nazischweine beschimpft, in Südschleswig erlebte zeitgleich die dänische Minderheit einen immensen Aufschwung, indem sie sich kurzfristig zur Massenbewegung entwickelte, die bei der Landtagswahl 1947 knapp 100 000 Stimmen erhielt. Die Bewegung war von dem politischen Wunsch einer Lösung Schleswigs von Holstein und seiner Vereinigung mit Dänemark begleitet. Die dahinterstehenden Motive waren vielschichtig, bestimmend war sicher die Hoffnung, den drastischen Folgen der deutschen Niederlage möglichst zu entgehen. In der dänischen Bevölkerung fand die südschleswigsche Bewegung mit der Idee einer erneuten Grenzverschiebung breite Zustimmung, aber eine parlamentarische Mehrheit fand sich dafür im dänischen Folketing zu keiner Zeit. Die Nachkriegsregierung hatte sich programmatisch festgelegt, dass die Grenze zwischen Dänemark und Deutschland feststehe.

Die Ressentiments zwischen Dänen und Deutschen waren nicht erst während der Besatzungszeit im Zweiten Weltkrieg entstanden, sie hatten eine lange Vorgeschichte in den dänischen Erfahrungen mit dem südlichen Nachbarn. Diese Vorgeschichte der zurückreichenden Deutschfeindlichkeit der Dänen geht historisch bis weit in das 18. Jahrhundert zurück.

Erst 1955, im Zuge des Aufnahmeverfahrens der Bundesrepublik in die NATO, engagierten sich die Regierungen auf beiden Seiten, eine Lösung für die bis dahin schwelenden Spannungen zu finden. Ende März 1955 (davor war der Grenzraum seit 1864 von schweren Spannungen und der gegenseitigen Ausgrenzung der nationalen Minderheiten geprägt) unterschrieben in Kopenhagen und Bonn die Regierungen jeweils Erklärungen, um die Minderheitsrechte auf beiden Seiten gleichermaßen zu stärken. Vor allem die Examensrechte für die Schulen der jeweils anderen Minderheit standen im Zentrum der Reglungen, in Deutschland wurde außerdem für die Partei der dänischen Minderheit die Sperrklausel von 5 % aufgehoben.

Anlass der Erklärungen war u. a., dass der SSW (Südschleswigsche Wählerverband) als Partei der dänischen Minderheit aufgrund der Fünf-Prozent-Klausel trotz 42 000 Stimmen bei der Wahl im September 1954 keine Vertretung im Schleswig-Holsteinischen Landtag bekam. Dagegen – so das Argument von dänischer Seite – reichten der Partei der deutschen Nordschleswiger 9700 Stimmen für ein Mandat im dänischen Folketing.

Der Südschleswigsche Wählerverband (*Sydslesvigsk Vælgerforening*) ist eine Regional- und Minderheitenpartei im Land Schleswig-Holstein und ist als Partei der dänischen Minderheit gemäß § 3 Abs. 1 Satz 2 des Wahlgesetzes seit 1955 für den Landtag von Schleswig-Holstein von der Fünf-Prozent-Hürde befreit. Der SSW muss dabei jedoch mindestens so viele Stimmen erringen, wie bei der Sitzverteilung für die Zuteilung des letzten Mandates notwendig sind. Fünf Jahre, von 2012 bis 2017, war der SSW erstmals in Regierungsverantwortung und bildete nach der Landtagswahl in Schleswig-Holstein 2012 die sogenannte Küstenkoalition (auch Dänen-Ampel genannt), er übernahm dabei auch erstmals ein Ministeramt. In Dänemark tritt die Schleswigsche Partei für die deutsche Minderheit an. Sie gehörte zeitweilig dem dänischen Folketing an und ist heute in der Region Nordschleswig und in Stadträten aktiv. Auf diesem Weg werden Minderheiten integriert, ohne sie zu assimilieren, und sie können weiterhin ihre Kultur und ihre Sprache pflegen. Dennoch ist die Zusammenarbeit zwischen deutschen und dänischen Gemeinden nicht immer ganz einfach, politisch stößt man schnell an die Grenzen der Befugnisse. Wo in

Deutschland auf Landes- oder Bundesebene entschieden wird, entscheidet in Dänemark oft der Bürgermeister über lokale Angelegenheiten.

Die wechselhafte Geschichte beider Länder hat auch immer wieder zu Kuriositäten geführt. So befindet sich eine der wichtigsten dänischen Gedenkstätten ausgerechnet auf deutschem Boden: das Danewerk, ein mittelalterliches Befestigungsbauwerk aus der Wikingerzeit.

Ein weiteres Beispiel ist der Löwe von Idstedt, quasi das Symbol des wechselhaften Verhältnisses der Deutschen und der Dänen. Im Jahr 1862 wurde er im damals dänischen Flensburg anlässlich des 12. Jahrestages des Sieges der Dänen über die Deutschen in der Schlacht von Idstedt auf dem alten Friedhof aufgestellt. 1864, nur zwei Jahre später, nachdem der Deutsche Bund über Dänemark gesiegt hatte, stürzten die neuen Machthaber den Löwen von seinem Sockel und er wurde nach Berlin gebracht, wo er bis nach dem Ende des Zweiten Weltkrieges stand. Nach der Niederlage der Deutschen 1945 wollte Dänemark seinen Löwen wiederhaben und so wurde er nach Kopenhagen transportiert, wo die Odyssee noch nicht beendet war. Im Jahr 2011 wurde er an seinen Ursprungsort in Flensburg gebracht, somit wieder auf deutschen Boden. Diesmal allerdings nicht als Zeichen des Sieges, sondern der Versöhnung.

1978 wurde der Grenzverkehr der A7 bei Padborg eröffnet, die dänische Königin Margarete eröffnete den Grenzübergang mit dem »königlichen Scherenschnitt«.

Das Schengen-Abkommen führte zum Wegfall der Grenzkontrollen, 1995 zuerst auf deutscher Seite, 2001 wurde auch der Grenzbaum auf dänischer Seite entfernt. Seitdem ist der Grenzeinkauf in Flensburg zum Volkssport der Dänen geworden, die einkaufen, als wäre es die letzte Gelegenheit.

Es ist wie im richtigen Leben, Beziehungen zwischen Nationen sind wie Beziehungen zwischen Menschen und so wie diese unterliegen auch sie dem Wandel – mal liebt man sich, mal liebt man sich nicht, mal verehrt man sich, mal hasst man sich, mal ignoriert man sich. Auch zwischen Dänemark und Deutschland lassen sich diese Schwankungen über die Jahrhunderte hinweg beobachten.

Schaut man sich die Geschichte zwischen beiden Ländern an, ist das Verhältnis von dänischer Seite aus nicht ungetrübt. Das Hissen deutscher Fahnen, und sei es nur auf Sandburgen, löst bei vielen Dänen bis heute Unbehagen aus. Will man das Verhältnis zwischen Deutschland und Dänemark umfassend verstehen, muss man den Blick zurück in die Geschichte wagen. Volksabstimmungen, ihre Vorgeschichte und ihre Folgen, beschreiben den langen Weg der beiden Minderheiten in ihren Landesteilen. Heute, 100 Jahre nach der Abstimmung über den Grenzverlauf ist das Verhältnis zwischen Deutschland und Dänemark sehr gut, zumindest überwiegend erfreulich, deutsch-dänische Nachbarschaft als Vorbild für Europa, mehr und mehr wurden die beiden Minderheiten nicht mehr als Unruheherde und Störfaktoren, sondern als Bereicherung der jeweiligen Landeskultur angesehen, besonders der Tourismus verband Dänen und Deutsche der Nachkriegsjahrzehnte. Spätestens seit der Jahrtausendwende ist Deutschland in Dänemark trendy, insbesondere Berlin ist hip, die deutsche Hauptstadt ist auch zu einer dänischen »Kultstadt« geworden, dänische Künstler zum Beispiel stellen in Berlin die größte ausländische Künstlergruppe. Die Zahl der Dänen, die in der Stadt Eigentumswohnungen erworben haben, erreichte einen Höchststand. Es ist banal, aber die neue dänische Neugier auf das Deutsche und die Deutschen hat auch mit dem Generationswechsel zu tun. Die neue Generation verbindet Deutschland weniger mit Pickelhauben sowie Nazipolitik, sie haben erkannt, dass die Deutschen des 21. Jahrhunderts nicht mehr dem Klischee der Großväter entsprechen.

Die Feindbilder von einst sind einer alltäglichen Gelassenheit gewichen. Der Deutsche fährt gerne kurz über die Grenze und gönnt sich einen dieser charakteristischen dänischen Hot Dogs, das Ding in der Mitte zeichnet sich nach wie vor durch eine aufregende Färbung ins knallig Rote aus (bis heute wird angeblich nur noch den Deutschen zuliebe künstlich Farbe beigegeben). Alternativ wandert der Blick in die Auslagen von dänischen Bäckereien und man bekommt auf den ersten Blick genügend Hinweise darauf, dass diese Nation eine Symbiose mit recht appetitlichen Kalorien eingegangen ist. Es ist erfreulich, dass die kleine Nation auch für Deutschland immer wichtiger wird und der Blick über den Tellerrand von Smørrebrød, H.C. Andersen, Wikinger, Bier-Land, Lego, Tivoli, Hygge, Søren Kirkegaard, Danish Dynamite, Olsen-Bande, Danebrog und Brian Laudrup geht. Was wusste man früher schon südlich der Elbe über Dänemark? Für Dänemark war Deutschland immer wichtiger als Dänemark für Deutschland – nicht wegen irgendwelcher kulturellen oder nationalen Qualitäten, sondern aufgrund der schieren territorialen Größe. Für kleine Nationen sind ihre großen Nachbarn wichtig, große Nationen können sich schon mal die Arroganz des Unwissens über ihre kleinen Nachbarn leisten. Für die kleinen Nationen ist Wissen überlebensnotwendig.

Bis heute ist die Schlacht bei den Düppeler Schanzen (Nationalsymbol der Dänen) 1864 Teil des nationalen Gedenken Dänemarks, für viele Dänen fast schmerzhafter als die Besetzung während des Zweiten Weltkrieges (der Sieg Dänemarks über Deutschland 1992 im Europameisterschafts-Finale sorgte für eine gewisse Genugtuung). Heute ist das Nationale weitgehend überwunden, das Gefühl des Zusammenwachsens ist nach wie vor sehr stark. Natürlich werden Stereotype wie: »Der Deutsche ist ...«, »Der Däne ist ...« immer mitgetragen, gute Nachbarn müssen sich immer wieder neu kennenlernen. Heute ist eine deutsch-dänische Nachbarschaft als Feindschaft nicht mehr vorstellbar.

Ab und an wird diese Freundschaft auf die Probe gestellt. Als Dänemark im Jahr 2019 einen Zaun gegen Wildschweine aus Deutschland errichten ließ (über 70 Kilometer führt der Zaun an der Grenze entlang), um die Ausbreitung der sogenannten Afrikanischen Schweinepest zu verhindern, stellte sich die Frage nach der Sinnhaftigkeit solcher Maßnahmen. In der Region liebt den Zaun so gut wie keiner, viele bedauern die psychologische Wirkung des Bauwerks und haben Angst, dass dieser Zaun die Menschen eher wieder spaltet.

Heute wohnen ca. 15 000 bis 20 000 deutsche Staatsbürger auf der dänischen Seite in Sønderjylland (Nordschleswig) und eine Minderheit von knapp 60 000 Dänen südlich der deutsch-dänischen Grenze, viele Menschen im Grenzgebiet wechseln heute täglich zum Arbeiten von einer Seite zur anderen.

Das Verhältnis zwischen Deutschen und Dänen hat sich entspannt, weil der konfrontative Kurs älterer Generationen allmählich ausstirbt. Die junge Generation in der Minderheit sieht sich heute als ein Produkt beider Kulturen. Heute wird die Minderheit in vielerlei Hinsicht von der Mehrheitsbevölkerung als Mehrwert gesehen. Gemeinsam mit der friesischen Volksgruppe an der schleswig-holsteinischen Westküste verleiht diese Vielfalt der Region ihr unverkennbares Gesicht.

Aber egal auf welcher Seite man heute auch wohnt – das deutsch-dänische Grenzland ist ein guter Ort für Heimat. Die übereinstimmende Botschaft lautet: Es soll eine »Grenze für den Frieden« bleiben, die deutsche und dänische Freunde nicht mehr trennt, sondern verbindet. Der Grenzraum gilt heute als europaweites Vorbild im Umgang mit nationalen Minderheiten und Musterbeispiel eines dauerhaften Grenzfriedens.

7. Making of

»Hallo Tim, ich plane eine TV-Produktion über die dänische Westküste und suche in diesem Zusammenhang für die Reportage noch Protagonisten, Charakterköpfe, die ich mit der Kamera einen Tag begleiten kann. Ich besuche u. a. Brian Bojsen sowie den Oyster King (Austernkönig) auf Fanø. Lass dir gerne was Spezielles, Besonderes einfallen, wie wir diesen Tag gestalten können und was man nicht typischerweise mit Dänemark in Verbindung bringt. Natürlich können wir auch über dein Buch reden.«

Mit diesem Anliegen meldete sich Nova Meierhenrich ganz unverhofft bei mir. Charakterkopf? Wie sie da auf mich kam, ist mir ein Rätsel. Dennoch, meine Eitelkeit wurde bedient. Unsicher war ich schon, sagte aber dennoch entschlossen zu. Die Vision, ins Fernsehen zu kommen, legt offensichtlich dicke Nebel über die menschliche Vernunft. Die Neugierde war einfach größer.

Sehr wahrscheinlich findet die Ausstrahlung beizeiten nur im regionalen Vollprogramm statt, aber meine Agentin, die ich nicht besitze, würde nun sagen: »Dreimal Dritte Programme sind wie einmal Erstes Programm und außerdem haben von den Drittes-Guckern überproportional viel Abitur, im Verhältnis, und die lesen mehr.«

Nova muss wohl den Bericht im *Vesterhavsposten* über meine Lesung studiert haben, in dem es schließlich hieß: »Gelungener Abend mit Oberhausener Mann. Schon bei den ersten Worten des mehrfachen Preisträgers verwandelt sich das Café in einen Hexenkessel. Kein stromlinienförmiger Vorlese-Onkel – eher unkonventionell, aber nice.« Ich fand das sehr wohlwollend formuliert, zumindest frage ich mich bis heute, welche Preise ich bisher abgeräumt habe. Zumindest treffe ich nach meiner Lesung in Henne mit wachsendem Erfolg immer häufiger auf Menschen, die mich wohl kennen. Erst kürzlich griff eine Dame mittleren Alters mich am Arm und sagte nicht unbedingt zurückhaltend: »Ich kenne Sie … aber ich komme nicht auf Ihren Namen.« »Das tut mir leid«, sagte ich. Henne Strand! Liebe!

Zwei Monate nach unserem Telefonat stand die wunderbare Nova Meierhenrich (sie ist nur 1,58 Meter groß, aber dafür scheint jeder Zentimeter vor Energie zu vibrieren) vor mir. Seit 1996 steht Nova vor der Kamera, und wer in den 90ern den TV-Sender VIVA eingeschaltet hat, ist an Nova nicht vorbeigekommen. Des Weiteren hat sie für die Fernsehsender MDR, ProSieben, MTV, Premiere, RTL Zwei, Sat.1 und WDR gearbeitet, später spielte sie noch bis 2016 in der TV-Soap »Verbotene Liebe«. Nova ist nicht nur eine, die problemlos alles wegmoderiert und dabei regelmäßig auf dem Roten Teppich und im Fernsehen zu sehen ist. Tolle Frau, klar, besonnen, reflektiert stellt sie sich jeder Mission voller Antrieb und Zuversicht, ein wacher, brillanter Geist. Wenn man ihrer Begeisterung und ihrem Charme ein paar

Minuten ausgesetzt ist, bleibt einem nichts anderes übrig, als sie zu lieben. Ihre Auffassungs- und Konversationsgabe ist von so beeindruckender Schärfe, dass mich jede Unterhaltung alle Geisteskräfte kostet, um bestehen zu können. Sie weiß sich zu geben und im Gegensatz zu mir scheint sie nicht zu altern. Neben Nova fühle ich mich rundum glänzend misslungen.

Zugegebenermaßen, ich war sehr aufgeregt. Beim ersten Treffen wollte ich Nova bloß nicht zögerlich wie ein Autogrammjäger entgegentreten. Ich musste wenigstens so tun, als ob ich in diesem Biotop der TV-Landschaft eine Lebensberechtigung hätte. Ich beschränkte mich erst mal, und das erschien mir die klügste Verhaltensweise, auf engagiertes Zuhören.

Nova, Flummi der Freude, schaute mit ihrem Produktionsteam standesgemäß in einem Wohnmobil samt Pickup vorbei. Traf sich hervorragend, hatte ich doch zufälligerweise einen 5-Sterne Campingplatz im Angebot. Nach der kompetenten Einweisung meinerseits drehten wir an diesem Nachmittag noch die Begrüßungsszene. Nachdem es hieß »Begrüßung: Klappe, die Fünfte«, hatten wir für heute alles im Kasten. Mit der ersten Klappe trete ich in die Fußstapfen von Luke Skywalker und Han Solo, die meine Kindheit sehr geprägt haben.

Am nächsten Morgen traf ich mich mit Team Nova in unserem Frühstücksrestaurant zwecks Lagebesprechung und weiteren Tagesablauf. Mit Nova unterwegs zu sein kommt einem großen Vergnügen gleich. Sie schafft es im Handumdrehen, ein Restaurant, Café mit ein paar gezielten Sprüchen, Späßchen und direkten Anmerkungen in Nova-Swing zu bringen. Wie gerne würde ich mich in diesem Moment einfach in ihr Leben reinkopieren.

Etwas nicht ganz Typisches für Dänemark? Etwas Außergewöhnliches, etwas Spezielles, eine nicht alltägliche Aktivität hier an der Westküste? Spontan fiel mir Stauning-Whiskey ein, wer bringt schon Dänemark mit Whiskey in Verbindung? Nova war von dieser Idee sehr angetan und so organisierte ich im Vorfeld eine exklusive Führung für unser Team. Das Zauberwort heißt in diesem Fall »Fernsehteam«, im Handumdrehen steht ein kompetentes Führungsteam zur Seite.

Nach gehaltvollem Frühstück sah der weitere Plan vor: Nova und meine Wenigkeit verkabelt im Wohnmobil. Auf dem knapp 30-minütigen Weg nach Stauning zur ansässigen Whiskey-Destillerie läuft die Kamera, wir unterhalten uns beschwingt in der Hoffnung, dass am Ende was Brauchbares bei rauskommt. Vor Ort die Führung, Blick hinter die Kulissen samt kleiner Whiskeyprobe, Abschlussszene, Klappe und fertig. Easy, dachte ich mir.

Dass solch ein Drehtag vor allem aus Warten besteht, konnte ich zu diesem Zeitpunkt noch nicht ahnen. Set, Szene, Einstellungen, Takes, Out Take, Ton, Mikrofon läuft, Ton läuft, Kamera läuft, alle auf Position und Action sollte ich von nun an öfter hören. Allein die Szene, wie wir mit dem Wohnmobil die Einfahrt des Campingplatzes verlassen, wurde gefühlt 20-mal nachgedreht, eine Stunde benötigten wir für diesen 12-Sekündler.

Die eigentliche Fahrt nach Stauning, auf der anderen Seite des Ringkøbing Fjords gelegen, verlief dagegen wie im Flug. Ping-Pong-mäßig spielten Nova und ich uns die Bälle zu, ein herrlicher Schnack unter Dänemark-Liebhabern.

Das lief wie am Schnürchen. Das Naturschutzgebiet Skjern Enge, kurz vor Stauning gelegen, bot perfekte Bedingungen für weitere Drohnenaufnahmen. Nichts geht heute mehr über eindrucksvolle, aussagekräftige Drohnenaufnahmen mit einzigartigen Perspektiven, sie können jede Art von Film und Reportage aufwerten und spannender machen, bestimmte Emotionen verstärken. Wenn später bei der Ausstrahlung zwischen den einzelnen Szenen Musik eingespielt wird, schaffen Bilder auf besondere Weise, Emotionen zu übermitteln und zu wecken, worauf die Macher bei Filmaufnahmen großen Wert legen. Die heutige Entwicklung beweist, dass die nahe Zukunft der Film- und Fernsehproduktion schon morgen nicht mehr ohne extrem leistungsfähige fliegende Kameras auskommen wird. Die großen Vorteile: hauptsächlich grenzenlos neue Perspektiven. Für uns hieß das: Das Wohnmobil in Fahrt filmen. Am besten von vorne, oben, hinten und seitwärts. Wieder und immer wieder. Zwischendurch werden wir vom Pick-up immer wieder überholt, wir unterhalten uns angeregt und winken mitunter dem jungen Kameramann auf der Ladefläche zu.

Geduldig wartete das Team von Stauning Whiskey auf uns. Natürlich musste, Sie ahnen es, die Begrüßungsszene nicht nur einmal gedreht werden. Hier kam das Puschel-Mikrofon zum Einsatz. Das finde ich super, wenn das über einem schwebt.

Eindrucksvoll lagen die heiligen Hallen von Stauning Whiskey vor uns, futuristisch, Nordic-Chick. Bei dieser Brennerei bewahrheitet es sich, dass sich Experimentierfreude und Ehrgeiz auszeichnen. Es ist wieder eine dieser dänischen Erfolgsgeschichten, wo man es innerhalb weniger Jahre nicht nur geschafft hat, Anerkennung auszulösen, sondern auch den globalen Durchbruch zu vollziehen. Im Jahr 2005 wurde diese Destillerie von neun Freunden gegründet mit dem Ziel, Danish Single Malt zu erfinden, der sogar Kenner überzeugt. Zum Gründungszeitpunkt gingen alle von ihnen anderen illustren Berufsgruppen nach: Vier Ingenieure, ein Lehrer, ein

Metzger, ein Pilot, ein Koch sowie ein Arzt schlossen sich zusammen. »Learning by doing« bzw. »Versuch macht klug«, so lauteten die Überschriften der ersten Monate. 2006 machte man sich wagemutig an die erste Destillation, 2007 kaufte man einen alten landwirtschaftlichen Betrieb bei Stauning auf, 2011 füllte man den ersten offiziellen Stauning Whiskey ab, 2012 den ersten Single Malt. Die Brennerei produziert sowohl Stauning Whiskey mit Roggen nach amerikanischem Vorbild als auch rauchigen Stauning Single Malt Whiskey mit Torf, der an Scotch Whiskey erinnert. Seitdem werden die neun Gründer für ihren Whiskey mit Preisen und Auszeichnungen überhäuft, der Stauning Whiskey findet sogar in der Whiskey Bible von Jim Murray Erwähnung und viele Sternerestaurants, u. a. das mehrfach zum besten Restaurant der Welt gekürte Noma in Kopenhagen, haben das gesamte Sortiment mit ins Angebot aufgenommen. Die einzige Destillerie in Dänemark hat sich das bescheidene Ziel gesetzt, den besten Whiskey der Welt zu produzieren. Man scheint auf bestem Wege zu sein. Bei den World Whiskey Awards erhielt der Whiskey eine Bewertung von 96/100 Punkten und wurde mit Gold und Platin ausgezeichnet, was dazu führte, dass mittlerweile Besucher aus Schottland die Destillerie besuchen, um zu sehen, wie der Whiskey hergestellt wird.

Nach der theoretischen Einführung gingen wir zum praktischen Teil über, der Einblicke in die Produktion (Destillerie/Mälzerei) sowie die Besichtigung des Fasslagers und abschließend die Verköstigung der hauseigenen Produkte beinhaltete. Sowohl das Getreide als auch der Torf werden ausnahmslos aus der Region bezogen. Bei der Führung konnten wir alle Produktionsschritte miterleben, auch ein Blick in die Pott Stills war möglich, Zwischenergebnisse waren seh- und riechbar.

Anschließend gingen wir zum spannendsten Teil über – ab ins Fasslager, wo all die flüssigen Schätze lagerten. Ob Wein- oder Whiskeyfass, ich liebe diesen Anblick, der sofort und unmittelbar ein wohliges Gefühl bei mir auslöst. Wir waren baff, wirklich beeindruckt, als befände man sich in einer Kathedrale.

Die Verkostung stand nun auf dem Plan. Abgesehen von meiner abfüllenden Whiskeyprobe vor einigen Jahren bei Poul im fernen Norwegen hatte ich keinerlei Ahnung von diesem Edelsprit. Aber genau dafür waren wir ja hier, um etwas über dieses Gebräu zu erfahren. Gekonnt und weniger gekonnt ließen wir den Whiskey in den entsprechenden Nosing-Gläsern kreisen, saugten tief den aromatischen Geruch ein und fragten uns, ob man allein vom Geruch betrunken werden kann. Der Geruch ist wahnsinnig intensiv und lässt definitiv Gelüste nach der bernsteinfarbigen Flüssigkeit aufkommen. Drei verschiedene Whiskeys lassen wir immer wieder im Glas kreisen, probieren, immer und immer wieder, da natürlich, Sie ahnen es, alle Einstellungen mehrmals gedreht werden mussten. Schnaps-Idee, denke ich still und leise. Das kann bei einer Whiskeyprobe durchaus herausfordernd sein, wenn man den Whiskey pur trinkt. Nach der sechsten Einstellung ging ich dazu über, mit einer Pipette zittrig etwas Wasser hinzuzufügen, um den Verdünnungsgrad ein wenig voranzutreiben. Stefan, der Master Blender im Hause Stauning Whiskey, erklärte kompetent die Besonderheiten, die Stauning Whiskey auszeichnen und die Daseinsberechtigung bilden. Stefan trägt eine große Verantwortung, er ist es, der dafür sorgt, dass jede Flasche einer Whiskeyabfüllung über Jahre den gleichen Geschmack aufweist und den typischen Charakter der Destillerie in sich trägt. Stefan hat sein Handwerk über viele Jahre in der Praxis gelernt. Neben einem gewissen Maß an Talent sowie einer guten Nase sind Neugierde, Fachwissen und besonders probieren, probieren und probieren wichtige Bestandteile. Erst nach Jahren erhält man das nötige Rüstzeug, um die entscheidenden Nuancen im Whiskey erkennen zu können.

Nach dem 12-fachen Nippen drehte sich bei mir alles um Abfüllung, dabei aber immer stets bemüht, noch was Konstruktives zu diesem Tasting beizutragen. Es sollte mir nicht recht gelingen, aber lustig war es, Tendenz steigend, da wir mittlerweile zusammen einen Mittelklasse-PKW weggetastet hatten. Während mein Gehirn zu einem dünnflüssigen Pudding wurde, stellte ich bewundernd fest, welch scharfer analytischer Intellekt auf Novas Festplatte nach wie vor steckt. Ich war hingerissen von ihrer Sprachkraft, die enorme Bildung verriet, von ihrer Professionalität.

Mit Weinproben hatte ich ja durchaus schon ein wenig Erfahrung, aber Whiskey? In einem großen Weinglas kann man die Nase ja noch geschmeidig einführen. Wie ungünstig muss mein Riechorgan wohl in einem Whiskeyglas aussehen? Die Kamera hielt drauf und meine Sorge bestand darin, dass sich meine Nase auf schmerzhafte Weise mit dem Whiskeyglas verkeilt. Hatten wir vorher von der Totalen gedreht, wechselten wir jetzt auf ein Close-up von meinem Gesicht. Totale und Close-up bezeichnen beide die Größe des im Bild gezeigten Ausschnitts. Die Totale zeigt die ganze Szene aus größerer Distanz mit beiden Darstellern im Bild, im Close-up sieht man mehr Details meist von nur einem Darsteller.

Jetzt artete das Ganze noch in Arbeit aus. Was schmecke ich? Die ersten Worte sind immer die schwierigsten. Die ersten Worte bei einer Whiskeyprobe sind wie die ersten Schritte auf einer alten, klapprigen Holzbrücke über einer 300 Meter tiefen Schlucht. Ich beschränke mich auf erste vorsichtige »Ahas«, sowie ein in den Bart gebrummtes »Mhm« und stehe vor dem absoluten Nasen-Nichts. Bei Wein wäre es jetzt einfacher – mit Kirsche und dunklen Beeren liegt man nie so ganz verkehrt. Ein so sicherer Tipp wie Blasendruck nach schwarzem Tee. Die Allzweckwaffe »torfig« wollte ich noch nicht spielen. Stimmen mir andere zu oder vernichtet sie den vorlauten Vorprescher? Nach dem dritten Nipper und einem sich langsam ausbreitenden Sodbrennen als Flächenbrand äußere ich ein vorsichtiges: »Torfig.« Die Blicke der anderen verraten mir: »Vollamateur, Abstieg, Lizenzentzug.« Glauben Sie nicht, eine Whiskeyprobe sei ein nettes Vergnügen. Glauben Sie nicht, es geht um Whiskey. Es geht um Whiskeywissen. Es ist somit nichts anderes als ein Stierkampf, welcher Matador erlegt wen. Warum fragt mich keiner nach meinem Lieblings-Weißwein? Ich würde Riesling sagen und wäre wie bei der Kirsche auf der sichersten Seite.

Was für eine herzliche und sympathische Destillerie mit Stefan als leidenschaftlichen Führer mit einer Verbundenheit zu Whiskey, die man bereits beim Eintreten in die noch junge Brennerei zu spüren glaubt. Rundum genial, wenn man bedenkt, dass man Whiskey aus Dänemark zunächst für einen Witz hält. Laut einem der Gründer sei es einfach, Whiskey zu machen. Schwer ist es nur, guten Whiskey zu machen. Der wilde Westen Dänemarks, spärlich besiedelt und mehr oder weniger vom Tourismus abhängig, ist immer für eine Überraschung gut. Selbst die Lebensmittelbehörde war am Anfang mit den Regularien überfordert, ständig schwankend zwischen pingelig und kulant. Auch mit vielen Banken wurde geredet, bis man endlich eine fand, die das Risiko einging, Whiskeyproduktion in Dänemark zu unterstützen.

Nach dem dritten Nipper und einem sich langsam ausbreitenden Sodbrennen als Flächenbrand äußere ich ein vorsichtiges: »Torfig.«

2013 erhielt man einen Anruf von Diageo und wurde zu einem Meeting nach Kopenhagen eingeladen. Der Wunsch des Getränkegiganten war, sich an Stauning zu beteiligen. Nicht nur an der Produktion, sondern vor allem an den Innovationen und der Unkonventionalität. Diese Chance hat man genutzt, ohne das Heft aus der Hand zu geben. Die Verhandlungen dauerten zwei Jahre, 2015 wurde dann die Minderheitenbeteiligung (25 %) von Diageo an Stauning Whiskey fixiert, unter Garantie der Eigenständigkeit der Brennerei und deren Führungsteam. Ein wahr gewordener Traum von neun Freunden.

So ein Drehtag ist eine langsame, aufwändige und zermürmende Arbeit. Nicht jeder hat zu jedem Zeitpunkt etwas zu tun. Es gibt lange und für Laien manchmal unverständliche Wartezeiten. Das vielfache Wiederholen einer Einstellung, bis der Regisseur glücklich ist, gehört zum Alltag. Im besten Fall gibt es 12-Stunden-Tage wie in unserem Fall. Großes Lob an Nova sowie ihr Produktionsteam. Jederzeit fühlte ich mich motiviert und wertgeschätzt, ob mein Mitwirken einen Mehrwert für diese Reportage bedeutet, lasse ich mal dahingestellt.

Fazit: Die Wartezeiten sind anstrengender als die eigentliche Arbeit. Und auch wenn der Film und das Filmteam nicht mit einer Hollywood-Produktion Schritt halten konnten, so lag doch eine richtige Filmatmosphäre in der Luft, das Drehen zusätzlicher Szenen oder das Wiederholen von Szenen nach Ende der eigentlichen Dreharbeiten bestimmten ein Großteil des Geschehens.

Beim nächsten Anruf von Nova bin ich wieder dabei, aber nur wenn das Puschel-Mikrofon wieder zum Einsatz kommt. Hat man einmal seine Eitelkeiten vor der Kamera bedient, kann man nur noch schwer loslassen. Wo gehts eigentlich zum Buffet?

8. 30 Jahre Feriepartner Dänemark

Hvide Sande – schönes Dorf bzw. schöne Straße! Viel mehr als eine Straße ist es ja im Grunde nicht. Ein Hafen, ein Leuchtturm – wer sich hier eingerichtet hat, der bleibt. Ein Dorf ohne Eile, hier ist man mit jedem Dänen auf Du und Du. Hier ist man Patriot, ohne Nationalist zu sein.

Frisch geduscht, aber natürlich weder gekämmt noch rasiert – der Tag kann beginnen.

Zum Frühstück gönne ich mir zwei Avocados mit Hytteost (Hüttenkäse). Wie immer erwische ich die Avocados nicht zum richtigen Zeitpunkt. Die Golden Hour bleibt mir wie so oft verwehrt. Ich öffne den Kühlschrank, greife nach dem Tetra-Pak Milch. Sie flockt. Ich knülle die quaderförmige Verpackung zusammen und werfe sie in den Müll, muss das Müsli also wieder mit Wasser verzehren. Ich verziehe das Gesicht, aber immerhin ist mein Frühstück nun vegan.

Bevor es nach Hamburg geht ab auf die Dünentribüne. Für die Lightshow, welche die dänische Küste stets vergoldet, ist hier reichlich Platz. Übersteigt hier im Sommer die Temperatur an zwei Tagen hintereinander 24 Grad Celsius, beschweren sich die ersten Leute bereits über eine Hitzewelle. Der Running Gag lautet hier im Sommer: »*Its the best day oft the year*«, es ist der beste Tag des Jahres.

Der Soundtrack von Hvide Sande – das Meeresrauschen. Die Nordsee ist nahezu immer in Bewegung und voller Energie. Die Wellen schäumen und brausen auf, überschlagen sich und rollen mit mächtig Getöse auf den Strand. Dann wieder glätten sich die Wogen. Dieses Schauspiel wirkt sich positiv auf mein emotionales Gleichgewicht aus, blau wirkt beruhigend, ausgleichend, der Rhythmus der Wellen, der sich wie unser Atem aufbäumt und wieder zurückzieht. Es drosselt den Puls, es scheint, als trügen die Wellen, das Meer den Alltagsstress einfach davon.

Auf gehts Richtung Hamburg, die Großstadt ruft. Routine ist der größte Feind des Lebendigen, ab und an muss die Welt immer wieder mal fremd, bunt, laut werden.

Es gibt vielleicht fünf Dinge im Leben, die man gemacht haben muss. Eine davon ist, einen Sonnenuntergang oder wahlweise -aufgang am Holmsland Klit zu erleben. Es ist die Tatsache, von zwei Seiten vom Wasser umgeben zu sein, es ist dieses Licht, dieser salzige Geschmack auf den Lippen, dieses kitschige Rosa über dem Wasser bei Sonnenuntergang. Leute, die in der Dämmerung noch an der Mole sitzen, die Sonnenuntergangsjogger, die Abendspaziergänger. Ein Hauch von Nichts und zugleich das Paradies. Weit weg vom Laufsteg der Eitelkeiten, Rückzugswinkel für Gestresste, das ist ein Teil des Erfolgsgeheimnisses dieses Ortes. Der Sonnenuntergang bei Hvide Sande ist eine Bilderbuchkulisse – ist ein Lebensgefühl, dieses Bodenständige, dieses Geerdete der Einheimischen im Kontrast zum Besucher. Dieser Ort, der Sonnenuntergangshungrige anlockt wie das Licht die Motten.

Es sind großartige Momente, sie sind ganz plötzlich da, nicht planbar. Diese Sonnenaufgänge machen den Holmsland Klit zur Bühne, die Dünen als Spielwiese, der Strand so etwas wie sein Laufsteg für die Introvertierten. Extrovertiert? Dann müssen Sie an die Cote d'Azur reisen. Die Besucher aus aller Welt versuchen alles aufzusaugen, da es nach dem Urlaub nicht mehr Alltag auf Zeit, sondern nur noch schöne Erinnerung sein wird. Hier bewegt man sich schon auf der Sonnenseite des Lebens. Welch großes Glück, hier leben zu dürfen, denke ich mir. Die Sonne über dem Fjord aufgehen zu sehen ist Lebensqualität pur. Die folgenden zwei Stunden bewege ich mich in einem gemächlichen Rhythmus. Dänemark atmet auf und ich gönne den Dänen ein wenig Ruhe vor mir.

Ab der Grenze wird beschleunigt. Tempolimit ist für mich Diskriminierung – man grenzt damit eindeutig Männer mit limitiertem Geschlechtsorgan aus, die gerne mal mit über 220 Stundenkilometern über die Bahn brettern. Aber was heißt schon brettern, wenn man von der Grenze bis Hamburg von vier Großbaustellen ausgebremst wird. Kurz hinter Bordesholm die nächste 10-km-Baustelle. Da, nach Kilometer sieben, ein Bauarbeiter, auf seiner Schaufel gelehnt, der gerade genüsslich in sein Butterbrot beißt. Weiße Bescheid, auf die nächsten fünf Jahre Baustelle.

Wie so oft stelle ich mir die Frage, was hat die rechte Spur der Menschheit eigentlich getan? Auch diese Spur möchte geliebt werden. Wie leergefegt – die Mittelspur hingegen so voll wie ich nach acht Lumumba. Mittelspur-Junkies, die nur ein Ziel verfolgen: Ab durch die Mitte. Klar, hat auch seine Vorteile: Lästiges Lenken und Blinken entfällt und der Hals muss nicht unnötig eulenhaft verrenkt werden. Offen für alle Richtungen gleitet man im Halbschlaf mit schier unfassbaren 110 km/h über das Asphaltband.

Hallo Hamburg! Gullideckel waren zwecks meiner Ankunft zwar nicht zugeschweißt, dafür finde ich auch keine Scharfschützen auf den Dächern vor.

Zum 30-jährigen Firmenjubiläum war sich der Ferienhausanbieter und gleichzeitig mein Arbeitgeber Feriepartner Dänemark nicht zu schade für die Unterbringung in einem Hotel der gehobenen Klasse. Einchecken, Zimmer beziehen, auschecken – so läuft der übliche Hotelaufenthalt in der Regel ab. Nicht so in Luxus-Hotels. Da ich Luxus-Hotels nicht gewohnt bin, beginnt am Eingang, wo eigentlich die Entspannung beginnen soll, die Anspannung. Einchecken! Die Dame am Schalter lässt den Mont Blanc über die Empfangsliste kreisen. Gold und Platin Kreditkarten werden über den Empfangstresen gereicht. Obwohl sie kein großes Aufsehen mehr erregen, umgibt Gold Kreditkarten nach wie vor eine Aura des Exklusiven. Sie gehören zur Premiumklasse der Bezahlkarten – sind aber heutzutage ein Massenprodukt.

Die Frage nach der angebrachten Verhaltensweise geht schon vor dem Eingangsportal des Hotels los, wenn der Hotelpage kommt und nach dem Gepäck greift. Koffer tragen lassen oder nicht? Am liebsten würde ich mein Gepäck selbst ins Zimmer schaffen, überlasse meinen kleinen Reisekoffer dann doch dem Fachpersonal. Service ist Luxus und dieser ist bekanntermaßen nicht umsonst, womit wir schon beim nächsten Punkt wären. Überlässt man seinen Koffer dem zuständigen Hotelmitarbeiter, sollte man, um nicht rüpelhaft und knauserig zu wirken, ein entsprechendes Trinkgeld geben. Doch was ist entsprechend? Wie gestaltet sich hier der Trinkgeld-Code? Ich überreiche einen entsprechenden Obolus an den Pagen, sollte es zu wenig sein, ich habe eh nicht vor wiederzukommen.

Kaum im Foyer, werden mir sogenannte Oshibori gereicht – hot towels. Ich nehme ein heißes, feuchtes Tuch entgegen und frage mich, was ich mit diesem »Wellness-Feeling-Tuch« nun anzufangen habe. Ich reibe mir damit professionell über die Hände und erfahre später, dass ich damit gar nicht so falsch lag. Lieber hätte ich die kleine Bambusablage behalten, auf dem das Oshibori gereicht wurde.

Weiter geht es mit der Frage nach einem Sekt. Super, denke ich, Sekt ist mir durchaus endlich mal ein geläufiger

Ausdruck. Nehme ich, her mit dem Kapitalistensprudel. Der Sektempfang gibt meiner Ankunft einen feierlichen Rahmen und rundet das Empfangsprozedere halbwegs entspannt ab.

Des Weiteren werde ich von einem Mitarbeiter zum Zimmer begleitet, was mir ehrlich gesagt schon wieder zu viel ist. Muss ich ihm nun auch 5 Euro in die Hand drücken?

Den Wellness-Bereich würde ich gerne nutzen, tue es aber nicht, da ich den Dresscode für den Bademantel nicht kenne. Darf ich damit quer durchs Hotel zum Spa laufen, ist das guter Stil? Zur Massage nur mit Anzug und Krawatte? Bin ich »overdressed«? Bin ich »underdressed«? Wie viele Speisen darf ich auf meinem Teller zum Frühstück drapieren? Muss es immer ein frischer Teller sein? Was sieht Herr Knigge für die Tischmanieren vor? Was bestelle ich an der Bar, um mich nicht zu blamieren? White Lady? Espresso Martini? Negroni? Dirty Banana? Oder doch lieber einen leuchtend grünen Matcha-Tee in Bio-Qualität?

Ich muss zugeben, das Zimmer, das in seiner Schlichtheit mit einem begehbaren Kleiderschrank aufwartet, fantastisch, unschlagbar! Hier kann man bescheidene 350 Euro die Nacht mit Weitblick auf die Elbe versenken. Alles andere drumherum ist zu viel und eher Belastung, wenn man es nicht gewohnt ist. Der Dank geht an meinen Arbeitgeber, hier wurden wirklich keine Kosten und Mühen gescheut.

Bevor es zum 30 Jahre Festempfang ging, war ich mit Brian Bojsen in seinem Restaurant »Brians Steak & Lobster« verabredet. Es nieselt, es ist windig, ein typischer Herbsttag in diesem Spätsommer. Sobald ich das Restaurant betrete, fühle ich mich gleich wie zu Hause. Die Einrichtung kombiniert skandinavische Gemütlichkeit mit kalifornischer Coolness. Brians Steak & Lobster ist eine Institution in Hamburg, Gäste kommen als Fremde und gehen als Freunde.

Ich mache nicht nur Brian Bojsen die Aufwartung, sondern treffe auch die wunderbare Nova Meierhenrich wieder. Ich haste in ihre Umarmung.

Brian, sein herzhaftes Lächeln blendet. Er drückt mich zur Begrüßung wie ein Gorilla seine Jungs, wir sind wie immer per Du. Er sieht wie immer aus, als käme er gerade frisch von Malibu. Wir machen es uns in seinem Restaurant gemütlich, ich lache gellend über seine erste wohl platzierte Pointe. Hier entsteht keine Weltpolitik, drei einfache Dänemarkfreunde begegnen sich. Dennoch, mitunter ein Diskurs wie eine Urgewalt. Brian – für mich das Idealbild einer gelungenen männlichen Existenz. Ich dagegen habe mich als Jugendlicher noch nicht mal getraut, meine Kappe cool verkehrt herum zu tragen. Allerdings kann es auch ein schweres Handicap sein, gut auszusehen und 1,90 Meter groß zu sein. Wenn du es dann nicht schaffst im Leben, hast du ein Problem. Ich musste immer den Ehrgeiz entwickeln, hoch zu springen. Aber ich habe auch immer davon profitiert, unterschätzt zu werden.

Brian und sein dänischer Akzent, mit dem irgendwie ja immer alles harmlos und halb so wild klingt. Er könnte mir auch eine Herz-OP als harmloses Vergnügen verkaufen. Wenn Brian zu reden beginnt, sprudeln die Worte nur so aus ihm heraus, überzeugend, immer geordnet, immer der Beweiskette folgend (zumindest was das Kochen anbelangt), ohne missionarisch zu sein. Ich selbst bin ein großer Bewunderer seiner Kochkunst, da schwingt das Gefühl tiefer Verehrung mit.

Für alle, die Brian Bojsen nicht kennen sollten, die Talente des dänischen Druiden sind eher überschaubar. Gut, er war Profisurfer und dänischer Meister. Bitte? Ja, okay, und herausragender Koch mit eigenem Restaurant in Hamburg.

Brian Bojsen, unsere dänische Naturgewalt

Aber sonst? Zugegeben, er hat noch eine eigene Fernsehsendung auf DMAX (Caravaning & Cooking – auf der Suche nach den besten Produkten und Nahrungsmitteln sucht Brian Menschen, die mit Herzblut und Passion züchten, jagen, fischen und ernten. Dann wird an Ort und Stelle im Wohnmobil einfach drauflos gekocht)! Dann hört es schon auf? Okay, er war Juror der ZDF-Kochshow »Küchenschlacht«, bereitet Hot Dogs für das SAT.1-Frühstücksfernsehen zu und ist kulinarischer Berater für das Hotel Krønasår im Europa-Park Rust. Nun ja und ist Werbe-Gesicht von Coca-Cola und hat u.a. in der »Sansibar«, im »Seepferdchen« und in der »Osteria« – den Top-Spots der Sylter Spitzengastronomie, gearbeitet. Er gehört in die Liga der außergewöhnlichen Koch-Gentlemen, fachlich und rein optisch kann er mit jedem Fernsehkoch mithalten. Ganz nebenbei hat er noch die skandinavische Küche in Deutschland maßgeblich geprägt. Was von außen nach Karriereplanung aussieht, ist in Wirklichkeit ein Leben voller überraschender Wendungen – Instinkt, oft Glück und manchmal beides zusammen.

Brian schart blitzschnell Leute um sich, und wenn er um die Ecke biegt, glaubt man, einen Tusch zu hören. Brian hat sich gut gehalten und er scheint es zu genießen, sich gänzlich unaufdringlich als Gesamtkunstwerk im Lokal in Szene zu setzen. Wer täte es nicht. Eine Persönlichkeit, die mich beeindruckt – keiner, dem der Erfolg zu Kopf gestiegen ist.

Wir featuren uns durch den weiteren Abend. Entspannen kann man sich hier ganz hervorragend, das Gehirn ins Weinglas neben sich legen und sich mitnehmen lassen auf eine kulinarische Reise quer durch den skandinavischen Schlemmerwald. Die Kellner sehen nicht unbedingt aus wie Kellner – bei manchen sind es Tattoos, die auffallen, bei anderen die Muskeln, die nicht vom Tellertragen kommen. Aber alle aufmerksam, immer wieder zur Stelle, die einem irgendwie im Gedächtnis bleiben. Die einem mal kumpelhaft die Hand auf die Schulter legen oder den Stuhl zurechtrücken und Menschen nicht nach Vermögen oder Prominenz taxieren, auch nicht nach dem Trinkgeldpotenzial. Aber natürlich lebt der Laden von der erstaunlichen Präsenz des Chefs: davon, dass er mit den Augen ständig überall ist, jeden begrüßt, niemanden übersieht und in den paar Sekunden des Smalltalk das Gefühl vermittelt, zu 100 % auf denjenigen konzentriert zu sein. Und es ist nicht so, dass die Promi-Begrüßungen herzlicher ausfielen als die der anderen. Manchmal wird getuschelt: Warum er bei den Leuten da schon drei, vier Minuten mit am Tisch sitzt? Wer mag das sein?

Ich kulinarischer Analphabet, beim eigentlichen Akt des Essens ist meine Konzentration auf Messer, Gabel und den

Geschmack gerichtet, verspüre eigentlich keine große Lust, mich beim Essen zu unterhalten. Anders bei Nova und Brian.

Wenn sie sich unterhalten, kann ich bei jedem Hölzchen kaum warten, auf welches Stöckchen sie noch kommen werden. Es gibt ein nicht enden wollendes Wort- und Gedankenbächlein. Ich spüre nicht diese verständliche Nervosität, die einen befällt, so Auge in Auge mit einem, von dem man immer geglaubt hat, er sei unerreichbar. Ich verfalle auch nicht in diese merkwürdige Verkrampfung, die man sonst an den Tag legt, wenn man ein Restaurant gehobener Klasse besucht, als würde man einen Staatsempfang besuchen. Ich habe in solchen Restaurants immer das Gefühl, als Scheinschmecker sofort entlarvt zu werden. Am liebsten würde ich sofort in den Raum schreien: »Ich habe keine Ahnung von der Spitzenküche, lassen Sie mich bitte einfach nur essen!« Hier wird mein Mund regelrecht tapeziert mit wohlwollenden Geschmäckern und ich bin trotzdem komplett entspannt.

Brian kommt zu uns an den Tisch, legt lässig seinen Arm um meine Schulter. Alle blicken Brian erfreut an, für alle anderen in diesem Restaurant schien ich jetzt, dank Schutzpatron Brian, als menschliches Wesen zu existieren. Hier bekam ich eine direkt wirksame Infusion Selbstbewusstsein. Wer träumt davon nicht: Stammgast zu sein, einen Kaffee serviert zu bekommen, ohne ihn bestellt zu haben. Wie ein Archäologe seine Höhlenmalereien bestaunte ich diese Welt. Das Essen kam von Brian, also fand ich Fisch ab sofort gut. Brian, »Der verrückte Däne«, wie er liebevoll in der Society genannt wird, kombiniert dabei herzhafte, raue Küche mit der feinen, anspruchsvollen Welt der Kulinarik und reicht uns dabei ein saftiges Steak auf exquisitem Hummer. Was ihm noch besonders wichtig ist: Ordentlich Hygge, wohlige Gastfreundschaft für eine gemütliche Zeit mit Freunden und

Familien, denn das darf beim dänischen Lifestyle niemals fehlen. Brians Motto frei nach Charles Dickens, »Denen gehört die Welt, die ausziehen, um sie zu erobern – bewaffnet mit guter Laune und Selbstbewusstsein«, kann ich nur unterschreiben. Das Steak aus dem Holzkohlegrill, der Wahnsinn. Brians Aufgabe besteht darin, ein Gefühl zu erzeugen, das dem Gast – kulinarisch – eine kleine Reise nach Skandinavien ermöglicht, das Wichtigste ist ihm dabei eine echte und ehrliche Küche. Ich kann bestätigen: Die nordische Küche macht glücklich. Das Restaurant darf übrigens niemand verlassen, ohne Brians Cheesecake probiert zu haben. Mit Genuss lasse ich dieses Prozedere über mich ergehen. Was ein herrlicher Nachmittag. Zusammenfassend kann gesagt werden: Essen ist ein Bedürfnis, genießen ist eine Kunst.

Ich Hochgejubelter verabschiede mich und falle danach zurück in eine angemessene Bedeutungslosigkeit. Ansehen und Gewicht waren nur für die Dauer dieses Auftritts geliehen.

Leicht einen sitzen hatte ich auch bereits, vorglühen für den eigentlichen Akt – 30 Jahre Feriepartner Dänemark. Ich muss gestehen, früher fand ich das »Vorglühen« meistens schöner als das eigentliche Ausgehen. Beim Vorglühen steht man noch nicht unter Druck, es hat mit der Zwanglosigkeit zu tun, weil der Abend noch bevorsteht, ja eigentlich noch nicht mal begonnen hat. Dieses Vorglühen gelingt oft ganz hervorragend, weil es nicht von Erwartungen kontaminiert ist, weil einem die Wirklichkeit noch nicht in die Quere gekommen ist. Oft dachte ich anschließend in überfüllten Clubs: Was mache ich hier nur! So laut, so eng, so anstrengend! Es war doch gerade noch so schön!

Penthouse Elb-Panorama – das ist mir eindeutig viel zu viel Understatement und unangemessene Bescheidenheit!

Zum Feriepartner-Jubiläum trafen wir uns im Penthouse Elbpanorama. Ich mag solche Treffen, denn mit Kollegen, die man am Telefon zwar nett grüßt und ein paar Worte austauscht, das Verhältnis darüber hinaus aber auf persönlicher Ebene etwas brachliegt, ist es eine wunderbare Möglichkeit, die Human Relations zu verbessern.

Der Direktor von Feriepartner umfasst meine Hand mit beiden Händen, wobei er mich lächelnd begrüßt, als wäre ich ein lang vermisstes Familienmitglied. Wie immer adrett gekleidet, dabei sehr lässig, cool und gebildet, jederzeit souverän. Auch die Chefsekretärin grüßt freundlich von einem sonnenbraunen Ohr zum anderen. Alle sehen blendend aus, auch wenn das ein oder andere Hemd ein wenig um den Rumpf spannt.

27 Büros aus ganz Dänemark kommen zusammen. Mitunter erinnert es an einen Wirtschaftsgipfel. Ich greife zum Bier, setze es an die Lippen und mustere die umstehenden Kollegen. Sie geben sich nicht besonders Mühe, keiner nützt dem anderen etwas. Man hält sich nur eine Weile am anderen fest, bis man einen wichtigeren Gesprächspartner gefunden hat. Dann gehts weiter vorbei ins Gewühl, so lange, bis man den inneren Kreis erreicht hat. Der andere Kollege setzt sich ebenfalls sofort in Bewegung, damit es nicht aussieht, als habe man ihn stehen gelassen. Mal schauen, wie oft ich heute Abend stehen gelassen werde, ich schmeiße mich in den Wirrwarr von Stimmen und Menschen. Ein bisschen Small Talk ist nun mal die höchste Form der Energie, die ich ohne Drogen anbieten kann.

Ich geselle mich zum ersten freischwebenden Einzelgänger und warte darauf, dass der Sog des Events mich ins Zentrum trägt. Finn, einer unserer ältesten Mitarbeiter, der Dino aus Büro 15, klärt mich gleich sympathischerweise über seine Falten auf. »Falten sind der Beweis, dass man überlebt hat, sind Souvenirs des Lebens. Deshalb sollte man jede einzelne willkommen heißen. Die Alternative wäre, tot zu sein.« Was für eine herrliche Sicht- und Herangehensweise. Lebenskunst im Alter ist, dass dein Leben nicht auf der Intensivstation endet. Darauf gönnen wir uns erst mal einen Papa Doble. Wir gehen auseinander mit einem *»Så skal vi rigtig svinge træbenet!«* (dann wollen wir mal so richtig das Holzbein schwingen). Mein Blick kreuzt sich mit dem nächsten Kollegen. Er setzt das Glas ab und nickt mir zu. Wir treiben aufeinander, jeder darauf bedacht, nicht zu stark von seiner Umlaufbahn abzukommen. Der Kollege neben mir eröffnet die Konversation mit einer Kollegin mit der gewagten Frage: »Bist du schwanger?« Keine Frage kann so schnell als Beleidigung empfunden werden wie diese. Sie impliziert: Du bist fett geworden! Da diese Frage ein hohes Risikopotenzial aufweist, empfehle ich, diese Frage nur bei entbindungsnahem Objektstatus zu stellen.

Der erste Gang zur Toilette, die Blase ist nicht mehr sehr belastbar. Insgesamt gesehen natürlich ein durchaus verkraftbares Problem. Wir genießen einen unfassbaren Ausblick über Hamburg, auf die Elbe. Von der 20. Etage liegt uns Hamburg zu Füßen. Das nenne ich Eventlocation, der Blick aufs Wasser, die älteste Therapieform der Welt, wo Wasser ist, sind Gefühle. Nur als Getränk ist Wasser nicht so aufregend, eine Absage an jedes Gefühl, Langeweile im Glas. Wer denkt heute Abend schon an ein Glas Wasser, damit provoziert man hier und heute den Rausschmiss. Nur ein Satz hat jetzt die Schlagkraft, alles nach unten zu ziehen: »Ich bleibe beim Wasser!« Eine Absage, eine Absage an den Wein, eine Absage an dieses Beisammensein. Für heute gab es nur eine Richtung: Sich gepflegt durch den Abend/die Nacht zu pegeln.

Wir werden zu Tisch gebeten. Immer wieder aufs Neue die Nervosität nach dem Begrüßungsaperitif: Wer wird der Tischnachbar zur Rechten, wer zur Linken? Den ganzen Abend harte Konversationsarbeit oder eher Spaß, abhängig auch vom Alkoholpegel. Schön gedeckter Tisch, das Porzellan glänzt, Kerzen, frische Blumen. Mein linker Nachbar, Jørgen, ein älterer Herr, Servicetechniker aus Büro 24, nutzt tatsächlich noch ein Stofftaschentuch. War diese Art der Schnäuz-Kultur nicht längst ausgestorben? Die Rotzfahne wandert anschließend in das feucht-warme Klima der Hosentasche, optimale Bedingungen zur explosionsartigen Bazillenvermehrung. Wann dieses Biotop wohl trockengelegt wird? Wenn weibliche Wesen ihre Tränen heute Abend nicht zurückhalten können, ist dieser moderne Kavalier wohl mit seinem Schmoddertuch zur Stelle. Mich kann nichts erschüttern. Wer einmal mit dem Dänemarkvirus infiziert ist, behält die Symptome ein Leben lang.

Mit beeindruckender Zeremonie wurde das Amuse-Gueule serviert (die Speisekarte liest sich wie ein Verzeichnis tropischer Krankheiten) von einem über und über tätowierten und sehr enthusiastischen jungen Kellner. Mein Magen musste sich fühlen, als wäre er im Himmel angekommen. Mein Gaumensegel wird malträtiert und hüpft vor Freude. Auf Diät sollte man hier nicht sein, es wäre zu schade. Normalerweise stellt eine 24-Stunden-Tankstelle für mich eine echte Vollversorgung dar, aber dieses Essen war eine Wucht.

Wein, unser Animateur für diese gesellige Tischrunde. Ich habe mir zur goldenen Regel gesetzt: Kein Tropfen Alkohol unter der Woche. Niemals! Es sei denn, wir haben Besuch. Dann gibt es natürlich Rotwein. Diese Regel hat allerdings zur Folge, dass wir uns bemühen, unter der Woche verdammt viel Besuch zu haben. Der Handwerker, der Briefträger, der Nachbar, alle werden bei Gelegenheit schnell mal rein gewinkt und somit als Besuch taxiert. Was wiederum zur Folge hat, gleich eine Flasche zu öffnen. Das schlechte Gewissen meiner »Dänin« kann ich dabei nicht nachvollziehen. Leni neigt halt dazu, nicht nur Fehler zu suchen, sondern auch zu finden.

Ole, meinen rechten Tischnachbarn, erkläre ich nach dem zweiten Traubensaft ohne weitere Qualifikation zum Freund fürs Leben. Problem: Er kommt von Bornholm. Bornholmer zeichnen sich dadurch aus, dass sie sprachlich auffallend limitiert sind, mit anderen Worten: ein sehr eigenartiges Dänisch sprechen. Messe der mentalen Erweckung, ich bin so überfordert wie Tine Wittler beim chinesischen Mittagsbuffet. Ole konnte die Aufregung nicht verstehen, aber es wäre genauso, wie wenn wir im Ruhrpott sagen würden: »Hömma, bei uns ham wa kein Dialekt.« Bornholmsk und Vestjysk, vor diesen Dialekten kapitulieren auch waschechte Dänen.

Dieses Dänisch, das zwar wollüstig und mit süßem Klang in meinem Ohr ertönt, hält doch immer wieder unüberwindbare Hürden für mich bereit. *Det skal nok gå* – das wird schon! Erschwerend kommt hinzu: Ole ist ein notorischer Nuschler, ich wusste nicht, dass es auch einen dänischen Udo Lindenberg gibt. An diesem Abend werde ich noch einiges von den sich wandelnden Dialekten der dänischen Sprache sowie den Eigenheiten seiner Sprecher erfahren. Manchmal klingt es, als würde ein Japaner rückwärts jodeln. Aber selbst die Dänen untereinander scheinen sich über ihre eigene Lautmalerei zu amüsieren. Zu später Stunde wird mir Oles linker Sitznachbar gestehen, nicht wirklich was verstanden zu haben, er aber auch nicht ständig nachfragen wollte. Ja, bin ich denn hier der Einzige, der wo Dänisch kann? Dieses Geständnis erklärt in meinen Augen diesen fröhlichen, positiven, lächelnden Grundanstrich in diesem Land. Alles wird hier weggelächelt, selbstverständlich auch dieser norddeutsche Regen. Wie vieles andere auch, perlt er an den Dänen einfach ab. Womit sind diese Dänen imprägniert? Vielleicht muss man sich nur lange genug an ihnen reiben, um etwas davon abzubekommen?

Starre kurz in mein Handy, diese Art Autismus ist auch für mich ein neues Phänomen. Das Smartphone, alles integrierende Leitmedium. Starre auf viele Bilder, nehme sie nicht wirklich wahr, wische alles zur Seite. Tschüss Schriftkultur.

Die Kollegin direkt gegenüber, ich glaube Büro 9, verzaubert mit ihrem sensationellen Lächeln. Putzt du noch oder bleacht du schon? Da war pünktlich zum Jubiläum wohl der Kiefer-TÜV zugange, solch ein Power-Bleaching kann man sich in meiner Welt nicht anputzen.

Auf der Abendkarte steht ein Acht-Gänge-Menü. Speichel-Sturz-Alarm. Heute darf es mal was Besseres sein als der Imbiss an der Ecke, den ich sonst bevorzuge. Der Ober schreitet majestätisch an den Tisch, entkorkt die zweite Flasche Wein und gießt einen Fingerhut voll in mein Glas, warum ausgerechnet in mein Glas? Regungslos schaut der Ober auf mich herab. Ich schaue zuerst das Glas an, dann den Ober, dann wieder das Glas. So gehts weiter, endlose sechs Sekunden. Ich denke: Wann hat dem jemand zuletzt die Visage poliert? Aus Rücksicht auf die anderen Gäste verkneife ich mir, dies auszusprechen. Zittrig nippe ich und gebe mein Okay. In diesem Fall hätte ich auch den billigsten Fusel für 1,99 Euro abgesegnet. Wir sprechen dem Rotwein zu, als sei es ein Jahrhundertwein, und immer öfter klingt von unserem Tisch dröhnendes Gelächter durch den Raum. Schwere, knoblauchhaltige Mahlzeiten werden im Weiteren zu sich genommen. Es folgen acht Portionen, die so winzig sind, dass sie auf einem Suppenlöffel passen würden. Das Hauptgericht besteht immerhin aus fünf daumengroßen Fleischstückchen, gereicht auf Tellern, die für texanische T-Bone-Steaks konzipiert scheinen. Das Wichtigste: Nach jedem Gang in lauten Jubel ausbrechen, wie toll alles schmecke und wie großartig es arrangiert sei. Gemütlich und wie in Zeitlupe schiebe ich alles in meine Pommes-Luke. Die Kapazität eines konventionellen menschlichen Magens kommt hier nicht an seine Belastungsgrenze. Auch nach dem achten Gang habe ich Hunger. Esse ich eine gepflegte Currywurst mit Pommes für 5,50 Euro, fühle ich mich anschließend wie ein Marzipanklumpen und bin satt!

Dennoch, eine herrlich gesellige Runde, meine Sitzposition gestattet mir über Weingläser hinweg einen ungetrübten Blick auf den Nachbartisch. Hier bahnt sich was an, ich glaube zwischen Mitarbeitern der Büros 16 und 22. Ein großzügig vorgeglühtes, nahezu angetrunkenes Wesen mit ausgezeichneter Schminkarchitektur gibt unmissverständlich zu verstehen, dass es hier gleich zu einem Date kommen wird. Kurz bin ich froh, zwischen Ole und Jørgen zu sitzen, obwohl mir Jørgen in diesem Augenblick mitteilt: »Kannst du ein Geheimnis für dich behalten? Ich bin großer Fan vom Bergdoktor!« Ich nicke stumm, während ich damit beschäftigt bin, getrüffelte Rote Bete-Scheiben möglichst unbeschadet von einem Teller auf meinen Teller zu bugsieren. Währenddessen beobachten wir fasziniert, wie die Schminkarchitektur nun alles gibt und auf uneloquente Art und Weise ihre Anbahnungs-Floskeln herausposaunt. Nun wird sie völlig mit Rotwein abgeschossen. Und Gin-Tonic. Und Bier und Kräuterschnaps. Ihrem praktikantischen Verehrer schmeckt offenbar Cola-Rum sehr gut. Ein Lebemann, ein Macher, ab und an lässt er lässig seine wohl teure Uhr aufblitzen. Anschließend schlaksen sie bedenklich Promille-lastig Richtung WC. Leni und ich schicken glühende Tränensmileys auf den Smartphones hin und her.

Ein verdauungsfördernder Magenputzer wird anschließend gereicht. Trinkst du an solch einem Abend keinen Alkohol oder Kaffee, hast du ein maximales Problem. Dänischer Schnaps – der klare Anfang vom trüben Ende. Nein, bitte keinen Gin-Tonic, der Gin-Hype, der langsam dermaßen ausufert, dass gefühlt in jeder Dorfscheune eine eigene Variante gebrannt wird. Ich entscheide mich für einen »Wild Turkey 101«, Drink like a Gentleman. Nun konnte ich zeigen, was ich in der Stauning Destillerie gelernt hatte. Dieser

Whiskey ist ein One-Way-Ticket ins La-La-La-Land. Nichts beseelt diesen Moment so sehr wie dieser Drink, bevorzugt in einem Tumbler. In diesem Moment die beste und billigste Therapie, die ich kenne. Ein poetischer Drink, nichts auf der Welt könnte es jetzt geben, was mich zur Eile treibt. Keine Gedanken über Altersvorsorge und Berufsunfähigkeitsversicherung. Es gibt so Nächte, da kann man sogar Sprachen, die man sonst nicht kann.

Plötzlich vibrieren die Lauschlappen, der Kollege neben mir grölt bestimmend in die Busenfalte einer hünenhaften Barfrau. Anschließend verliert er sich in der Achselhöhle eines Kollegen. Die bestellten Shots erreichen seine zitternde Hand, Dreiviertel davon verfehlen allerdings ihr Ziel und landen auf seiner stylisch praktischen Bauchtasche. Dabei strahlt er Optimismus aus wie ein leer stehendes Ladenlokal in Brandenburg. Typ Philosophielehrer – er trägt einen grauen Pullover über dem Karo-Hemd, dazu eine dünne Strickjacke. Ein edler Schlager-Track zieht ihn samt seinem Pommes-Panzer (laut Feriepartner Büro auf Fünen nur »El Titto« genannt) auf den Dancefloor – er ward nicht mehr gesehen. Lets get physical. Der Däne erweist sich einmal mehr als nie versiegende Quelle des Staunens. »*Enjoy, take it easy, have fun*«, brüllt der DJ hochmotiviert in sein Mikrofon.

Der Saal wandelt sich langsam zu einem 100 % brunftbereiten Melktempel, Niedergang menschlicher Werte. Jetzt fehlt nur noch das Heldenhafte des Rauschs, diese lässige Selbstverstümmelung, wenn man richtig abschädelt, den gegenwärtigen Moment über alles stellt. Die Erkenntnis, dieser heroische Akt, auf den morgigen Tag zu pfeifen, totale Momenthingabe, es geht nur noch um diesen Abend. Die wissentliche Inkaufnahme der Beeinträchtigung unserer Kraft nach dem eigentlichen Akt für den morgigen Tag.

Alle schalten einen Gang höher, der Exzess-Turbo wird angeknipst. Die Enthirnungsphase hat nun bei allen eingesetzt, Operation Glühnase kann beginnen, ab in den Zustand der Rammdösigkeit. Ohne es zu merken, lege ich mir ungewollt eine Art Jack-Sparrow-Gang zu, tschüss Gleichgewichtssinn. Dank meiner beachtlichen Bühnenpräsenz konnte ich den Entertainmentfaktor auf ein bewusstseinserheiterndes Niveau bringen. Mein Gehirn fährt sich aus Selbstschutz runter, eine kleine Plauderei wird zum Extremsport, fühle mich wie zwei Tage in der 95-Grad-Sauna eingesperrt. Das Zeitalter der Jugend sollte vorbei sein? Nicht hier und heute Abend. Auch ich machte mich nun auf dem Dancefloor zum Vollhorst. Herrlich, in der Peinlichkeit liegen Witz, Erkenntnis, Befreiung und Glück. Sie ist alles, was wir haben im Hier und Jetzt.

Die durchaus süße Kollegin aus Büro 7 ist nach eigener Aussage auf der Suche nach der einen wahren und großen Liebe. Nach dem Mann ihres Lebens, der gebildet, elegant, charmant, witzig, fürsorglich und sportlich sein sollte. Mit dem »sportlich« wäre ich noch zurechtgekommen, bei allen anderen Attributen müsste ich passen. Warteliste – adieu. Ich gebe ihr auf lallendes Drängen ein Autogramm auf eine frische Serviette, die ich mit »Alles Gute, Dein Kai Pflaume« signiere.

Ich, der Archetyp der teutonischen Verklemmung, gab nun alles, bei dem Tanzstil sollte ich Ende des Jahres vom *Time Magazine* mindestens zur »Person of the year« gekürt werden. Diese Riesensause endet mit einer Polonaise durch das ganze Haus auf einem schnapsgeteerten Weg, von nun an hatte das Gehirn bei allen Hausverbot.

Ich stelle fest, dass die Legenden um die Trinkfestigkeit der Dänen wahr sind – willkommen in der Adrenalinbrauerei von Feriepartner – willkommen im Reich der ewigen Gänsehaut. Am Puls der Zeit genießen wir den superben Flow, versuchen uns an einer selbst gebastelten Yoga-Übung, schliddern schwärmerisch von einem Thema zum anderen, jeder Verbal-Konter wird frenetisch gefeiert. Die meisten sehen hier aus, als wären sie über Jahre stille Teilhaber einer Fitnesskette gewesen, das Parkett wölbt sich bereits an einigen Stellen. Wie ein Theaterstück in meiner Seele, was ein geiler, bunter Haufen. Einige lehnen nur noch am Tresen und lassen das Leben sachte auf sich zukommen, ein paar besonders schmissige Balladen von DJ Ötzi werden mit Begeisterung intoniert. Da kann es bei Investmentbankern nicht süffiger zugehen. Im Gegensatz zu den Investmentbankern verkneifen wir uns die Reeperbahn im Detail.

Ich schwankte bedenklich durch die Gegend, im Duktus und Tempo des späten Johannes Heesters.

Ich, mittlerweile vollkommen frei von Restwürde, leerte auch das letzte Glas. Ob ich zu viel gebechert hatte? Eine lächerliche Frage. Selbstverständlich.

Ob ich das bereue? Total.

Würde ich es wieder tun?

Beseelt vom Hygge-Spirit sage ich: Ohne zu zögern!

Im Lift wird mir beinahe übel vom penetranten Duft eines Eau de Toilette, bis ich es als mein eigenes identifiziere. Normalerweise ist eine Liftfahrt bekanntlich eine willkommene Gelegenheit, Haltung zu üben. Wie übersteht man 30 Sekunden oder die Minute des Schweigens auf engstem Raum, ohne Verlegenheit aufkommen zu lassen? Widersteht man der Versuchung, eine belanglose Bemerkung zum Wetter, zum Geschäftsalltag, zur politischen Aktualität oder soeben beendeten Mahlzeit zu machen? Und wie richtet man den Blick dabei unangestrengt weder auf einen Mitfahrer noch auf die Schuhspitzen, noch an die Decke? Das war in diesem Augenblick völlig egal. Berauscht, um nicht zu sagen granatendicht, stimmten wir alle Helene Fischers »Atemlos durch die Nacht« an, bei allen im Lift lief bereits das Notprogramm. Die Atmosphäre bestand zu 90% aus schlechter Luft und 10% purer Freude. Ich war mir der Würdelosigkeit des Moments nur allzu deutlich bewusst, musste es nun aber durchziehen.

Noch schnell ein Wegbier, schließlich waren es gut 100 Meter von der Location bis zum Hotel. Das Wegbier (»for the road«), ein tolles Accessoire, für mich gehört es zum Weltkulturerbe. In Dänemark würde ich jetzt noch einen Hot Dog verspeisen, der sich in meinem Magen wie ein Spülschwamm mit Alkohol vollsaugen würde.

Mein Hochleistungskörper, eigentlich zum Schweben gebaut, verlässt die Location mit dem schweren Schritt eines ausgemusterten Kaltblüters. Eines war zu diesem Zeitpunkt bereits sicher: Der böse dicke Kater erhebt diesmal sein Haupt in Hamburg. Diese Nacht bekommst du nicht ohne Kater. Sollte ich diese Nacht überstehen, findet dieses Buch im nächsten Kapitel seine Fortsetzung. Sehne mich nach einer ordentlichen Packung Schlaf.

Ich stelle fest, ich bin sogar so deutsch, dass ich nachts um 4 Uhr an der roten Ampel stehen bleibe. Im Gegensatz zu den Teens auf ihren E-Scootern. Der gute alte Tretroller, bei dem der Mensch wenigstens noch einen Fuß zum Einsatz bringen musste, elektrifiziert – man nennt das dann E-Scooter, ungepanzert und waffenlos, auf eigenen Füßen, in schlichter Zivilkleidung. Eine Kopflosigkeit, die plötzlich jede Stadt ergriffen hat. Zugelassen, weil sie den Verkehr entlasten sollten, davon war der Verkehrsminister überzeugt. Es sollte einen wichtigen Beitrag zur Verkehrswende und zum Umweltschutz leisten. Es kam, wie immer, wenn sich der Verkehrsminister was davon verspricht, anders als gedacht. Der Verkehr wird nicht entlastet, die Scooter stehen und liegen überall herum (wenn sie nicht gleich in der Elbe versenkt werden), es gibt mehr Unfälle (zwei Rettungswagen-Einsätze haben wir allein an einem Wochenende in Oslo erlebt). Sollten sie ein paar Monate überlebt haben, sind sie verbraucht und verschlissen, reif für den Sondermüll, denn in den sympathischen Akkus, mit denen sie angetrieben werden, stecken seltene Erden, die aus Asien oder Afrika importiert werden müssen. Die Frage, wie diese Akkus eigentlich genau entsorgt werden, geht bei dem Versuch, das Klima in die Schranken zu weisen, leider unter. E-Scooter, für mich eine biblische Plage. In seiner Urform ist der Mensch Fußgänger, nur mithilfe seiner Beine und der daran befestigten Füße brach der Mensch auf in die Welt, das lag in Gottes Absicht.

Woran man merkt, dass man über 40 ist? Wenn man beginnt, mit seinem eigenen Kopfkissen zu verreisen. Ich nähere mich Vorsorgeuntersuchungen und Anti-Aging-Produkten, das Interesse für Intervallfasten nimmt zu, Knie und Rücken werden nicht mehr besser. Schnell ein paar Tropfen »Time Fighting Serum« auf den Gesichts- und Halsbereich appliziert, für den Augenbereich ein Serum, das im potenziellen Tränensackbereich sofort seine Wirkung entfalten sollte. Weniger »Time Fighting« im eigentlichen Sinn, mehr im übertragenen Sinn: Wenn man am Vorabend mal wieder den Fight gegen die Time verloren hat. Können Sie mir folgen?

Erst jetzt entdeckte ich eine kleine Schale mit Nüssen auf meinem Zimmer. Ich, Rohkostverächter, aber Freund der gesunden Bakterienkultur, greife beherzt zu, die Speiseröhre ätzt. Das sollte sich nach dem Bettgang und dem Lagern des Körpers in der Horizontalen noch rächen. Durch die schweren Vorhänge meines bescheidenen Zimmers sehe ich schon die Sonne aufgehen. In diesem Moment: Alles egal. Gute Nacht.

Der Wecker, Folterinstrument der Moderne, reißt mich aus meinem Traum mit Kobe-Rindern und Trüffelschweinen. Am nächsten Morgen, ich gebe es zu, sah ich etwas lädiert aus, fühlte mich wie kompostiert. Keine Rose ohne Dornen. Das Leben ist voller Optionen – in diesem Moment leider nicht für mich. Weitertrinken, die Jugend genießen, das sind jetzt die anderen. Dem Alkohol habe ich es zu verdanken, dass ich vergessen habe, wie oft ich stehen gelassen wurde. Warum wird eigentlich immer Schokolade auf Hotelkopfkissen gelegt und nicht ein Dönerteller? Natürlich bin ich morgens im Vollsuff mit einem matschigen Schokoladentäfelchen auf der Stirn aufgewacht. Steige so hyperaktiv aus dem Bett wie eine 90-jährige Großmutter mit Arthrose in den Gelenken, inklusive vorübergehender Kernschmelze des Verstandes.

Ab zum Frühstück, only the early bird fängt den Wurm. Obwohl Feriepartner hier keine Kosten und Mühen gescheut hat, wird abenteuerlich Bacon mit Rührei serviert, die ihren Freischwimmer in einer Lache von Fett machen. Auch der Kaffee hat etwas von Dschungelprüfung, der aussieht, als habe jemand einen benutzten Kaffeefilter kurz mit Wasser vermischt. Ich kann mich nicht überwinden, Tasse oder Teller zu leeren. Ich geselle mich noch kurz zu den Servicetechnikern aus Hvide Sande, ich hätte diese herausfordernde Belastungsprobe unterlassen sollen. Da war es wieder, dieses Vestjysk, der Dialekt der Westküste in seiner Reinform. Das ist das, was die urigen Westküstenbewohner zusammenhält und nach außen hin abgrenzt. Auch nach 10 Jahren war es mir nicht vergönnt, in dieses Paradies für Legastheniker, die Hölle für jeden kommunikationsinteressierten Fremdsprachler, vollständig und umfangreich einzutauchen. Vestjysk steht dem Dänischen so nah wie das Verteidigungsministerium der Gummibärenbande. Den größten Fehler, den man als Nicht-Vestjysker machen kann, ist, zu versuchen, sich dem Eingeborenen-Dialekt anzupassen und selber zu radebrechen. Aber genau diese Menschen sind es, dieses so eigenartige und liebenswerte Volk, die diesem Landstrich einen so eigenen Charakter geben. In Dänemark lacht man über die Leute aus dem Westen des Landes, wenn die Rede auf die geplante Pflichtsprachprüfung für Einwanderer kommt. Nur wer die besteht, soll den dänischen Pass bekommen und im Land bleiben dürfen. Weswegen ganz Dänemark gerne spottet: Käme der Gesetzesvorschlag durch, müssten alle Menschen von der Westküste Dänemark verlassen.

Allein wegen des Dialektes fühle ich mich mit diesen Menschen sehr verbunden. Genauso wie die Menschen des Ruhrgebiets werden auch die Bewohner der dänischen Westküste vom Rest des Landes für ihren Dialekt belächelt wie schwäbische Grundschüler.

Tief im Inneren weiß der Ruhrgebietler sowie Westjütländer, dass er zum Helden nicht taugt. Und bevor er sich zu einer solchen Pose aufschwingt und die anderen lachen, weil er den Helden spielt, macht er den nächsten Gag besser direkt auf eigene Kosten. Das ist es, was diese Menschen ausmacht, sie alle sind mit einer guten Portion Selbstironie imprägniert. Hier beherrscht man die Kunst der Selbstironie, das wirksame Gegengift zur Arroganz.

Es war ein toller Austausch mit den Kollegen aus Hvide Sande. Die Tagesschau des DDR-Fernsehens hätte dieses Aufeinandertreffen wie folgt zusammengefasst: »Das Gespräch fand im Geiste brüderlicher Solidarität statt und hatte Maßnahmen zur Stärkung der sozialistischen Zusammenarbeit zum Inhalt. Es wurde vereinbart, den Gedankenaustausch so bald wie möglich fortzusetzen.«

Es lastet ein Tiefdruckgebiet auf meinem Gemüt, meinem Leben in seiner ganzen unerbittlichen Übersichtlichkeit. Vor fünf Stunden war es noch ein einziger Rausch.

Ich verabschiede mich von meiner Kollegin aus Juelsminde, mit letzter Konversation trennen sich unsere Wege:

»Tim, deinen Auftritt gestern werde ich nicht vergessen.«

»Meinen Auftritt?«

»Die Band, Tim: 99 Luftballons!«

»Sag bloß, ich habe gesungen?«

»Du hast gesungen.«

»Um Himmels Willen. Vor allen Leuten?«

»Am Mikrofon, vor allen Leuten.«

»Ich kann doch gar nicht singen.«

»Das haben alle anderen auch gesagt.«

»O Gott, o Gott. Warum hast du mich nicht daran gehindert?«

»Weil es um deine Karriere ging, hast du gesagt.«

»Deswegen hättest du mich ja daran hindern sollen!«

Ich stelle fest: Ich bin gealtert, aber nicht gereift. Mit meinen bescheidenen, vollkommen talentfreien Möglichkeiten habe ich erreicht, was es zu erreichen gab. Natürlich hätte ich mir eine andere Grundausstattung gewünscht. Ich werde einfach mal so weitermachen: nicht unvernünftig, aber auch nicht zu vernünftig. Mancher Fehler fühlt sich besser an als die richtige Alternative. Ich habe mich immer mutig ins Leben gestürzt, nicht unbedingt jeden ungestümen Impuls mit der Frage nach den Konsequenzen erstickt. Ich werde nicht den Spaß am Leben verlieren, den ich anderen immer gepredigt habe. Das wird schwieriger, wenn man Monat für Monat mit anderen Schmerzen aufwacht und man den dunklen Anzug öfter bei Beerdigungen trägt als auf Hochzeiten. Alles wird gut! Gewiss!

Zu späterer Stunde geht es geschmeidig zurück Richtung Hvide Sande. Selbstverständlich auf der Mittelspur, wie es sich gehört, wenn man den Kopf nicht unnötig hin und her bewegen möchte. Wenn ich meinen Kopf behutsam bewege, geht es. Dann schwappt der pulsierende Inhalt meines Schädels nicht ganz so gegen die Schädelinnenwand.

Nymindegab, was ein Kontrast zum Hamburger Großstadtgetöse – willkommen auf dem »Eiland« der zufriedenen Herzen. Ein Ortsschild führt in den Ort hinein, ein Ortsschild führt aus dem Ort hinaus. Soweit nichts Ungewöhnliches. Allerdings kann es passieren, dass man sich beim zweiten Ortsschild fragt, ob es nicht doch das erste war, weil man von dem Ort rein gar nichts bemerkt hat. Nymindegab spült einen auf den Holmsland Klit – durch diesen Trichter müssen sie alle. Hereinspaziert in die Schatzkammer voller Natur, Genuss und Badefreuden. Hier treffen sich die unterschiedlichsten Menschen, Geschichten, Sehnsüchte. In irgendwelchen Bettenburgen ist man meist erst wirklich da, tatsächlich angekommen, wenn man den Hotelzimmerschlüssel in der Hand hält und die Tür aufgeschlossen hat. Hier ist man angekommen, sobald man auf diese Sandbank rollt, hier beginnt der Abstand vom Alltag, die Unbeschwertheit. Showeffekte sind diesem Landstrich fremd, Ruhm ist ihm egal, über spontane Besucher freut er sich, eine Landschaft, die aus einem kitschigen Bilderbuch herauskopiert zu sein scheint.

In Hvide Sande angekommen stand die Luft reglos, die Flaggen in der Umgebung hingen schlaff herunter. Die Sterne sind angeknipst, der Mond gehisst – Feierabend! Acht Visitenkarten (drei von Gebrauchtwagenhändlern an der Fahrertür) und Sanifair-Bons im Wert von 12 Euro hatte ich abgestaubt.

Ich entledige mich meiner Kleidung, ohne Licht zu machen, stehe schon mit dem rechten Bein in der Pyjamahose und versuche gerade, auch das linke einzufädeln, da gerät das durchaus noch unstabile Gleichgewicht ins Wanken. Auf einem Bein hüpfe ich durchs Schlafzimmer und versuche, den im Hosengummi verhedderten linken Fuß freizubekommen, was mir auch gelungen wäre, wenn nicht dieser Schrank an dieser idiotischen Stelle stehen würde. Leni erwacht!

»Warum machst du dir kein Licht?«, fragt sie kühl, Sekundenbruchteile später befand ich mich in einer Eiswüste wieder.

»Damit ich dich nicht wecke.«

»Das ist dir einwandfrei gelungen, danke. Und? Wars lustig?«, sprach die Eiswüste und warf mir einen Blick zu, der Superman zum Abstürzen gebracht hätte.

»Natürlich nicht«, antworte ich und befreie mich wenig elegant aus der Pyjamahose.

»War das Essen wenigstens gut?«

»Ich glaube schon, hab nicht so aufs Essen geachtet.«

»Du hast im Elbpanorama gespeist und hast nicht so aufs Essen geachtet? Aber auf den Wein hast du offenbar geachtet.«

»Was willst du denn damit sagen?«

»Dass ich dir sehr verbunden wäre, wenn du diese Nacht mehr einatmen als ausatmen würdest.«

»Kann bei solch einem Prime Client Event ja keinen Sirup trinken. Eines kann ich dir sagen: Ich hätte mir lieber einen gemütlichen Abend mit dir zu Hause gemacht.«

»Ich hätte mir lieber einen gemütlichen Abend im Elbpanorama gemacht und mir achtlos das Menu surprise hineingeschaufelt.«

»Für mich waren es ja Überstunden.«

Leni lacht höhnisch. »An deiner Stelle würde ich die Gewerkschaft einschalten! Du Armer, dazu noch acht Gänge runterschlingen, das ist ja auch eine körperliche Anstrengung.« (Die Leute sollen ruhig wissen, wie ich hier privat behandelt und verhöhnt werde.)

»Würdest du deine Maskelmusse jetzt ins Bett befördern?« (Leni und ihre verblüffenden alltagsphilosophischen Betrachtungen. Da wird aus der »Muskelmasse« schnell mal die »Maskelmusse«. Da war sie wieder, die Wortakrobatik à la Leni mit dänischem Akzent). Weiteres Beispiel gefällig:

Deutsch: »Das kann man sich auch einbilden.«

Leni: »Das kann man sich auch einlügen.«

Ich knipse das Licht aus (komme aber vor Lachen nicht in den Schlaf)!

Glücklich, wieder zu Hause zu sein. Nach diesem Wochenende benötige ich zum Runterkommen mindestens ein paar Wochen therapeutisches Delphinschwimmen.

9. Uhlemann spannt aus

Ich bewundere Leni dafür, dass sie morgens in 20 Minuten Kaffee getrunken, geduscht und sich angezogen hat. Ich dagegen brauche erst mal 30 Minuten, um zu wissen, wer ich bin.

Um mich von anstrengenden Lesereisen quer (weniger kreuz) durch die Republik angemessen zu erholen, hatten wir eigentlich eine einwöchige Tour nach Mallorca geplant. Das verfluchte Virus verstand es auch dieses Mal hervorragend, uns kurzfristig auszubremsen und Mallorca kurzerhand zum Risikogebiet zu erklären. Die dritte Reise in diesem Jahr, die dieser Pandemie zum Opfer fiel. Dazu gehörte auch schon unsere geplante Reise zur Buchmesse in Leipzig im März. Mit der Präzision einer Fliegerstaffel grätschte uns Corona dazwischen. In Fachkreisen nannte man mich nur noch Don-Storno.

Von daher: Warum nicht das eigene Land bzw. das, in dem man wohnt, näher kennenlernen? Wenn nicht jetzt, wann dann? Schließlich gab es ja auch noch genug zu entdecken.

Borg Wikingerhafen haben wir jetzt seit knapp 10 Jahren aufgeschoben (kann man ja immer machen), im Norden stand der Umzug eines Leuchtturmes an, mit Schwiegervater Wolfgang, aktiver Angler, war schon seit Längerem (um genau zu sein seit 10 Jahren) eine »Hochseeangeltour« auf der MS-Solea geplant sowie ein Besuch auf Fanø bei Jesper Danneberg Voss, besser bekannt als der Oyster King.

Hvide Sande ist »reset«, Zeit zum Ausspannen, einfach mal ausbrechen, die Seele heilen lassen. Leni hatte sich extra dafür ein Anti-Stress-Malbuch für Erwachsene zugelegt. Über den Rand gemalt! Ausgerastet! Ich zwinge mich, mein

Gesicht in mitfühlende Falten zu legen. Die Malbuch-Variante führte somit nicht zum gewünschten Effekt. Alle sind nur noch gestresst, gerade in diesen Pandemie-Zeiten. Stress wird immer mehr zur Modedroge Nummer eins, wer auf der Arbeit nicht unter Stress steht, wirkt irgendwie ersetzlich. Wir versuchen, uns gegenseitig unter den Tisch zu stressen. Jemand, der nicht gestresst oder überlastet ist, macht einen Job, den auch andere erledigen können. Zum Glück gehöre ich nicht zu der Spezies, die um fünf Uhr früh aufwacht und darüber nachgrübelt, worüber sie bis 23 Uhr nachgrübeln könnte. Mit »Abschalten« hatte ich zum Glück nie ein Problem.

Dennoch, jetzt auch noch Mallorca storniert. Was hätte uns das gutgetan! Pool, Cocktail, Strand. Aber wenn wir was vor der Haustür haben, dann die Playa – ab zum Strand war unser Motto an diesem wirklich heißen Sommertag im September (wer jetzt noch Hand in Hand läuft, liebt wirklich). Hier ist so viel Nichts, hier findet jeder seine Einsamkeit.

Cala Hvide Sande – Holmsland-Hawaii

Ich stehe an unserer Mole am Strand, von meiner Haut perlt das Salzwasser. Lenis Badeanzug, etwas knapp geschnitten, sie kann es sich leisten, ich entdecke kein Gramm Fett. Ich dagegen habe etwas dünne Beine im Verhältnis zum Rest. Ja, solch einen Körper bekommt man nicht in die Wiege gelegt. Er erfordert wenig Sport, viel Schokolade sowie Vernachlässigung in voller Konsequenz auf höchstem Niveau. Ich verdanke diese Corona-Pocke dieser verdammten Pandemie. Nach dem ersten Lockdown war bei mir die Luft ein wenig raus. Unter dem Brustkorb, dort, wo sonst ein Sixpack-Muskel war, befindet sich jetzt ein weißer schwammiger Bauch. Er hat noch nicht mal mehr was von Restmuskelerhaltung. Mir fliegt ein bunter Wasserball entgegen, bekomme ihn zuerst nicht zu fassen, versuche, ihn dann mit der Faust zurückzuschlagen. Dabei stoße ich mich im weichen Sand ab und steige hoch hinauf in den tintenblauen karibischen Himmel. Leni jauchzt und klatscht. Ich werfe Leni eine Kusshand zu und verspreche, beim nächsten Mal eine Spirale sowie eine eingesprungene Figur vorzubereiten.

Mein Nebenmann, eine antike Bronzestatue, der mich wohl als abschreckendes Beispiel dafür beobachtet, was passiert, wenn man nicht mindestens sechs Monate vor dem Strandurlaub täglich zwei Stunden mit Gewichten arbeitet. Leni sieht neben mir wirklich gut aus, was ihr leichtfällt, nicht nur weil sie ein paar Jahre jünger ist. Ich muss ihr zugutehalten, dass sie einen Teil meines Einkommens nicht dafür verwendet, diesen Abstand noch zu vergrößern. Ich warte auf den coolen Typ, der die Bretter fürs Stand-Up-Paddling vermietet, Leni hat dieses administrative Problem gekonnt an mich delegiert – sie schläft bereits. Wenn Leni »Keine Widerrede« sagt, ist das keine scherzhafte Floskel, sondern eine Art elftes Gebot. Stahlblau der Himmel, nur Richtung England ein paar Wattebäusche, die Temperaturen liegen für hiesige Verhältnisse bei unfassbaren 28 Grad. Meine Bademode: Stilbruch als Stil. Sie zeugt von einer überschäumenden Freude an Farben und Mustern. Es handelt sich bei uns einfach um die Betonung des Schönen (Leni) durch den Kontrast des Unschönen (ich). Vergleicht man in dem Moment beide Geschlechter, ist der Mann etwas höchst Unvollkommenes. Leni fühlt sich körperlich sowie gesichtstechnisch neben mir ziemlich wohl. Auf intellektueller Ebene vollzieht sich das genauso – Leni umgibt sich gerne mit Männern, die ein klein wenig dümmer sind als sie, dann fühlt sie sich ziemlich gut. Als ich mich vor knapp einer Stunde mit dieser Badehose kleidete, murmelte Leni etwas, das wie »endgültig übergeschnappt?« klang (ich laufe Trends immer mindestens ein halbes bis ganzes Jahr hinterher). Meine Leistungsgrenze liegt zurzeit bei fünf Liegestützen.

Die Nordsee, ich bin auf etwas Kühles gefasst. Dass es so kalt sein würde, dass ich fast schreie wie ein Kind im Nichtschwimmerbecken, hat mir keiner gesagt. Bibbernd ziehe ich mich zurück, ein Manifest der Männlichkeit. Ich drücke Leni einen sanften Kuss auf. »Du stichst!«, stellt sie fest. Ein Manifest der Zärtlichkeit. Es ist dieser kritische Zeitraum, den jeder Mann kennt, zwischen unrasiert und Fünftagebart ohne grundsätzliche Diskussion zu überbrücken. Bei mir ist die Phase noch kritischer, da sich auch am sechsten oder siebten Tag die Stoppeln nicht zu einem Gesamtbild schließen möchten. Gerne trage ich es so, mit einem Hauch ins Mediterrane, mit einem Touch ins Intellektuelle. Ich stelle fest, mein Körper entwickelt sich zu einer Gesamtbaustelle. An meinen Beinen dagegen ist nicht viel dran, Porreepiepen ist der richtige Ausdruck für meine Beine, Oberschenkel, die in ein Paar geradezu knabenhafte Unterschenkel auslaufen. Im Grunde ist mein Hängebauch nur entstanden bei dem Versuch, mir dicke Oberschenkel anzufressen. Die Kalorien kommen gar nicht erst in diese unteren Körperregionen. Der Bauch – keine Frage, ich musste was tun, die Beweise hier am Strand liegen zu deutlich vor. Egal, mit Liebe betrachtet ist alles schön. Die ersten grauen Bartstoppeln sind zu sehen, sichtbares Zeichen einer stabilen Persönlichkeit. Je älter man wird, desto besser war man früher. Das ist der Betrug des Alters.

Ich würde mich schon als Strandmenschen bezeichnen – Geduld ist vorhanden, Körperbau zurzeit weniger, von der erotischen Komponente ganz zu schweigen – dennoch, ich kann durchaus mit Begeisterung stundenlang am Strand oder Pool dösen.

Leni stellt mir ein Biermixgetränk neben die Decke in den Sand (fehlt nur noch ein Hot Dog vom Dealer meines Vertrauens), fährt mir durch die Haare. Nun schreitet Leni Richtung Nordsee, gleitet pfeilgerade in den glatten Meeresspiegel und schwimmt Slalom zwischen den nicht ganz so makellosen Körpern, verspielt wie ein junger Delphin. Ich schaue ihr gerne beim Leben zu. Ihr Haar glitzert in der Sonne, von ihrer geölten braunen Haut perlt das Salzwasser. Anschließend trocknet sie sich ihre makellos gebräunten Beine. Dabei betreibt Leni noch nicht mal Sport und hat dafür auch eine einfache Erklärung: »Wer Sport betreibt, lebt im Schnitt fünf Jahre länger. Aber was bringen mir die fünf Jahre, wenn ich bis dahin 10 Jahre von meinem Leben mit Sport beschäftigt bin?«

Ein paar Meter weiter lässt sich eine Kleinfamilie nieder (der Strand ist ja nicht groß genug). Der Typ hatte diese Gesichtsfarbe, bei der man sich fragt: Gemütsmensch oder Choleriker? Bingo, es war der Choleriker. Nach wenigen Sätzen wusste man: Sein Selbstbewusstsein hatte die Dimension seiner Wampe, das konnte nicht gesund sein. Bauch dick, Haare licht, das Gesicht läuft harmonisch nach hinten aus. Er floskelt sich mit unbeirrter Ausdauer durch den Small Talk, reißt die Aufmerksamkeit gerne lautstark an sich, immer weiter auf allgemeiner Aufmerksamkeit beharrend. Oft enden seine Sätze mit einem »Weißt du, was ich meine«, »Ihr wisst schon«, »Wichtig ist, dass wir mit einer Stimme sprechen«, sagt er und meint die seine. Debatten gewinnt er stets durch eine simple Taktik – wer anderer Meinung ist, den lacht er aus. Ab und an scheint er überfordert von der Aufrechterhaltung des Bildes vom Typen, der alles geregelt kriegt (bei der Luftmatratze stößt er an seine Grenzen). Er fläzt sich im Genitalspagat auf die Decke, in einem glaubwürdig-autokratischen Ton pfeift er seine Frau heran. Ein derart selbstbewusst vorgetragenes Kommando lässt keinen Interpretationsspielraum. Die arme Frau hat in dieser Ehe ungefähr so viel zu sagen, wie einst Maren Gilzer beim »Glücksrad«. Emotion bedeutet halt oft Komplikation. Ich finde, die beiden gehören eigentlich behördlich getrennt, ich kann den beiden nur von Herzen eine Trennung wünschen, alles andere wäre gemein. Meine Mimik, im Erschrecken stehen geblieben, löst sich nur langsam.

Ein paar Fliegen balgen sich um unsere Hot Dogs, Möwen zuckeln geschmeidig durch den Nachmittag. Hvide Sande, 15 Uhr, die Frisur sitzt … normalerweise nicht! Ein flotter Gang, ein heftiges Nicken, ein laues Lüftchen haben verheerende Auswirkungen auf die Anordnung meiner seidenfadenähnlichen Haare, die meine Frisur bilden. Wann hat man in Hvide Sande schon mal weniger als ein laues Lüftchen? Die kritische Zone im Scheitelbereich bedarf ständiger konzentrierter, routinierter Nachbearbeitung. Nicht so heute, heute weht nicht mal ein laues Lüftchen. 2 bis 5 % aller Tage im Jahr bezeichnet man hier an der Westküste als windstill. Heute ist einer dieser Tage.

Energiebeladen schnelle ich in einer pirouettenartigen Bewegung von der Decke und begebe mich zur Waterkant, träge Wellen umspielen meine Knöchel, spüre, wie das Meer den weißen Sand unter meinen Fußsohlen wegspült. Ich bewege mich im Zeitlupentempo des Tai Chi. Das »Eiswasser« brennt auf meiner Haut wie Pommes-frites-Öl.

Das Meer tanzt in der untergehenden Sonne, Wellen brechen am weißen Strand, was für ein Kitsch. Kitsch, den man in karibischen Katalogen vermutet, doch bietet sich diese Kulisse direkt vor unserer eigenen Haustür, unser Holmsland-Hawaii. Ein Seehund, das Symboltier der Nordsee, streckt kurz neugierig seinen Kopf zum Wasser hinaus. Alle Umstehenden sind ganz entzückt: Diese Knopfaugen, diese Hundeschnauze. So süß! Und ein gutes Zeichen, denn der Seehund ist auch ein Indikator für die Qualität des Wassers. Viel mehr als eine saubere Nordsee braucht so ein Seehund eigentlich nicht. Und natürlich seine Ruhe vor allzu neugierigen Touristen. Deutlich schlechtere Sympathiewerte hat dagegen das andere Symboltier der Nordsee: die Möwe. Das Verhältnis zwischen Mensch und Möwe ist nicht ganz spannungsfrei, man denke nur an deren ätzenden Kot. Ich muss gestehen, ich mag diese schreienden Vögel der Küste. Es sind imposante Tiere mit teils beträchtlicher Flügelspanne und mit ihrem roten Punkt am unteren Ende des Schnabels. Die wenigsten wissen, dass dieser rote Punkt einen praktischen Nutzen hat, es ist der sogenannte »Futterknopf«. Die Jungtiere wissen: Picken sie gegen diesen Punkt, bringt der elterliche Schlund Nahrung hervor. Zum Glück haben sich unsere Möwen noch nicht darauf spezialisiert, den Leuten den Hot Dog oder die Eiswaffel zu klauen. Dieses snobistische Verhalten kenne ich nur von den Möwen auf Sylt.

Schöner hätte ein Strandtag an der Cala Agulla auch nicht sein können.

Bork Wikingerhafen

Morgen gehts nach Borg Wikingerhafen, ein paar alte Wikinger besuchen. Ich glaube, ich freue mich. Über Nacht träumte ich von nordischer Mythologie: Ich ziehe in beeindruckender Manier das Schwert aus dem Denkmal »Schwerter im Fels« (*Sverd I fjell*). Hier in Stavanger, an diesem historischen Ort, vereine ich mit Harald Schönherr im Jahr 872 Norwegen zu einem Königreich.

»Auf gehts, die Wikinger sind los«, wurde ich kurz vor der Eroberung der Normandie von Leni unsanft geweckt. Nach 35 Fahrminuten waren wir im Mittelalter angekommen.

»Gott zum Gruße, edler Recke und stolzer Wikinger aus edlem Geschlecht. Es ist mir eine Freude, Euch hier zu erblicken«, trat mir der »Türsteher« mit cremefarbigen Rüschenhemd und Pluderhosenbeinen, versteckt in Stulpenstiefeln, vorm Eingang entgegen. »Ihr« und »euch«, ich dachte, in Dänemark duzt man sich? Fast erwiderte ich: »Kollege, dein Antlitz bringt mich dem Speien nahe. Schweig still, du Narr.« Ich unterlasse es und bezahle die 35 Eurotaler für mich und Leni passend. Immerhin hatte er eine Stimme, mit der er Clint Eastwood synchronisieren könnte.

»So seid Ihr willkommen und tretet ein!«, mit großer Geste wird uns Einlass gewährt. Der unverkrampfte Umgang mit anderen ohne Scheu vor Widerworten, das kannte ich aus dem Ruhrgebiet. Mein Repertoire an Wikingergesten ist beschränkt, also mache ich einen Knicks und hüpfe über die Eingangsschwelle in eine andere Zeit. Willkommen im Bork Wikingerhafen, in dem viele als Wikinger Verkleidete große und kleine Besucher mit in die Vergangenheit nehmen. Zu erleben sind Speer- und Axtwerfen, spektakuläre Schaukämpfe, Wikingermutproben, Waffenkunde sowie lustige Gauklerei, von der wir uns schon am Eingang einen Eindruck verschaffen durften. Händler bieten hier ihre Ware an, zahlreiche historische Handwerke, wie Schmiedekunst und Schild- und Bogenbau sind zu bestaunen.

Über Nacht hatte ich ja bereits versucht, mich adäquat auf die Reise in die Vergangenheit vorzubereiten, aber jetzt spürten wir so richtig die Atmosphäre wie vor 1000 Jahren.

Traditionsbewusste Menschen, u. a. stilechte Gaukler, Musikanten und Folterknechte, kleiden sich wie vor vielen Hundert Jahren, adaptieren die Sprache von damals und bieten Waren aus der alten Zeit. Als Freund maßgeblicher Errungenschaften der modernen Zivilisation habe ich Mittelaltermärkte bisher gemieden, bei der Zeitreise in die faszinierende Welt der Wikinger mache ich gerne eine Ausnahme.

Der erste Holzschwert schwingende Rollenspiel-Wikinger mit Spitzbärtchen lässt nicht lange auf sich warten und fordert mich zum »Kampf«. »Werter Herr, drängt Euch eine Frage? Nur frisch heraus damit. Bedürfet Ihr eines Rates?« Eigentlich nicht, trotzdem erwidere ich höflich: »Hallo Faxe, es ist mir eine Freude, Euch hier zu erblicken. Wie können meine bescheidenen Fähigkeiten Euch von Nutzen sein?« Etwas irritiert schaut mich Faxe an und drückt mir unaufgefordert ein Holzschwert in die Hand. »Wohin des Weges?« Eigentlich hatte ich ja den Gløgg-Stand anvisiert, anscheinend muss man sich diesen erst erkämpfen. Nun stand mir dieser Hüne aus grober Baumwolle, ein paar Holzschuhen, einem Lederbeutel für die Silberlinge sowie einer schräg sitzenden Lederkappe (nur diese randlose Brille von Fielmann irritierte ein wenig) schwertschwingend gegenüber. An der Vorderseite seines Schwertes erkenne ich einen Spickzettel, ein Post-it mit Wikinger-Floskeln. Ich versuche, ihn mit einem »Schau, dort vorne, eine Hexenverbrennung« abzulenken, was mir nicht ganz gelingt. Wenige Sekunden später bin ich wohl geschlagen, als Trostpreis darf ich das Holzschwert behalten, was ich mir gekonnt zwischen den Ledergürtel schiebe, fotografisch festgehalten von Lenis mittelalterlichem I-Phone 7. Der junge Däne mit seinem struppigen Haupthaar und dem blonden Flaum am Kinn sah nicht älter aus als 18, seine verabschiedenden Worte auf Dänisch, Deutsch und Englisch beeindruckten mich allerdings nachhaltig. Wir wurden Zeuge seiner Coolness.

Es schreit und raucht aus unzähligen Hütten und Zelten (die Gebäude sind nach Funden aus verschiedenen Regionen Dänemarks rekonstruiert), im Steinofen wird Brot nach mittelalterlicher Rezeptur gebacken, eine Kutsche fährt winkende Kinder herum, ein Feuerspucker zeigt sein Können. Ich gönne mir einen köstlichen Lappen eines tierischen Erzeugnisses sowie einen Humpen von Gerstensaft und ziehe kauend weiter. Ein kleiner Stand, betrieben von einem alternativen Pärchen, bietet eine beachtliche Auswahl an Wikingerkleidung. Das Schild »Die neuen Trends der aktuellen Wikingermode« bringt mich zum Schmunzeln, für mich inspirierende Logik. Das wird sich bestimmt durchsetzen, die Modetrends der Sechziger, Siebziger und Achtziger kamen ja alle zurück.

Man riecht, schmeckt und fühlt die gesamte Veranstaltung, das Eintauchen in eine vergangene Zeit fasziniert. Dank der vielen Wikinger hier, die diese Form der Kultur treffend leben, kann man das Lagerleben so authentisch wie möglich entdecken. Eine Kombination aus historischen, hochwertigen Handwerksvorführungen, einem authentischen Lagerleben, einem kulturellen Rahmenprogramm sowie der pädagogisch-empathischen Präsentation der Beteiligten (meinen Schwerkampf, in dem ich mich pädagogisch nicht wertvoll vertreten sah, mal ausgeklammert). Mitmachen ausdrücklich erwünscht. Was ich vermisst habe: Ponyreiten sowie trinken aus Wikingerhörnern. Auch hätte ich gerne am Opferplatz den Göttern ein Opfer gebracht – man kann nicht alles haben.

Dennoch kann ich festhalten: Kurzweiliger Besuch für Wikingerfans und die, die es noch werden wollen, perfekt inszenierte lebende Geschichte von Wikingern in Friedens- und Kriegszeiten, vor und nach der Christianisierung. Leni und ich fühlten uns wie Wickie und Snorre (ich liebe diesen geheimnisvollen und kraftvollen Klang der Namen dieser Zeit).

Vom »Türsteher« verabschiede ich mich gebührend: »Auf Wiedersehen, Ihr sonderbarer Gesell, gehabet Euch wohl. Habet Dank.« Keine Angst, die wollen nur spielen! Das nehmen die nordischen Wikinger-Horden in Bork Havn allerdings durchaus ernst.

Abends lasse ich mich in meinen BoConcept Fernsehsessel fallen und denke: Manchmal ist die Neuzeit eben doch ganz dufte. Leni bedankt sich auf ihre Art: »Vielen Dank für diesen schönen Tag, mein Wikingerhengst.« Mein Mund verzog sich zu einem zufriedenen Alpha-Mann-Lächeln. Jeder wünscht sich doch einfach nur, der wichtigste Mensch im Leben eines anderen zu sein. Träumte ich morgens noch von Harald Schönhaar und einem Königreich in der Normandie, fallen mir mit Gedanken an Wickie die Augen zu.

Hochseeangeln

Schwiegervater Wolfgang bedrängte mich seit Jahren mit dem Abenteuer Hochseeangeln. Bisher fand ich stets plausible Gründe, mich von diesem Abenteuer zu distanzieren:

Zu kalt, zu warm, der Luftdruck fällt, zu früh, zu spät, es regnet, die Sonne scheint, es ist windig, es ist Frühling – Sommer – Herbst – Winter!

Bisher fiel ich nur mit fachkundigen Bemerkungen auf wie: »Wer nicht angelt, kann auch keinen Fisch fangen.« Doch in dieser meiner freien Woche war ich fällig. Auch mit dem Angebot, ich kaufe für den Preis der Ausfahrt ordentlichen Fisch, konnte ich das Ruder nicht mehr rumreißen. Wolfgang wollte mich scheitern sehen.

Zum Angeln lasse ich mich nur überreden, wenn mir zum schönen Plätzchen am See auch eine Flasche Wein geboten wird.

Wolfgang war nach der Auswanderung nicht nur ein paar Jahre zur See gefahren, er war auch begeisterter Angler. Was liegt da näher, als mit der MS-Solea (Schiff mit Tradition) auf hoher See die Angelrute auszuwerfen.

Die MS-Solea, die im Hafen von Hvide Sande vor Anker liegt, hat alle notwendigen Zulassungen für die Beförderung von Passagieren vom dänischen Seefahrtsministerium. Das kundige Bootspersonal gewährleistet den tierschutzgerechten Umgang mit den Fischen und wacht über die Einhaltung von Schonzeiten und Mindestmaßen. In der Saison werden regelmäßig Hafen- sowie Angeltouren angeboten. Laut Wolfgang kennt Skipper Henning die Nordsee wie seine Westentasche und kennt selbstredend die besten Stellen zum Angeln. Henning hat wohl vielen Anglern zum Fang ihres Lebens verholfen. Unser Schicksal liegt nun in den Händen von Henning, der aussieht, wie ein richtiger Fischer eben aussieht: auf dem Kopf die unvermeidliche Strickmütze, am Leib ein warmes Flanellhemd und dazwischen ein rotwangiges Gesicht. Wenn Hennings Gesicht im Blickfeld auftaucht, eher aufgeht, denkt man unwillkürlich an Vollmond, an Morgensonne, an reife Tomaten und Melonen. Rot, rund, saftig. Unter der Strickmütze mager verteilt: dünner Babyflaum, akkurat über die Platte gescheitelt. Sein Haupt ruht dabei fest auf einem kurzen breiten Hals. Dabei lächelt er freundlich in die Welt hinein und ist stets zu einem Schwätzchen bereit. Er wirkt wie ein gutmütiges Männlein, das wunderbar in jedes sonntägliche Kaffeekränzchen passt. Die MS-Solea ist ein traditioneller Fischkutter mit moderner Fischfinderausrüstung und wird jedes Jahr von der dänischen Schiffskontrolle inspiziert und zertifiziert. Allerdings: kein Verkauf von alkoholischen Getränken an Bord, selbst das wird mir noch genommen.

Morgens um halb sieben im Hafen von Hvide Sande. Wolfgang, Profi im entsprechenden Outdoor-Outfit, rückt mit seiner Ausrüstung im Wert eines Mittelklassewagens an. Zwei Ruten, Kisten, Köfferchen, ein großer Käscher, geschärfte Messer, Blinker (Ersatzblinker) etc. Die Zusammensetzung der Passagiere: bunt gemischte Petrijünger, hauptsächlich Angelfreunde aus dem deutschsprachigen Raum. Genau das steht für Wolfgang neben dem Fischefangen bei einer Kutterausfahrt im Fokus: die Geselligkeit. Der Austausch mit anderen über Geräte, Montagen und Techniken. Mit wissenschaftlicher Akribie Fragen klären wie: Zieht der Fisch bei 15 Grad Wassertemperatur den grünlichen Blinker dem gelblichen vor, oder bei 13 Grad den gelblichen dem pinkfarbenen? Das »Farbspiel« richtet sich nach dem, was Dorsche fressen. Spielt dabei der Gummischwanz auch beim langsamen Ziehen verführerisch, werden die Dorsche weich und attackieren den angebotenen Köder. Aus diesem Grund sollten für eine gelungene Tour auf dem Kutter Gummis in roten, orangenen, ölfarbenen und schwarzen Tönen auf jeden Fall in der Angelbox zu finden sein. Ganz wichtig dabei:

dem Fisch etwas Sichtbares und Bewegliches vor die Nase halten. Aha! Ich denke mir: Dem Fisch ist meine Ausrüstung wohl relativ egal. Ich meine, womit hat man vor 1000 Jahren geangelt, den Beruf des Fischers zu damaligen Zeiten belegt nicht nur die Bibel. Wie kam man in der Steinzeit ohne Fischfinder auf Echolotbasis und ohne elektrische Bissanzeige zurecht? Was hat man im Mittelalter ohne zwölffach kugelgelagerte Rollen angestellt?

Unter lautem und durchdringendem Schiffsgehupe gibt Henning (sein Gesicht zeugt von langen Ausflügen in der rauen Natur) das akustische Signal zum Auslaufen, vorsichtig manövriert er den Kutter in Richtung Fahrrinne. Die Flaggen im Wind, die blaue Reling, so muss ein Kutter kuttern. Unsere Hochseeangeltour startet um Punkt 7 Uhr. Dafür kann es keinen vernünftigen Grund geben. Im Hafen selber finde ich das noch ganz entspannend, ein wenig mulmig wird mir, als das offene Meer vor uns liegt. Herrscht im Hafen noch T-Shirt-Wetter, sorgt das offene Meer sofort für Umbauarbeiten in Sachen Kleidung. Wolfgang, Abonnent der Anglerzeitschrift »Blinker«, konnte es kaum erwarten und freute sich auf einen dicken Fang auf hoher See. »Das wird zur Sucht und ist einfach ein Kick, große Fische zu fangen«, beschreibt er das Besondere am Hochseeangeln. Dabei geht es heute auf die Jagd nach Dorsch. Größere Dorsche halten sich gerne im tiefen Wasser auf. Wenn eine Tiefe von 100 Metern erreicht ist, stehen die Chancen gut, ein paar Dorsche heraufzuziehen.

Vesterhavet, Westmeer, nennen die Dänen die Nordsee, die ihre Heimat formte. Raues Klima, herzliche Menschen. Nordsee, ein Revier mit tückischen Untiefen, Gezeitenströmen und auflandigen Winden. Sand, Salz, ständig im Wandel. Wattenmeer von der dänischen Küste bis Blåvandshuk.

Hvide Sande – der erste Hafen nördlich des Wattenmeeres. Die Nehrung vor dem Ringkøbing Fjord, der Holmsland Klit, nur auf Sand gebaut, ständig der Brandung ausgesetzt und gepeitscht von den Stürmen der Nordsee. Hvide Sande, früher auch Eisenküste genannt, nur die härtesten Seeleute kamen hier durch. Zwischen Hvide Sande und Handsholm im Norden herrschen bei Sturm die härtesten, extremsten Wetterbedingungen in ganz Dänemark, weil die Wellen vom Atlantik ungehindert auf die Küste treffen.

Bisher kannte ich mich zwar nur mit panierten Fischstäbchen auf dem Teller aus, aber mit Wolfgangs Profi-Rute sollte das doch machbar sein. Angestrengt versuchte ich, in die Macho-Domäne Angeln vorzudringen, und hörte Wolfgang andächtig zu. »Tim, du Pantoffelheld, jetzt zeig mal, was in dir steckt. Jagen, egal ob auf dem Land oder im Wasser, das ist die Berufung des Mannes, von der Evolution für ihn erdacht. Hier findet er Herausforderung und Erfolg. Wenn ich dir in die Augen schaue, sehe ich allerdings nur Scheitern. Angeln ist Meditation und Seelenreinigung.« Angeregt von so viel Pathos war ich zum Fang meines Lebens bereit.

Gemächlich tuckerten wir aus dem Hafen heraus, kaum die Mole passiert, wird der Seegang lebhafter, der Wind frischer. Mit halber Kraft pflügt Henning die MS-Solea solide durchs kabbelige Wasser Richtung Jagdrevier. Die Wellen bauen sich auf und klatschen gegen den Rumpf, angestrengt fixiere ich den Horizont, das soll helfen. Die ersten Kaugummis gegen Seekrankheit gehen rum, die Herrschaften beginnen eifrig zu kauen. Das Einzige, was dieses Schaukeln bei mir bewirkt, ist einlullende Schläfrigkeit. Hätten wir nicht einfach einen Ausflug zum Fischerei- und Seefahrtsmuseum in Esbjerg machen können? Ich lasse mich auf den Kampfstuhl sinken und bleibe besonnen, in der Ruhe liegt die Kraft. Zum Aufwärmen und zur Stärkung serviert Wolfgang erst mal einen deftigen Eintopf für enthusiastische Angler, während wir auf ein unvergessliches Erlebnis mit einem kampflustigen Dorsch warten.

30 Minuten später drosselt Henning die Maschine und überlässt das Steuer seinem jungen Assistenten, wir haben unsere Fanggründe erreicht. Hier sind wohl die großen Dorschschwärme auf Nahrungssuche. Der Skipper erklärt uns, dass es sich bei den heimischen Fischarten um Kaltwasserfische handelt. Daher ist zumindest in der warmen Jahreszeit die Hochseefischerei dem Brandungsangeln vorzuziehen, da die Fische sich in die kalten und tiefen Regionen zurückziehen und diese sich mit dem Kutter selbstredend besser erreichen lassen. Henning ist ehemaliger Erwerbsfischer mit eigenem Fischkutter in Hvide Sande und großer Erfahrung hinsichtlich des Lebens und Arbeitens auf dem Meer. Er sorgt dafür, dass zur Kühlung der frisch gefangenen Fische Eis an Bord ist, die sofort an gut eingerichteten Reinigungs- und Filetiertischen mit fließend Wasser ausgenommen und gereinigt werden können (ein Wellness-Hotel wäre mir in diesem Augenblick eindeutig lieber gewesen). Nun waren wir also an der fischversprechenden Stelle angekommen, eigentlich wollte ich noch gar nicht so recht raus aus meiner Gemütlichkeit. Anders alle anderen: Mit dem ersten Glockenläuten stürmten sie alle an die Reling und hielten ihre Ruten ins Wasser.

Auch Wolfgang ist jetzt nicht mehr zu bremsen und erklärt mir Novizen zunächst den Köder: »Diese metallisch glänzenden Kunststofffische nennt man Popper. Diesen Popper, auch Wobbler oder auch Kona-Heads genannt, gibt es in vielen verschiedenen Formen und Farben und für unterschiedliche Fischarten. Der natürlich aussehende Köder aus bunten Gummifasern mit Kopf und Augen verspricht auf dem offenen Meer den größten Erfolg. Schön die Spule abwickeln und an der Klampe befestigen.« Popper, Wobbler, Kona-Heads, Klampe? Ich gucke wie eine große Tennislegende bei der Steuererklärung. Elegant wie ein Golftrainer demonstriert Wolfgang anschließend den richtigen Schwung mit der Profi-Rute, die angeblich über 1000 Euro gekostet hat. Die Schnur spult surrend von der Rolle und lässt den Köder weit aufs Wasser hinausschnellen. Die 1000 Meter lange Leine ist aus dehnbarem Polyamid, damit rasante Fluchtversuche der Fische abgefedert werden.

»So, min Jung, auf gehts, Hochseeangeln ist keine Hexerei.«

»Würdest du nicht so viel schnattern, hätte ich schon längst ein paar stattliche Exemplare rausgezogen. Du verscheuchst mit deiner Performance die ganzen Fische«, erwidere ich etwas großspurig.

»Mit dieser Profi-Rute solltest selbst du einen Walhai angeln können«, lässt Wolfgangs Konter nicht lange auf sich warten.

Die Schnur der Rute verschwindet im kalten Nordseewasser, die Köder sind gesetzt. Jetzt heißt es warten. Während Angelfreund Wolfgang von gegrillten Filets mit Algensalat und Süßkartoffelgratin träumt, kreisen meine Gedanken um ein wohltuendes Schaumbad.

Die erste Viertelstunde vergeht und es passiert nichts. Selbst der Seegang beruhigt sich, was Wolfgang dazu veranlasst, Angler-Anekdoten zum Besten zu geben. In Norwegen hat er mal in ca. 300 Meter Tiefe geangelt. Dort hatte er einen Drill (für alle Angel-Dilettanten: der Kampf mit dem Fisch), der 25 Minuten gedauert hat, bis der Fisch an der Oberfläche war. Man lässt ihn immer mal wieder 30, 40

Meter weg, macht ihn müde, ein richtiger Kampf, nach dem die Arme richtig schwer sind. Doch dieser Kampf lohnte sich, zog er doch einen 1 Meter großen und 14,5 Kilogramm schweren Seelachs aus dem Gewässer. Wolfgang, der heimliche Kapitän dieser MS-Sonderbar. Andächtig lauschte ich seiner Anglerromantik, als eine Handvoll schwererziehbare Knaben samt Betreuer lautstark die Gründe ihres Pechs diskutierten und dabei brüllend mit ihrem Mobiltelefon arbeiteten. Erst prügelten sie sich ein wenig warm, um sich dann schreiend zu unterhalten. Das Problem war nur, dass sich die Gesprächspartner jeweils an zwei verschiedenen Seiten des Kutters aufhielten. Ihr Running Gag dabei: »*Fik du fisk*«, was so viel bedeutet wie »Schon was gefangen?« Die Rufe des Betreuers fielen nicht gerade auf fruchtbaren Boden. Erst als Wolfgang feinfühlig mit dem Vorschlag intervenierte: »Wir üben gleich das Mann über Bord-Manöver«, war Ruhe auf der MS-Romantik. Doch an den Ruten tat sich weiterhin nichts, langsam wurden meine Lider schwer.

Bevor es mir zu ruhig wurde, eröffnete ich den offenen Schlagabtausch mit Wolfgang auf der MS-Shitstorm: »Herrlich, solch ein Angelausflug. Stundenlang geduldig an einem Fleck lauern, bis man nichts gefangen hat.«

»Liegt wohl an deinem Parfüm. Brauchst schon eins, was bisschen nach Forelle riecht.«

»Mir würde ja schon ein kleiner Fisch reichen, habe eh nur kleine Pfannen zu Hause. Ob Kleine Fische, die durch die Maschen des Netzes hindurchfallen, wohl an Minderwertigkeitskomplexen leiden?«

»Herrje, du Hochseecowboy fängst mit Sicherheit selbst nichts mit meiner Profi-Rute.«

»Wäre es nicht klüger gewesen, in der örtlichen Räucherei zwei wohlgeformte Dorschfilets gekauft zu haben?«

»Das kann doch jeder. Noch an Bord filetieren und einfrieren, das gehört dazu. Gräten, die Rache der Fische, darfst du dabei persönlich entfernen. Das schaffst du schon, das Pilken ist eine einfache, leicht zu erlernende Angeltechnik, nicht umsonst sind selbst Kinder hier an Bord herzlich willkommen.«

Plötzlich schaute Wolfgang, im Wortgefecht flexibel wie eine Angelschnur, hoch konzentriert auf seine Rute 3000. Die Rute biegt sich, Zug kommt auf die Schnur, die Rolle läuft und schnurrt. Der Drill beginnt. Wolfgang kontrolliert eifrig seine Position, kurbelt ein bisschen, lässt ein wenig spulen und nach kurzer Zeit bricht aus dem schäumenden Kielwasser ein glänzender Dorsch durch die Oberfläche. So wie er kurbelte, hätte er auch großformatigere Tiere – ich denke an eine Kuh oder Ähnliches – an Deck geholt. Wie aus dem Nichts sind auch kreisende Möwen in Aufruhr. Ein gutes Zeichen, wie ich schnell lerne, denn kreisende Möwen sollen Fische anzeigen. Merkwürdig, denn in meiner Wahrnehmung war von den schreienden Wasservögeln zuvor nicht ein Exemplar zu sehen. Wie die das wohl machen? Wenige Augenblicke später landet der erste stattliche Dorsch im Fangeimer.

Während ich dem Fisch in die weit aufgerissenen Augen starre, schrecke ich auf und bin wie elektrisiert, wie aus dem Nichts biegt sich meine Rute. Kräftig und überhastet drehe ich unbedarfter Anfänger die Schnur ein. Verdammt! Die Kurbel hakt, zum Glück scheint der Fisch, oder was auch immer ich gerade an der Rute hängt (ich rechnete eher mit Sandalen, Autoreifen oder Kaffeetassen), nicht so stark zu sein. »Rücklaufsperre«, ruft Wolfgang vehement, was mich nur noch mehr überfordert. »Dreh!«, feuert mich der hünenhafte Mann weiter an und stürzt zu mir ans Heck, um nach der

Beute Ausschau zu halten. Ich war gespannt, was ich an der Angel hatte. Dem Widerstand nach konnte es mindestens ein alter Autoreifen sein. Zu meiner Erleichterung habe ich wirklich einen Fisch an der Rute kleben. Meine Augen heften an der Angelrolle, der schuppige Gegner reißt ein paar Meter Leine herunter, verbissen kurbele ich dagegen an. Dann geht alles ganz schnell, der schuppige Schnapper, übrigens ein Prachtkerl von Dorsch (der Wasserspiegel senkte sich bei der Aktion mindestens um einen Meter ab), klatscht dumpf aufs Teakholzdeck und schlägt wild um sich. Ein bisschen nervös war ich schon, obwohl ich geglaubt habe, Angeln sei gut für die Nerven. Ein nervenzerreißendes Duell mit einem kapitalen Dorsch, bei dem das Adrenalin schon ein wenig ins Blut schoss. Ich muss zugeben, dieses Jagen ist nicht wirklich meine Welt.

Mein Jagdstolz ist verhalten, ich empfinde mehr Mitleid mit diesem edlen Geschöpf. Schnell wird der Schnapper in die ewigen Fischgründe transferiert. Mir ist auf einmal eher nach Gemüse. Und das esse ich sonst nie. Die anderen Männer üben fleißig das Auswerfen der Popper-Köder, doch wahnsinnig viel bekommen wir alle nicht an den Haken. »Das Wasser ist ein bisserl zu unruhig, kein so günstiger Tag, da beißen die Fische eher schlecht«, dämpft Wolfgang die Hoffnung auf mehr Beute. Auch unser Skipper schaute ein wenig bedröppelt. Henning weiß, wo die besten Angelspots sind und durch ihr gutes Netzwerk im Hafen wissen sie eigentlich auch immer, wo man an einem bestimmten Tag hin muss, um Fische anzutreffen. Bei ruhigem Wellengang kommen wohl in regelmäßigen Abständen schöne »Küchendorsche« mit Gewichten von 2 bis 3 kg an Deck.

Für Wolfgang ist das Hochseeangeln das Nonplusultra des Angelsports, wenn man auf hoher See die Freiheit spürt, durch die Weite des Meeres pflügt und man sich in Geduld und Besonnenheit übt. Ja, interessant und spannend ist es sicherlich, den Reiz des Hochseeangelns verstehe ich allerdings immer noch nicht. Das anschließende Filetieren des Fisches entfachte ebenfalls keinen großen Angeltrieb in mir. Das mit Wolfgang eigentlich alles spaßig und zu einem Abenteuer wird, lag nicht nur an der kreisenden Gammel Dansk Flasche (heimlich von einem Unbekannten an Bord geschmuggelt).

Nach vier Stunden auf der See (das war die Light-Variante, es werden auch bis 20 Stunden angeboten) geht es mit dem Titanic-Kapitän mit Höchstfahrt zurück in den Hafen. Bei Ankunft im Hafen rechnete ich stark mit dem blauen Band für Skipper Henning, er hatte wohl auch zu viel am Gammel Dansk genascht. Zumindest greift er nun auch zu einer Bierflasche. In seiner Riesenpranke wirkt sie wie ein Fläschchen Kinderhustensaft. Kommt rum und stößt an. Ich wirkte inzwischen erstaunlich sicher, breitbeinig auf den Planken zu stehen.

Wolfgang hatte schon ein prima Rezept im Kopf. Und nobel wie ich war, überreichte ich ihm auch mein prachtvolles Exemplar von Dorsch und wünschte guten Appetit mit diesem ansehnlichen Stück Quecksilber. Kleiner Geheimtipp zum Schluss: Die besten Plätze an Bord befinden sich im Bug- und Heckbereich des Kutters. Von dort lässt sich unabhängig von Drift und Wellengang in fast alle Richtungen auswerfen.

Abends gönne ich mir eine heiße Badewanne und verarbeite die Tageserlebnisse (immerhin hatte ich mir keinen Haken in die Backe gejagt). Zumindest muss ich mir das Badewasser nicht mehr mit meinem Bruder teilen. Meine schlimmste Kindheitserfahrung ist, dass ich die Badewanne erst nach meinem Bruder nutzen konnte. Ab in die abgestandene, lauwarme Brühe, die zusätzlich noch mit Badeschaum dekoriert wurde, damit man den Schmandrand nicht sehen konnte. Ab durch diese weiße Wand und dann musste man mal gucken …

Petri Heil! Mein Gang schwankte auch zwei Tage später noch!

Leuchtturm Rubjeg Knude

Morgen ist es so weit, der Leuchtturm Rubjerg Knude zieht um, er wird aus seiner desolaten Steilhanglage befreit und 70 Meter in das Landesinnere versetzt. Es gibt mit Nr. Lyngby einen einsamen Ort hoch oben im dänischen Norden, wo die Natur ihre zerstörerische Kraft eindrucksvoll demonstriert. Anschauungsunterricht am Beispiel eines sterbenden Leuchtturms, eines über 100 Jahren alten Bollwerks aus Stein, gebaut, um den Elementen zu trotzen. Die Natur weiß zurückzuschlagen, erst hat sich der Sand die vier umliegenden Häuser des Leuchtturms geholt und jetzt bleiben dem Rubjerg Knude Fyr nur noch wenige Jahre, bis er die Steilküste runterkippen wird.

Vor einigen Jahren hat die dänische Naturbehörde den Leuchtturm für seine letzte Lebensphase wieder geöffnet, an seinem Lebensabend ist er noch mal für den Aufstieg geöffnet worden, um Lebewohl zu sagen, bevor das ganze Bauwerk, zusammen mit den Grundmauern der Nebengebäude, fast 70 Meter tief ins Meer stürzen wird. Richtig rausgeputzt hatte er sich noch mal: Der Weg zum Leuchtturm samt Parkplatz wurden ausgebessert, der Eingang wieder von Sand freigelegt und im Inneren ein neues Wendeltreppenhaus verbaut, über das die Besucher bis oben auf die Plattform zum Leuchtfeuer steigen konnten. Hier hat der Däne keine Kosten und Mühen gescheut und dem Leuchtturm noch einmal so etwas wie eine letzte Ehre erwiesen, völlig uneigennützig, ohne Eintritt zu verlangen (und was ist in Dänemark schon kostenlos), einfach nur so für die Menschen, die den Leuchtturm lieben gelernt haben. Die Menschen sollten Anteil nehmen, die Möglichkeit haben, sich zu verabschieden, quasi zu kondolieren. Einfach ein offener Turm, keine Tür, kein Kiosk, kein Eintritt, keine »Alles verboten!«-Schilder. Von den Besucherzahlen der letzten Jahre gesehen, scheint ein sterbender Leuchtturm auf einer Düne in den letzten Jahren seines Lebens beeindruckender zu sein als jedes Prachtschloss im kleinen Königreich.

Als der 23 Meter hohe Turm an der nördlichen Küste Dänemarks mit vier Nebengebäuden seinen Betrieb aufnahm (bei seinem Bau 1899 lag der Rubjerg Knude Fyr 200 Meter vom Ufer entfernt), waren die Schiffe auf der Nordsee noch auf Leuchtfeuer angewiesen, das bis zu 42 Kilometer weit zu sehen war, gebündelt von über 130 handgeschliffenen Linsen aus Frankreich. Schon einige Jahre später versandete der Küchengarten und bis in die 50er-Jahre wurden wöchentlich Sandfuhren weggebuddelt, teilweise große Unternehmen rückten mit schwerem Gerät an. Als die Düne 1968 mit über 50 Metern Höhe auch den Leuchtturm einschloss, wurde das Leuchtfeuer abgeschaltet (die Zeiten, als besoffene Norweger und Briten vor 1900 stumpf gegen die Küste segelten, waren ja auch schließlich vorbei). So ist es, wenn man einen Leuchtturm in die mittlerweile größte Wanderdüne Europas baut, die Zerstörungskraft einer Wanderdüne ist unaufhaltsam, heute bewegt sie sich jedes Jahr um fünf Meter weiter nach Nordosten. Ab 1990 gaben die vielen grabenden Hände auf, man stellte das Gebiet unter Naturschutz und ließ dem Sand freien Lauf. Das lässt sich solch ein prachtvolles Exemplar von verblüffend agiler Wanderdüne nicht zweimal sagen.

Ein paar Jahre später hatte der Sand so viel Strecke gemacht, dass die zuvor verschütteten Gebäude auf der anderen Seite völlig zerstört wieder auftauchten. Die Knude (Erhebung) nimmt, die Knude gibt wieder frei, allerdings enthält alles, was die Knude wieder ausspuckt, kein Leben mehr. Heute steht der Leuchtturm wieder frei, die Düne ist einmal über den Turm gewandert und weitergezogen. Die Natur hat sich das von Menschen geschaffene Bauwerk einverleibt, ausgesaugt, verdaut und relativ gleichgültig wieder ausgespuckt. Und dennoch wird der Leuchtturm sterben, nach so langer Zeit und so viel zerstörerischem Sand ist sein Ende nun fast greifbar. Irgendwie steht er auch nicht mehr ganz so stolz, als scheint er es zu wissen, dass das Ende naht. Da, wo heute die Sonne im Meer versinkt, werden in ein paar Jahren die Trümmer des Leuchtturms liegen. Ein Drama, all die Namen von Verliebten und Liebesbotschaften oder einfach nur der klassischen »Ich war hier«-Botschaften, in verschiedenen Sprachen, aus verschiedenen Jahrzehnten, im Treppenhaus in den Stein und den Putz geritzt, werden mit dem Turm in den Abgrund stürzen. Ein Museum des Lebens geht verloren.

So wäre es zumindest gekommen, wenn sich die Politiker der Gemeinde Hjørring nicht zusammengesetzt hätten mit der Idee, den Koloss zu versetzen. Nach den Plänen der dänischen Regierung sollten für das Projekt knapp 700 000 Euro bereitgestellt werden. »Wir hoffen, wir finden eine Firma, die das für diesen Preis machen will«, sagte Søren Smalbro vom zuständigen Ausschuss der Gemeinde damals dem dänischen Rundfunk. Sie fanden eine Firma.

Somit geht ein Leuchtturm auf Reisen, so was können sich mal wieder nur die verrückten Dänen ausdenken. Ich war zumindest verrückt genug, mir dieses Spektakel nicht entgehen zu lassen. Anderthalb Jahre haben dänische Ingenieure nun geforscht, geklopft und am Ende die entscheidenden Löcher ins Mauerwerk des Fundaments gebohrt – Löcher, durch welche die Schienen und Streben verlegt wurden. Nach anderthalb Jahren Rumtüfteln erklärte der leitende Ingenieur lapidar: »Alle haben ihr Bestes gegeben, auch ich. Wenn er umkippt, kippt er halt um. Dann haben wir es wenigstens versucht!« Bei dieser Aktion wird der 700 Tonnen schwere Leuchtturm angehoben, bekommt acht spezielle Rollschuhe und wird anschließend auf Schienen gesetzt.

Um 5 Uhr machte ich mich auf den Weg Richtung Nr. Lyngby, um 9 Uhr sollte es so weit sein. Die gute Nachricht bei Ankunft: Er ist noch da! Weder umgekippt noch abgeschmiert. Steht wie eine 1 am Horizont. Der Sand wandert weiter, unaufhörlich. Aber um den geht es ja heute nicht, heute steht allein der Leuchtturm im Mittelpunkt. Obwohl sich gefühlt die halbe Wanderdüne bereits in meinen Schuhen befindet, Schritt für Schritt rieselt der Sand der Düne aus meinen Schuhen. Ich stiefle bis zur Abbruchkante, direkt vor mir fällt der Sand metertief ins Meer ab, hinter mir türmt sich die Düne auf, mittendrin guckt der Leuchtturm ein bisschen hilflos auf das ihm nun blühende Szenario. Kein Handynetz, aber die Aussicht übers Meer ist herausragend schön. Kaum vorstellbar, dass das abfallende Ufer mal 200 Meter entfernt war und der Leuchtturm sich auf grünen Wiesen befand. Auf dem Dünenkamm erblicke ich Reste von Hecken aus Kiefernzweigen im Sand, welche die Düne nach 70 Jahren im meterhohen Sand wieder freigegeben hat. Rechtzeitig, um den Umzug mitzuerleben. Keiner will sich dieses Spektakel offenbar entgehen lassen. Immer mehr Menschen strömen herbei, wollen hautnah miterleben, wie der alte Turm mit seinen dicken Mauern auf Reisen geht. Schnell noch ein Selfie mit dem Riesen (Oh Gott, jetzt mache ich das auch schon). Der Sand, die Sonne, das Wasser und die Steine, alles reflektiert im flirrenden Labyrinth aus Licht und Schatten.

Dann, kurz nach 9 Uhr, die ersten Rufe, der Leuchtturm wird angehoben mit hydraulischen Hebezylindern. Acht spezielle Rollschuhe werden ihm verpasst, um ihn damit auf die Schienen zu setzen. Ein Bauunternehmen hatte zuvor bereits das Fundament des Turms mit großen, kräftigen Stahlträgern verstärkt. Exakt 9:47 Uhr war der erste Meter geschafft, Jubel brandet auf, die Ingenieure schauen stolz wie der Papst, verteilen High Five untereinander, die kritischste Phase des Umzugs war bewältigt. Spezielle Umzugsunternehmen, internationale Firmen, hatten mehrere Millionen Euro für den Umzug verlangt. Den Zuschlag bekam schließlich ein dänischer Maurermeister aus der Region, der die Idee zu den überdimensionalen Rollschuhen hatte. So blieb man nicht nur in dem von der Kommune veranschlagten Budget von 700 000 Euro, sondern hatte auch noch Geld über, dem Leuchtturm an seiner neuen Adresse einen frischen Anstrich zu verpassen. Dies erzählte der verantwortliche Maurermeister Kjeld Pedersen dem dänischen Sender DR nicht ganz ohne Stolz. Typisch dänisch fügte er noch hinzu: »Ich habe so viele Häuser gebaut, was sollte da schon schiefgehen. Aber ich sage, wie es ist: Ich habe vorher noch nie probiert, einen Leuchtturm zu versetzen. Mehr als umkippen kann er nicht.« Ich liebe diese stets relaxte, positive Sichtweise der Dänen. Das Mächtigste, was ein Mann besitzen kann, ist ein ausgeglichener, friedlicher Geist.

Der alte Fyr macht sich auf den Weg landeinwärts, weg vom Meer, das ihn zu verschlingen drohte. Die Umstände für diese Aktion waren sehr kompliziert und nun stand der Leuchtturm praktisch mitten in einem Riesen-Sandkasten, dieses wilde Stück Landschaft im ansonsten eher lieblich-zahmen nördlichen Dänemark. Diese Steilküste, von der letzten Eiszeit geformt, hier liegen die verschiedenen Schichten des Bodens, geformt aus Sand und Ton, nicht horizontal übereinander wie sonst, hier haben die Kräfte der Natur sie vertikal nach oben gedrückt, darüber haben sich Dutzende Meter Flugsand abgelegt, die eine anmutig wirkende Wanderdüne gebildet haben.

Das dänische Fernsehen war live vor Ort, auch die mittlerweile 70-jährige Tochter des letzten Leuchtturmwärters war gekommen, um dem Umzug beizuwohnen.

Warum eigentlich so kompliziert, dachte ich mir, und erinnerte mich an die Worte des Wahlnordjütländers Knudsson: »Warum den Rubjerg Knude Fyr nicht einfach mittels einer handelsüblichen Trägerrakete in den Orbit schießen. Kurze Verweildauer dort oben, bevor er mit einigen Lenkdrachen behutsam wieder in die Atmosphäre gesenkt wird und fortan sicher 70 Meter von der Küstenkante entfernt steht. Für mich nicht nachvollziehbar, dass diese in meinen Augen logische Theorie noch nicht einmal diskutiert wurde.«

Dieses Standing dieses Leuchtturms hätte ich auch gerne. Über 50 Jahre schon nicht mehr seinen Job verrichtet und hat es trotzdem zum Wahrzeichen der dänischen Nordseeküste gebracht: 250 000 Touristen besuchen ihn im Jahr. Er steht auf der höchsten Erhebung der als Lønstrup Klint bekannten Steilküste. Er ist quasi der Wächter über diese dramatische Landschaft. Staunend beobachten wir, wie das hohe Bauwerk aus grauem Gestein sich Zentimeter für Zentimeter von der Steilküste entfernt, Hydraulikpressen den rund 700 Tonnen schweren Fyr zu seinem neuen Standort schieben. Mehrere Tausend Schaulustige reihen sich mittlerweile entlang der errichteten Absperrgitter, auf großen Informationstafeln kann sich jeder Interessierte genau erklären lassen, was heute geschieht. Heute Abend soll der Leuchtturm sein neues Zuhause erreicht haben, dort wird die Baufirma dann die Stahlträger aus dem Fundament entfernen und eingraben. Da für diese gesamte Aktion zehn Stunden veranschlagt waren, verabschiedete ich mich so langsam (hätte ich gewusst, dass die gesamte Aktion bereits nach sensationellen fünf Stunden beendet wird, wäre ich wohl geblieben).

Zum Abschied gucke ich noch ein wenig schweigend auf die Nordsee, bevor ich mich wieder an den Abstieg mache. Tschüss Rubjerg Knude Fyr, wir sehen uns in 40 Jahren, zum nächsten Umzug. Es ist ja eine einfache Gleichung: 70 Meter wegziehen macht 40 Jahre Ruhe.

Zu Besuch beim Oyster King auf Fanø

Innerhalb von 14 Minuten setzen wir von Esbjerg nach Nordby auf Fanø über, innerhalb 14 Minuten wird der Stress auf der Fähre herausgefiltert. Kurz vorm Anlegen wird einem bewusst: Hier gibt es nur Ruhe und extreme Ruhe. Steigt man von der Fähre, ist man quasi mittendrin im Schmuckkästchen der Inselhauptstadt Nordby, Fanø ist heute mit knapp 3300 Einwohnern Dänemarks zweitkleinste Gemeinde.

Allerdings haben wir für dieses schnuckelige Dörfchen mit den vielen romantischen Reetdachhäusern in den buntesten Farben heute weniger Zeit, denn wir begeben uns auf Austern-Safari ins Wattenmeer, begeben uns in die Welt von

Wellen, Watt und Wolkenspiel. Seine private Leidenschaft zum Beruf zu machen, dafür scheint der Däne ein besonderes Talent zu haben. Genau dafür steht Jesper Danneberg Voss, der Oyster King, der Austern-König, wie er sich selber nennt. Jesper ist ein extrem spannender Typ mit einer nicht minder spannenden Vita. Als Neunjähriger zog der gebürtige Kopenhagener mit seinen Eltern nach Luxemburg, da seine Mutter eine Stelle im Europaparlament antrat. Jesper studierte zunächst Sport in Saarbrücken, suchte sich später einen Job bei der Europäischen Kommission in Luxemburg und arbeitete als Personalberater in verschiedenen Firmen. Es folgten lange Arbeitstage, Stress, Beinahe-Burnout. 2007 zog Jesper zusammen mit seiner Familie die Reißleine, ließ alles hinter sich, um auf Fanø wieder zur Ruhe zu kommen: »Ich hatte mir nichts anderes vorgenommen. Ich wollte eigentlich gar nichts mehr machen.« Aber ein Mann der Tat, ein Macher wie Jesper kann nicht einfach nur stillsitzen und die Ruhe genießen. Eine neue Geschäftsidee war geboren, als Jesper von jeder Menge Austern im Watt gleich vor der Haustür erfuhr. Kurz darauf brach er mit den ersten Feriengästen zur ersten Austern-Safari auf, heute bietet der Mann mit Bart und Wuschelmähne zwei Mal die Woche ab September Führungen zu den Austernbänken an. Hier teilt und demonstriert er seine Liebe zu der Delikatesse Pazifikauster. Sie haben richtig gehört: Pazifikauster. Die Pazifikaustern gelten unter Feinschmeckern als die Muschel schlechthin. Die pazifische Felsenauster hat sich in den letzten 20 Jahren vor Fanø explosionsartig vermehrt, während die einheimische Auster fast verschwunden ist. Das ist das Erste, was man lernt, wenn man mit dem gebürtigen Dänen, der seinen Anzug gegen Flip-Flops, Shorts und Gummistiefel getauscht hat, unterwegs ist. Laut Jesper sind die Vorfahren der Austern als Larven in Ballastwassertanks von Schiffen aus Asien nach Esbjerg gekommen. Nach und nach konnten die Tiere überleben, da durch den Klimawandel die Temperatur des Meeres mittlerweile minimal höher liegt als vor einigen Jahren.

Wir treffen den Master of Seafood, den ehemals gestressten Workaholic, vollkommen relaxt an der windgeschützten Ostküste zwischen Nordby und dem Festland. Hier, am nördlichsten Ende des dänischen Wattenmeeres, werden wir mit Gummistiefeln und speziellen Sammeleimern ausgestattet. Jesper deutet auf einen Punkt im Wattenmeer, laut Jesper »Mein Reich«, für mich nur grauer kalter Schlamm. Hier zwischen Ebbe und Flut mit seinen verborgenen Schätzen fühlt er sich am wohlsten. Auf zu meiner ersten Austern-Safari. Safari sieht in Dänemark halt ein wenig anders aus. Wer mit Jesper unterwegs ist, findet die Stellen, in denen die handtellergroßen Exemplare zu finden sind. Bei den Pazifikaustern handelt es sich um eine invasive Art, von daher darf jeder so viel sammeln, wie er tragen kann. Tipp am Rande: Befüllen Sie den Eimer nicht bis oben hin, denken Sie an den Rückweg. Währenddessen wird man von König Jesper charmant und humorvoll in die Auster-Geheimnisse eingeweiht. Die pazifische Auster ist eher an ihrer dicken Schale und länglichen Form erkennbar, die europäische ist fleischiger und runder. Heute kommen Spitzen- und Sterneköche aus ganz Deutschland und Dänemark auf die Insel, um mehr über die hier im Überfluss vorkommenden Tiere zu erfahren. Werden die Austern woanders als Delikatesse gehandelt, kostet es auf Fanø nur die Mühe, sie aufzuheben. Gut, bücken muss man sich schon dabei. »Den reinen und sauberen Geschmack verdanken sie der starken Strömung«, sagt Jesper, den man sich so gar nicht mehr in Schlips und Anzug

Meet the Oyster King – das könnte Ihnen auch schmecken!

vorstellen kann. Vom Schlips zum Schlick, von einem, der auszog, um durchzuatmen, dabei serviert der Oyster King unterhaltsame und interessante Storys und Anekdoten.

Zurück am Strand mit gut gefüllten Eimern, interpretiert er den Scandinavian Style Of Cooking komplett neu. Nach Jespers Originalrezepten werden die Austern roh oder mariniert auf dem Grillrost über dem offenen Feuer gegrillt. Dazu Tafelwasser und eiskalter Weißwein. Am liebsten bereitet er die Austern dabei mit Erdbeeren zu. Laut Jesper funktioniert diese Kombination aus süß und salzig ganz hervorragend. Obwohl kein Austernfan, bilden Geschmack und Optik ein stimmiges Ganzes. Jesper, der Meister von nahezu jeglichem Meerestier, von Austern über Kaviar, Hummer und Lachs, bietet dabei Livecooking samt wunderbarer Storys. Austern ohne Schicki-Micki, und während sich unser Blick im Schlamm verliert, denkt Jesper, der Mann mit seiner Lederschürze, schon wieder groß. »Die Leute hier auf Fanø reißen mir die Austern förmlich aus den Händen und in Kopenhagen gibt es nicht eine einzige richtige Oyster-Bar.« Wohin es ihn wohl bald verschlagen wird? Im Fanø Bryghus, einer Craftbeer-Brauerei, werden sie ihn vermissen, wo er seinem zweiten Job als Event Manager nachgeht.

Der Oyster King an seinem Arbeitsplatz, sein Büro ist das Watt vor der dänischen Insel Fanø. Meet the Oyster King, ich kann es nur allen empfehlen. Das könnte Ihnen auch schmecken …

Für diesen Urlaub reicht es mir mit Fisch und Austern, der Oyster King möge es mir verzeihen.

Tschüss Fanø, du Insel voller Hygge.

Schön war er, der Urlaub in Dänemark, ganz ohne unnötige VISA-Währungs-Darmkrankheiten-Datenroaming-Rolexverkäufer-Dramen. Es wird wieder Zeit, sonst heißt es nachher noch: »Sie haben da eine Lücke im Lebenslauf!«

Ein kühler Nieselregen geht über Hvide Sande nieder. Regentropfen küssen sanft die Scheibe, das Feuer prasselt pittoresk im Kamin, ich nehme mir Zeit für mich, kuschle mich in eine gemütliche Wolldecke.

Vor mir liegt wieder das normale Leben in seiner ganzen unerbittlichen Übersichtlichkeit – die Eingliederung in die normale Gesellschaft dürfte noch ein paar Tage dauern.

10. Warum ist das Morden im Norden so attraktiv?

Wie viel Narzisst steckt in dir? Schnell noch ein Foto auf Instagram hochgeladen und der vermeintlich interessierten Weltöffentlichkeit präsentiert. Instagram, die Ära der Selbstdarsteller, der Kosmos bin ich. Immer mit der Frage verbunden, was gebe ich preis von mir und was nicht. Ich poste, also bin ich, globaler Teufelskreis in Bildern, man muss nichts wissen und nichts können, um ein Star zu sein, sofern man sich zu inszenieren weiß. Die »Marke Ich« wird kreiert. Ist das optimale Ich erreicht, gilt es, den guten Ruf zu wahren. Die Gesellschaft wird immer oberflächlicher und egozentrischer, mit dieser Selbstdarstellungskultur bin ich nicht groß geworden. Zum Glück ist Leni keine dieser Fitness-Influencerinnen, eine besonders anstrengende Unterform des Influencers. Den grundlosen Handstand oder diverse Essensformationen musste ich glücklicherweise noch nie fotografieren. Man verkommt schon zum kleinen Selbstdarsteller, immer mit dem Versuch verbunden, das

Abbild unseres erwünschten Ichs zu erschaffen. Auch ich muss mich an dieser Stelle in Selbstreflexion üben, ja, auch ich habe schon mal einen fotogenen Espresso bestellt (wenn auch in Italien), um davon ein Foto zu machen, und halte gerne mal meine Hirse ins Bild.

Habe schon mal nach 22 Uhr irgendein Hipster-Craftbeer in der einzig halbwegs coolen Bar des Ortes in die Kamera gehalten. Alter, kraaaas! Nach 22 Uhr noch nicht im Bett, dass muss natürlich festgehalten werden, ich wilder Hengst feiere so richtig hart.

Wie grausam, das hätte ich nie für möglich gehalten. Wer ohne Sünde ist, werfe den ersten Stein. Ab und an klopft die Identitätsfrage an die Innenseite des Schädels, dann sollte man seine Authentizität mal wieder ganz fest umarmen. Diese technologische Entwicklung frittiert mein Gehirn, dennoch, es gibt kein Zurück.

Abhilfe schafft dann nur eine eigens verschriebene Kur, frei nach dem Motto: Diesen Monat einfach mal nix posten, mal kein InstaKram, ich degradiere mich vorläufig zum Statisten meines eigenen Lebens. Mein Prä-Internet-Social-Media-Gehirn dankt es mir.

Dieser Monat war mit dem November nun erreicht. Den November erkennt man in Dänemark daran, dass Weihnachtslieder, die einzige Krankheit, die über Radio übertragen wird, rauf und runter laufen. Oder auch an unseren Nachbarn. Der rennt das ganze Jahr barfuß in seinen Holzklotschen umher. Erst ab Ende November hat er Socken an, für mich das untrügliche Zeichen, Winterreifen aufzuziehen. Da orientiere ich mich blind an den Klotschen des Nachbarn.

Aber was will man im November auch groß posten? Die Hochsaison geschafft, der Winter konnte kommen. Wer den dänischen November kennt und liebt, weiß diese Zeit besonders zu schätzen. Es ist dieser einzigartige Raum zwischen Hauptsaison, Herbst und der Weihnachtszeit. Vom Wind leergefegte Strände, immer an der Wasserkante entlang, diese Spaziergänge sind jetzt noch intensiver und bringen Entspannung pur, jeder heiße Tee danach wirkt anschließend wie die pure Wellnesserfahrung. Hvide Sande stellt sich tot, der Geruch von Salz und Tang schwängert die Luft. Dicke Jacken, die an Rettungsringe aus Daunen erinnern, Schals, die Menschen enthalsen, warme Pullover, welche die nie erreichte Strandfigur endlich wieder kaschieren. Man freut sich auf den gesunden Umgang mit den ungesunden Dingen.

Dumpf und still wirkt die Luft, kein Vogelgezwitscher, kein Rauschen der Blätter im Wind, die Kälte verschluckt jeden Klang. Tief hinein in diese klare und kalte Stille fräsen sich die Klänge des Winters, er macht Unsichtbares sichtbar. Karge Äste, den eigenen Atem, Spuren im Schnee. Surreale Ganzkörper-Einteiler kämpfen sich am Horizont entlang, in dicke Stoffe gehüllte Gestalten, Schals, groß wie Theatervorhänge. Nichts verwest, nichts blüht, die Aromen der Natur sind erkaltet, alles ruht und wartet auf den Beginn des bekannten Kreislaufs. Wir riechen und schmecken die Reinheit der Luft, klar und pur saugen und atmen wir sie ein, merken bewusst, wie sie den Weg in unsere Glieder findet. Wir sollten über dieses Wetter nicht meckern, denn wie schrieb doch einst Karen Blixen aus Afrika an ihren Bruder daheim am Strandvej: »Du kannst mir glauben, dass man sich hier sehr oft nach Dänemark sehnt, und häufig sitzen wir da und stellen uns vor, wie wunderbar ein richtig morastiger Schlechtwettertag zu Hause doch ist.« Du lernst hier im Winter die Fähigkeit lieben, nichts zu tun und dabei kein schlechtes Gewissen zu haben. Ist mein Arbeitsweg im Sommer eine nervliche Herausforderung, kann es im Winter keinen schöneren geben. Dann bin ich der Mann, der die Sonne im äußersten Osten als Erster aufgehen – und derjenige, der sie im Westen als Letzter untergehen sieht. Dann bin ich der glücklichste Sunnyboy von Anfang vierzig. Winter ist, wenn die Mitarbeiter der Tourismusindustrie immer ein wenig wirken wie gerade geweckt. Es gibt wenig zu erleben, also kann auch wenig verpasst werden, das macht den Reiz aus im Winter. Wer keinen Wind mag, der sollte nicht im Winter kommen, allerdings auch nicht im Frühling und Sommer, im Herbst schon mal gar nicht. Die Nordsee ist jetzt ohne jede Empathie, kalt und gleichgültig brandet sie mir entgegen. Wir zählen drei Grad unter null, der Wind bläst wesentlich kälter.

Den Jahreszeiten sind wir ausgeliefert, hier noch mehr als woanders – zum Abwarten, Akzeptieren und Träumen verdammt. Geruch von warmen Regen, leichte Sommerbrise im Haar, Sonnenstrahlen und Wärme auf nackter Haut, unbeschwerte Sommernächte, wehmütig beginnen wir zu zweifeln: Sommer, wirst du wiederkommen? Wir kennen glücklicherweise die Antwort. Man sagt: Paradiese sind nur so lang schön, solange man nicht seinen Alltag dort verbringt. Ich kann es dennoch ganz hervorragend und rundum genießen. Imposante Sonnenaufgänge, die Sonne ist dem Meer stets Komplize – traumhaft.

Für viele ist der November ja eher unteres Mittelfeld in Sachen monatlicher Gefühlswallung. Menschen, die den November als ihren Lieblingsmonat bezeichnen, mögen wohl auch den Geruch von nassem Hund. Ich zumindest kann mich mit diesem Monat anfreunden, da er für uns den ersten wirklich ruhigen Monat nach der langen Hochsaison bedeutet, das Phänomen der plötzlich einsetzenden gespenstischen Stille.

»Novembernebel-trüb« ist für mich eher der März, wenn ich es kaum erwarten kann, bis es auch auf der Nordhalbkugel wieder wärmer wird.

Es rufen die julefrokoster, die Weihnachtsfeiern an den Arbeitsplätzen. Julefrokost ist im dänischen Selbstbild die Mutter aller rituellen Besäufnisse. Vielleicht schneidet Dänemark auch deswegen immer so gut ab bei den Glücksforschern, weil die ausgewählten Personen mit Alkohol zugedröhnt wurden. Der Winter ist eine einzige hygge-Orgie, wir hyggen, also sind wir. Von hygge-Highlight bis extreme hygge, alle hetzen von hygge zu hygge.

November, der Monat, in dem man wieder ein gutes Buch zur Hand nimmt, entspannt und mit einer wärmenden Tasse Tee in der Hand mit dem Sofa verschmilzt.

Die Dänen, schon immer eine Lese- und Schreibnation. Bei folgender Kunstform haben Dänen über Jahrhunderte erstaunliches geleistet: Der Literatur. Angefangen bei Saxo Grammaticus, kurz Saxo, ein dänischer Geschichtsschreiber, Historiker, Chronist und Geistlicher des Hochmittelalters. Auf Veranlassung von Bischof Absalon verfasste er ab 1185 die »Gesta Danorum« (Die Taten der Dänen), das früheste und wichtigste dänische Geschichtswerk. Saxo Grammaticus war einer der gelehrtesten und betriebsamsten Geister seiner Zeit, einer der besten lateinischen Stilisten vor der Renaissance, die geistigen Strömungen in der klerikalen Oberschicht der dänischen Gesellschaft um 1200 erschienen durch ihn reichhaltig und unmittelbar lebendig. Sein Geschichtswerk »Gesta Danorum«, wir reden von läppischen 1200 Seiten, gönnte ich mir über Wochen als Einschlaflektüre, um mich bestmöglich auf meine Indfødsretsprøven vorzubereiten. Falls sie sich immer noch Fragen sollten, wie es möglich war, beim Einbürgerungstest 40 von 40 Fragen richtig zu beantworten – dies dürfte einer der Gründe sein.

Oder wer erinnert sich nicht an die dänische Schriftstellerin Karen Blixen, die mit ihrem autobiographischen Roman »Jenseits von Afrika« Weltruhm erlangte.

Besonders auffallend die vielen Krimiautoren mit Rekordauflagen. Von Peter Høegs *Fräulein Smillas Gespür für Schnee* aus dem Jahr 1992 bis hin zu Mads Peder *Nordbo* und dem wohl bekanntesten Jussi Adler-Olsen. Hinzu gesellen sich Jo Nesbø aus Norwegen sowie die schwedischen Krimiautoren Stieg Larsson, Håkan Nesser und Mats Strandberg, um nur einige zu nennen.

Man kann wohl zu jedem beliebigen Zeitpunkt einen Blick auf die Bestsellerlisten werfen und wird dort immer ziemlich sicher weit oben wenigstens einen dieser Vertreter aus dem Genre skandinavische Krimis finden. Skandinavische Krimis sind aus deutschen Buchläden schon längst nicht mehr wegzudenken und aus dem kurzzeitigen Hype ist inzwischen ein langfristiger Trend geworden.

Was ich mich immer gefragt habe: Woher kommen eigentlich diese düsteren Ideen und Gedanken, die viele skandinavische Krimis so unverwechselbar machen? Sehen wir den Tatsachen doch mal ins Auge: Zufriedene Einwohner?

Studien zufolge regelmäßig die glücklichsten der Welt.

Das Bildungssystem? Laut PISA und Experten erstklassig.

Der Lebensstandard? Einer der besten weltweit.

Die nordischen Länder scheinen das Paradies auf Erden zu sein, wenn man den verschiedenen Untersuchungen, Fakten und Daten vertraut. Warum ist gerade hier das Böse anscheinend immer nur einen Steinwurf entfernt? Warum lauert hier das Verbrechen dicht unter der Oberfläche, immer bereit zuzuschlagen? Warum zeichnen unzählige skandinavische Krimis ein ganz anderes – düsteres – Bild der nordischen Länder? Warum sind gerade diese Krimis so interessant, die in einer Gegend spielen, die Generationen lang allenfalls durch Bullerbü und die Villa Kunterbunt auffiel? Was macht das Morden im Norden so attraktiv?

Wohl genau damit scheinen skandinavische Krimiautoren einen Nerv getroffen zu haben, denn wie ließe es sich sonst erklären, dass Krimis aus Dänemark, Schweden, Norwegen und zunehmend auch Finnland und Island seit Jahren die heimischen Bücherregale (bzw. E-Book-Reader) füllen und auch die Bestseller-Listen beständig die vorderen Plätze unter sich ausmachen?

Die Krimis haben etwas an sich, dem wir uns einfach nicht entziehen können. Vielleicht liegt es an den Büchern von Astrid Lindgren, mit denen wir aufgewachsen sind und uns in Skandinavien deshalb irgendwie heimisch fühlen? Vielleicht liegt es auch an dem Klang des Wortes Skandinavien, das wir sofort mit idyllischen Dörfern sowie weiten Seen- und Fjordlandschaften verbinden. Dänemark und auch Schweden sind von Deutschen idealisierte Länder, es gibt diesen Blick auf Skandinavien als Northern Paradise. Doch eine gewisse Ironie schwingt mit, dass wir es den skandinavischen Krimis erlauben, genau diese Idylle zu zerstören und sie in ihr genaues Gegenteil zu verkehren. Macht das den Reiz skandinavischer Krimis aus? Plötzlich wurden Krimis geschrieben, die anfingen, das Paradies in die Luft fliegen zu lassen. Das war wohl sehr interessant für deutsche Leser. Gerade skandinavische Krimis sind weiß Gott nicht zimperlich mit den Beschreibungen grausamer Gewaltverbrechen, ich denke nur an Stieg Larssons Millennium-Trilogie. Sie gehen unter die Haut und versetzen die Seele, geprägt von einem gewissen Bullerbü-Syndrom, in Angst und Schrecken. Jussi

Adler-Olsen hat es folgendermaßen formuliert: »Gewalt ist einfach was Schreckliches, mit dem man nichts zu tun haben möchte. Aber wenn man mit Gewalt nichts zu tun hat, dann braucht man etwas, das spannend ist, und Gewalt wird interessant, gerade weil es kein Teil des Lebens ist.«

Betrachtet man Skandinavien allerdings etwas genauer, gibt es eigentlich keine bessere Basis, keine besseren Voraussetzungen für gute skandinavische Krimis. Lange, dunkle Winter, wo es manchmal über Wochen hinweg nicht richtig hell wird, endlose Weiten, die Einsamkeit der Landschaft. Gerade diese Nächte, die nicht enden zu wollen scheinen, haben unendlich viel Krimipotenzial. Sie regen unsere Vorstellungskraft an, die Nacht verhüllt die grausamen Taten. Aber was soll ein skandinavischer Autor in den langen dunklen Wintern auch machen? Wo die Sonne fehlt, gerät der Hormonhaushalt ins Wanken, Winterdepressionen sind deshalb in den Ländern des hohen Nordens keine Seltenheit. Da kann sich ein Autor an einem dunklen, langen Abend schon einmal in melancholischer Grübelei verlieren, die dann in einem wahnsinnig spannenden Krimi mündet. Gerade die angesprochenen Depressionen und die damit einhergehenden sozialen Probleme – häusliche Gewalt, Vernachlässigung, Alkoholismus etc. – bieten jede Menge Stoff für die Krimis aus dem Norden. Diese unendlichen Weiten, praktisch eine menschenleere Ödnis, gibt so viel Raum für Verbrechen, die niemals ans Tageslicht kommen. Es sei denn, es handelt sich um die hervorragenden Ermittler, die diese skandinavischen Krimis üblicherweise bevölkern. So stellen sich die beliebten Kult-Ermittler einer Welt entgegen, in der viel Schlechtes, Grausames geschieht. Das ist umso bemerkenswerter, weil es in der skandinavischen Realität sehr wenig Gewalt gibt.

Der dänische Bestseller-Autor Jussi Adler-Olsen, Dänemarks meistgelesener Krimiautor

Auch der Faktor, dass Skandinavier eher verschlossene Menschen sind, eher ruhig, zurückhaltend, in sich gekehrt, macht sie per se häufig verdächtig. Man glaubt schnell, sie hätten tiefe Abgründe zu verbergen. All das, das Wesen der wilden, einsamen Landschaft sowie das Wesen der Menschen, spielt den Autoren von skandinavischen Krimis in die Hände. Garniert man das Ganze mit ein paar nordischen Sagen, addiert den mystischen Aspekt der alten nordischen Legenden, abgerundet mit ein wenig geheimnisvollem

Leuchten des Nordlichts, hat man alles, was man für einen exzellenten Krimi braucht.

Im Grunde stehen die skandinavischen Krimiautoren von heute in einer Tradition mit ihren Wikinger-Vorfahren, die reiche Erzähltradition Nordeuropas ist legendär, die nordische Mythologie ist reich an Heldengeschichten und Heldensagen. Tod, Mord, Tapferkeit und Rache sind wiederkehrende Motive der alten nordischen Dichtung, es ist also nicht allzu weit hergeholt, wenn man skandinavische Krimis als moderne Heldenepen betrachtet.

Als die Wikinger begannen, sich am Lagerfeuer Geschichten zu erzählen, gab es dafür zwei Gründe. Man sprach entweder über Dinge, vor denen man Angst hatte, oder über Dinge, die man gesehen und erlebt hat. Der Horror war damals schon ein Werkzeug, sich die unbekannte Seite der Welt zu erklären, dem im Alltag gefangenen »Publikum« die Augen zu öffnen, die Kehrseiten unserer Realität aufzuzeigen nach dem Motto: Seht her, die Welt ist schön und schrecklich zugleich. Schon damals hieß es: Du musst die Vorstellungskraft der Zuhörer verrücktspielen lassen, antizipieren, was die Zuhörer glauben, wo die Reise hingeht, dann genau diese Erwartungshaltung unterwandern und gegen sie verwenden.

Skandinavier können nicht aus ihrer Haut, noch immer befürchten sie, ganz Erben der alten Nordmänner, das Schlimmste und schaffen sich Helden, mit denen sie diesem Schlimmen begegnen können. Skandinavische Krimis sind also vielmehr Ausdruck eines uralten Misstrauens der skandinavischen Seele gegenüber der Welt. Laut Jussi ist das genau der Grund, warum wir skandinavische Krimis lieben: »Sie sind authentisch.« Die Autoren sind alle gleichermaßen erstklassig darin, ihre Gesellschaft, ihr Land, aber auch ihre

Sozialstrukturen mit allen Vor- und Nachteilen so schön zu beschreiben und ihre Leser damit tief in die fremde und gleichsam vertraute Welt mitzunehmen, in der skandinavische Krimis spielen. Skandinavische Krimiautoren sind Garanten für spannenden Lesegenuss, für düstere, atmosphärische Kriminalgeschichten und Thriller, in denen das Böse stets nur einen Steinwurf entfernt scheint.

Das Gleiche lässt sich bei skandinavischen Krimis im deutschen Fernsehen betrachten. Als Mängel des Alltagslebens im Norden stellt man sich höchstens die erschwerte Alkoholabgabe vor und man meint, dass in den nordischen Ländern die heile Welt zu Hause ist. Wäre da nicht die Fernsehgattung skandinavische, speziell dänische und schwedische Krimiserien, die zeigen, dass hoch im Norden hinter den bunthölzernen Häuserfassaden nicht nur eitel Sonnenschein herrscht. Mit der dänischen »Kommissarin Lund«, der Mutter aller dänischen Nordic Noir Serien, wurde vor Jahren die skandinavische Krimiunterhaltung nach Deutschland gebracht. Der Skandinavien-Hype hält bis heute an, auch weil nordische Kriminalfilme im internationalen Vergleich oft ein sehr hohes Niveau haben. Was die meisten skandinavischen Ermittler dabei so sympathisch erscheinen lässt? Sie sind in der Regel ungelenke Kerle mit einer Menge persönlicher Probleme – Typ gesellschaftlicher Außenseiter, weniger ein einfühlender Kommissar, weniger Miss Marple, weniger ruhiger und scharfsinniger Inspector Barnaby. Jussi ergänzt: »Skandinavische Krimis haben meist eine düstere, melancholische Grundstimmung und einen Ermittler, der eine Last mit sich trägt.«

Ein Ende der skandinavischen Krimiserien ist nicht in Sicht, im Gegenteil. Erst in diesem Sommer wurde hier in Hvide Sande die dänische Krimiserie »White Sands« abgedreht, der NDR hat sich die Ausstrahlung für das Jahr 2021 bereits gesichert. Das Genre ist mittlerweile so ausdifferenziert, dass für jeden Geschmack etwas dabei ist. Besonders dänische Krimiserien sind im ZDF sehr beliebt, u. a. werden die Sommerdahl-Romane von Anna Grue ausgestrahlt. Der Anstoß dafür kam aus Deutschland, dort sind Grues Bücher mittlerweile bekannter als in Dänemark.

Mitunter wird der Erfolg sehr kontrovers diskutiert, sowohl in Skandinavien als auch in Deutschland. Håkan Nesser kann sich den Erfolg, vor allem den in Deutschland, eigentlich gar nicht richtig erklären: »Unsere einzige Gemeinsamkeit besteht darin, dass wir ursprünglich alle in unserer Muttersprache Schwedisch schreiben. Das ist alles. Ich frage mich selbst oft: Warum mögen Deutsche uns so sehr?«

Allein 5,3 Millionen Bücher verkaufte Håkan Nesser in Deutschland von seiner Reihe mit Kommissar Van Veeteren, in den Mediatheken gibt es dazu die Verfilmungen seiner Geschichten. »Wir können nur so viele Krimis schreiben, weil die Deutschen so viele kaufen«, betont Håkan. Er sieht das Geheimnis auch darin begründet, dass die Deutschen so viel Pippi Langstrumpf in ihrer Kindheit gelesen haben. Sie haben Schweden im Blut, von klein auf. Allein in Schweden werden pro Jahr 300 Krimis publiziert. Dazu beigetragen hat mit Sicherheit auch die seit 1982 vergebene Auszeichnung für den besten Kriminalroman eines schwedischen Autors, um die inländische Kriminalliteratur zu fördern.

Natürlich sind auch die Marketingmaßnahmen an die deutschen Bedürfnisse angepasst. Die Maßnahmen, die für skandinavische Krimis vorgenommen werden, entsprechen in der Regel denen, die allgemein für Bestsellerautoren eingesetzt werden: Hardcover plus Taschenbuchauflage, spezielle Verkaufsboxen und Buchpakete für den Buchhandel,

Anzeigen in renommierten Zeitschriften, Werbung über elektronische Medien etc. Mittlerweile scheint die Empfehlung »Skandinavischer Krimi« per Mundpropaganda zu einem eigenständigen Kaufreiz geworden zu sein. Ein Feuer im Kaminofen, eine Tasse Tee, eine Handvoll Bücher, fertig ist die dänische Version des Zen-Buddhismus. Die dänische Literatur hat soviel Sex-Appeal bekommen, dass man sich außerhalb Dänemarks die Augen gerieben und schleunigst Übersetzungen in Auftrag gegeben hat. Würde man sie am Verkaufserfolg der Bücher beteiligen, müssten Übersetzer aus dem Dänischen in Deutschland mittlerweile gemachte Leute sein.

Nach Angaben des Börsenvereins des deutschen Buchhandels wird in Deutschland ein Viertel des Umsatzes der Belletristik mit sogenannten »Spannungstiteln« gemacht, 2015 haben fast 50 Prozent der Menschen in Deutschland mindestens einen Krimi gelesen. Vielleicht sollte ich umschwenken, allerdings kann ich nur biografisch schreiben, kann nur über das schreiben, was ich erlebt habe.

Dann war sie wieder da, diese besondere Zeit zwischen Weihnachten und Neujahr. Gløgg legt sich wie eine warme Flauschdecke über unsere Gemüter und erfüllt unsere Herzen mit Zimtduft und Winterstimmung. Niemand weiß so richtig, welcher Tag ist (es sei denn, man muss zwischen den Feiertagen arbeiten und Touristen ein- und auschecken), jegliches Zeitgefühl hat sich verflüchtigt und die am häufigsten gestellte und spannendste Frage lautet in den meisten Familien wohl: »Wann gibts wieder was zu essen?« Und Leni freut sich über einen Berg von Geschenken. Zwar sagte sie vor einiger Zeit mal belanglos: »Weißt du was, Schatz, wir haben doch alles. Lass uns doch aufhören mit der nervigen Schenkerei«. Ich als Fachmann für weibliche Linguistik stand anschließend mit leeren Händen da, auf die Leni entsetzt starrte. »Ich meinte doch nicht »gar nichts schenken«, du Monster.« Seitdem stapele ich demonstrativ die Päckchen aufeinander. Durch Schaden klug geworden, überrasche ich Leni seitdem jedes Weihnachten mit der beeindruckenden Beute meiner Streifzüge durch die Läden der Stadt.

In Dänemark darf bereits ab dem 27. Dezember geböllert werden. Jedes Jahr wird meine Toleranzgrenze aufs Neue auf die Probe gestellt. Die Kälte des Winters ist schneidend, gnadenlos beißender Ostwind, steinhart gefrorener Sand am Strand.

In diesem Sinne – Zeit für einen guten Krimi. Kommen Sie gut rüber!

(»Nächstes Jahr wird alles besser!« Dieser Satz hat seit Corona wohl ausgedient.)

11. Härte statt Hygge – Dänemarks Migrationspolitik

Für Leni sollte ich zwei bestellte Bücher (ja, Krimis) abholen. Diesbezüglich kam es in der örtlichen Postfiliale noch zu einer humoristisch-drolligen Verwechslung. Die nette Postmitarbeiterin versuchte vergeblich, meinen Namen in den Scanner einzutippen. Geduldig wiederholte ich: U-h-l-e-m-a-n-n. Jeder Versuch schlug fehl, die Belustigung fand bei der Mitarbeiterin ihren Höhepunkt. Sie verwies auf den Scanner, der mit Uhlemann ein wenig überfordert war. Die automatische Namenserkennung wies jedes Mal den Namen »Julemand« aus, was übersetzt nichts anderes als Weihnachtsmann bedeutet. Ich habe dann auch mit »Julemand« unterschrieben, da war ich mir nicht zu fein für.

»Autor, Weihnachtsmann, du überrascht uns doch immer wieder«, prustete sie sich in Hochform. Ich versprach ihr als Weihnachtsmann persönlich reichlich Pakete zur Weihnachtszeit, zumindest in ihrer Filiale. Eine Gaudi, sag ich dir.

Es wird Zeit für die ersten wärmenden Sonnenstrahlen, die erste Knospe im Schnee, den ersten zarten Ruf der Vögel im heimischen Garten. Kalte, dunkle Gedanken werden stiller und stiller, es wird Zeit, dass der Sommer zurückkehrt. Zivilisationsbrandung darf gerne wieder anlaufen, der ewige Strom im Sommer, Autos aus allen Himmelrichtungen. Genug gehyggt, Vorfrühling, Frühling, ich wäre so weit.

In diesem Sommer 2021 feiert Hvide Sande 90-jähriges Stadtjubiläum. Das Fischerdorf hat dafür keine Kosten und Mühen gescheut und beglückt seine Bewohner sowie Besucher mit einem XXL-Feuerwerk. Was erwartet uns wohl erst im Jahr 2031?

Vor exakt einem Jahr habe ich meinen Antrag zur dänischen Staatsbürgerschaft eingereicht.

Dieses so feindselig abweisende, allen rechtsstaatlichen Prinzipien Hohn sprechende und überdies dysfunktionale bürokratische Monstrum. Bis heute nichts gehört, keine Rückmeldung, kein Kommentar!

Das irrsinnige dänische Einbürgerungsverfahren, speziell die letzten drei Jahre hat man das Gefühl, dass Einbürgerung systematisch verhindert wird, Dänemarks Staatsbürgerschaftsrecht ist in den letzten Jahren durch immer mehr Regelverschärfungen noch restriktiver geworden, als es ohnehin schon war. So wurde das Einbürgerungsrecht nach und nach in eine immer uneinnehmbarere Festung verwandelt, unendlich viele Fallgruben sollen die Unerwünschten (vornehmlich aus »nicht westlichen Ländern«) aussieben, auch ich muss aus allerlei bizarren Gründen genauso mit der Verweigerung der Einbürgerung rechnen. So fiel der Anteil von Eingebürgerten aus »nicht westlichen Ländern« in Dänemarks Statistik von 70 % im Jahr 2015 auf 21 % im Jahr 2018. Kräftig hochgeschraubte Anforderungen vor allem bei Sprach- und Wissenstest funktionieren hervorragend zum Auseinandersortieren von Erwünschten und Unerwünschten. Die Einblicke in das dänische Einbürgerungssystem sind vor allem seit 2018 ein Lehrstück dafür, wie man einbürgerungswilligen Personen den Antrag verweigert. Sogar vor dem Aushebeln der im 20. Jahrhundert durchgesetzten Menschenrechte wird nicht zurückgeschreckt. Hinter diesen Maßnahmen stehen nicht nur die Rechtspopulisten, sondern auch die Zentrumsparteien, die aus Angst vor rechts die Reformagenda gleich selbst übernehmen. Fortan werden zum Beispiel die Anträge auf Staatsbürgerschaft nach der Herkunft sortiert, folgende Kategorien werden nun genannt: Nordische Länder, andere westliche Länder, MENAP (Naher Osten, Nordafrika, Pakistan sowie die Türkei) sowie »andere nicht westliche Länder«. Zudem will die Koalition im Fall zu vieler Bewerber aus der letzten Gruppe nachsteuern.

Aber der Reihe nach:
Im Jahr 2018 wurde zunächst ein Anti-Migrations-Gesetzespaket durchgesetzt, das besagt, dass nicht mehr die Integration von Flüchtlingen im Mittelpunkt stehen soll, sondern die Rückkehr in die Heimat, sobald es die Verhältnisse dort erlauben. Flüchtlinge werden künftig nur noch vorläufige Aufenthaltsgenehmigungen erhalten, ein Rechtsanspruch auf Wohnung für Flüchtlinge wird es künftig nicht mehr geben.

Kommunen sind nicht mehr verpflichtet, Wohnungen bereitzustellen, sondern nur noch zeitweilige Unterbringungsmöglichkeiten. Das jetzt schon nicht gerade üppige Integrationsgeld wird in Selbstversorgungs- und Heimkehrleistung umbenannt und gleichzeitig gekürzt. Den Empfängern soll mit jeder Zahlung klargemacht werden, dass ihr Aufenthalt nur begrenzt sein soll und alles, was staatlicherseits für sie getan wird, auf die Rückführung ausgerichtet ist. Familienzusammenführungen werden erschwert und bekommen eine jährliche Obergrenze. Zudem können sie auch ausgesetzt werden, wenn Behörden überlastet sind. Des Weiteren sieht das Gesetz vor, abgewiesene Asylbewerber oder kriminelle Flüchtlinge ab 2021 auf der Insel Lindholm unterzubringen, so lange, bis sie abgeschoben werden oder freiwillig gehen. Auch nach einem möglichen Regierungswechsel wird dieses Gesetz weiter Bestand haben, da nicht nur die bürgerlichen Parteien, sondern auch die Sozialdemokraten diesem Gesetz zugestimmt haben.

2021 wurde die Abschreckungspolitik für Flüchtlinge weiter zementiert, indem das dänische Parlament die Verlagerung von Asylverfahren in Drittländer außerhalb der EU beschloss. Mit anderen Worten, Flüchtlinge, die in Dänemark Asyl suchen, sollen zukünftig direkt nach Stellung des Antrags in ein Drittland außerhalb der EU gebracht werden. Vor Ort soll dann ihr Asylbegehren geprüft werden. Selbst im Falle eines positiven Bescheids sollen die Flüchtlinge auch nur in diesem Drittland, das im Gegenzug finanzielle Unterstützung durch Dänemark erfahren wird, Schutzanspruch und Aufenthalt erhalten. Dieses Gesetz (»Einführung der Möglichkeit der Überstellung von Asylbewerbern zur Beurteilung der Entscheidung über Asylanträge und Unterbringung in Drittländern«) wurde mit 70 zu 24 Stimmen angenommen. Als Begründung für dieses Gesetz nannte der dänische Migrationsminister: »Man wolle nicht mehr, dass in Dänemark und in der EU massive Ressourcen für die Bearbeitung der Anträge von Hunderttausenden Asylbewerbern aufgewendet werden, obwohl die Hälfte davon keine Flüchtlinge seien.« Nach Informationen der Zeitung *Jyllands-Posten* wurden entsprechende Gespräche bereits mit Ägypten, Tunesien, Ruanda und Äthiopien geführt. Darüber hinaus sollen ab Anfang 2023 jährlich 300 Gefängnisplätze im Kosovo angemietet werden, d. h., ausländische Gefangene mit Ausweisungsurteil sollen bald im Kosovo einsitzen. Der Deal hat eine Laufzeit von 10 Jahren und kostet Dänemark rund 210 Millionen Euro, dabei werden die exportierten Häftlinge unter dänischer Leitung stehen und unterliegen dänischer Gesetzgebung. Nicht nur, dass das dänische Gefängnissystem überlastet ist, auch an die Abschiebehäftlinge soll ein deutliches Signal gesendet werden, dass ihre Zukunft nicht in Dänemark liegt.

Dass diese Gesetze mit EU-Recht oder dem Pakt zu Migration und Asyl nicht vereinbar sind, ist den Dänen dabei relativ egal.

Kurze Zeit später war Dänemark das erste Land in Europa, das Geflüchteten aus Syrien die Aufenthaltsgenehmigung entzog. Für diese weitere Verschärfung sowie Eskalation der Migrationspolitik war die junge sozialdemokratische Ministerpräsidentin Mette Frederiksen mitverantwortlich. Somit gelten Rückführungen nach Syrien nicht länger als Tabu. Als erstes europäisches Land stufte Dänemark auch Teile Syriens, darunter die Hauptstadt Damaskus, als »sicheres Rückkehrland« ein. Geflüchtete aus Syrien, denen man sowieso nur einen zeitweiligen Aufenthaltsstatus eingeräumt hatte, sollen so schnell wie möglich wieder abgeschoben werden.

Die Sozialdemokraten halten an ihrem Kurs fest, sie kooperieren mit den linken Parteien in der Sozialpolitik und mit den rechten, wenn es um Migranten geht – die Kombination so unterschiedlicher Ziele gilt vielen als Erfolgsformel und für diese Taktik gibt es viel Zustimmung. In der dänischen Bevölkerung gibt es für den verschärften Druck in der Migrationspolitik breite Zustimmung, eine Gesellschaft, die sich längst an Härte gewöhnt hat.

Die Chronik der Verschärfung lässt sich beliebig weiterführen.

Im weiteren Verlauf wurde ein umstrittenes Beschäftigungspaket auf den Weg gebracht. Dort enthalten ist eine Arbeitspflicht speziell für »nicht westliche Einwandererfrauen«, sonst werden Sozialleistungen gestrichen. Eine für die Gesellschaft »nützliche Arbeit« soll es sein, die gleichzeitig natürlich keine regulären Jobs ersetzen soll. Der Arbeitsminister ergänzte: »Was für eine Arbeit, ist eigentlich nicht so wichtig, Hauptsache, sie kommen aus ihren Häusern heraus. Wir wollen eine neue Arbeitslogik einführen, bei der die Menschen die Pflicht haben, einen Beitrag zu leisten und sich nützlich zu machen. Dieses Gesetz gilt für MigrantInnen, die in einem Zeitraum von vier Jahren drei Jahre im Arbeitslosensystem waren, ohne eine feste Arbeit bekommen zu haben. Die Arbeitspflicht soll 37 Wochenstunden umfassen, eineinhalb Stunden davon sind für Dänisch-Unterricht vorgesehen. Die Erfüllung dieser Arbeitspflicht wird Voraussetzung für den weiteren Bezug von Arbeitslosenleistungen sein. Rechte und Pflichten müssen Hand in Hand gehen.« Wieder fühlte sich die EU vor den Kopf gestoßen und kam mit dem vorsichtigen Gegenvorschlag, Einwanderern eher eine Berufsausbildung zu ermöglichen. Meines Wissens hat das der Däne sympathisch weggelächelt.

Weitere Schlagzeilen über die Landesgrenzen hinaus machte Dänemark mit dem Gesetz, den Anteil der Einwohner »nicht westlicher Herkunft« in bestimmten Stadtvierteln auf 30 % zu reduzieren. Wenn sich viele »nicht westliche« Einwanderer und ihre Nachkommen in bestimmten Wohngebieten niederließen, erhöhe sich das Risiko, dass religiöse und kulturelle Parallelgesellschaften entstünden, so das Ministerium. Damit reagiert man auf den seit Jahren wachsenden Unmut im Land über Jugendliche, deren Kriminalitätsrate in diesen Vierteln deutlich höher ist als anderswo im Königreich, nicht wenige Dänen sind überzeugt, die Integration sei fehlgeschlagen. Betroffen sind davon u. a. Bezirke wie Mjølnerparken in Kopenhagen, Gellerupparken in Århus oder Vollsmose in Odense.

Kinder, die in diesen gelisteten Vierteln aufwachsen, müssen ab dem ersten Geburtstag verpflichtend in den Kindergarten, dort die Landessprache und »dänische Werte und Traditionen« lernen. Eine Kürzung der Sozialleistungen droht, sollten Eltern dem nicht nachkommen. Auch werden in entsprechenden Vierteln Straftaten wie Vandalismus oder Diebstahl härter geahndet als anderswo. Und die dänische Regierung geht noch weiter: Steht eine Gegend fünf Jahre am Stück auf der Liste, droht der Abriss von Sozialwohnungen und die Zwangsumsiedlung der Bewohner. So sollen Investoren angelockt und die Viertel aufgewertet werden.

»Wir haben viel zu viele Jahre die Augen vor der Entwicklung verschlossen, die auf dem Weg war, und erst dann gehandelt, als die Integrationsprobleme zu groß geworden sind«, sagte der sozialdemokratische Innen- und Wohnungsminister Kaare Dybvad Bek.

67 Verschärfungen des Ausländer- und Asylrechts wurden bisher seitens der dänischen Regierung veranlasst, wel-

che die Einwanderung in das kleine Königreich erschwert haben. Das letzte hatte es besonders in sich: Dänemark hat sich jetzt aus dem Quotensystem der UN-Flüchtlingsorganisation UNHCR ausgeklinkt, mit dem zuletzt mehr als 30 Staaten weltweit Flüchtlinge aufnahmen, mit anderen Worten: Dänemark schafft das Asylrecht ab!

Die Regierung begründet diese Maßnahme, das Land braucht eine »Atempause«. »Wir müssen sicherstellen, dass nicht zu viele Menschen in unser Land kommen, sonst kann unser Zusammengehörigkeitsgefühl nicht existieren. Es ist bereits herausgefordert«, sagte die Regierungschefin.

Die Kritik an der ab und an rustikalen Rhetorik der Ministerpräsidentin, die schon mal mit populistischer Färbung einhergeht, hält sich in Dänemark stark in Grenzen: In einem kleinen Land, umgeben von großen Nachbarn, ist eine uralte, tief sitzende Angst vor Überfremdung verbreitet, mit Wurzeln, die weit zurückreichen in der Geschichte. Auch aus diesen Gründen bleibt der große Aufschrei aus, wenn von der Beschränkung nicht westlicher Einwohnerschaft geredet wird oder zum Beispiel die Verschärfungen damit begründet werden, dass ein zu großer Anteil von Menschen aus nicht westlichen Ländern »das Risiko einer religiösen und kulturellen Parallelgesellschaft« erhöhe.

Die Intention ist klar: Neue Flüchtlinge sollen erst gar nicht mehr ins Land kommen, in Dänemark ist die Abschreckung der Leitgedanke der Flüchtlingspolitik, die neuen Gesetzverschärfungen machen Asylanträge nahezu unmöglich. Dabei zeigt sich, dass es nicht immer leichtfällt, die Maßnahmen kritisch einzuordnen: Von einem dänischen Experten werden sie anders bewertet als im europäischen sozialdemokratischen Kontext üblich. Für den dänischen Migrationsminister ist die Sachlage klar: »Dänemark muss sich für Migration interessieren, bevor sie an der deutsch-dänischen Grenze steht«, sagte der Minister. »Die Verteidigung unseres Sozialstaats beginnt an den EU-Außengrenzen. Dänemark möchte auch »signifikante Änderungen des EU-Rechts« beim Umgang mit Flüchtlingen erreichen.«

In Dänemark gibt es für diese Politik eine breite Zustimmung, spätestens nach 2015. Die deutsche Politik war auf jeden Fall ein Thema, die Willkommenskultur wurde sehr kritisch gesehen, auch aus der Angst heraus, dass viele weiterreisen nach Dänemark. Man konnte nicht wirklich verstehen, warum es diese extrem offene Politik gab. Wahrscheinlich ist Dänemark für solche Belange auch einfach zu klein und man ist sich einig: Offene Grenzen sowie uneingeschränkte Einwanderung auf der einen Seite und sozialer Wohlfahrtsstaat auf der anderen Seite passen nicht zusammen, das wird auf Dauer nicht funktionieren. Das haben die Dänen verstanden. Der Wohlfahrtsstaat spielt eine entscheidende Rolle für die nationale Identität der Dänen. Die spezielle Beschaffenheit und der besondere Geist des dänischen Volkes gelten als Bedingung und Garant der dänischen Demokratie und des dänischen Wohlfahrtsstaates. Viele Dänen treibt die Angst um ihren hohen Lebensstandard, ihre Vorteile aus den weitreichenden staatlichen Leistungen und ihre soziale Infrastruktur zu verlieren. Nimmt man die Umfragewerte zum Maßstab, scheint Dänemarks Sozialdemokratie mit ihrem migrationspolitischen Rechtsruck alles richtig zu machen. Mit rund 30 % liegt sie auf einem seit 1998 nicht mehr erreichten Niveau. Die Parteiführung entschied, dass die Sozialdemokraten beim Thema Einwanderung als Hardliner auftreten, und genau das haben sie getan. Jetzt verteidigen sie ihren Kurs mit Klauen und Zähnen. Die Besonderheit bei den Sozialdemokraten in Dänemark ist, dass sie sich bewusst entschieden haben, in der Migrationspolitik nach rechts zu rücken, um der rechtspopulistischen »Dänischen Volkspartei« Stimmen abzujagen. Das war eine klare strategische Entscheidung, der dänische Fall ist eine Art Labor. Überall in Europa haben Sozialdemokraten Schwierigkeiten, sich zu positionieren, wenn es um das Thema Migration geht. Die Folge: Das einst relativ liberale Dänemark hat 2020 das restriktivste Ausländerrecht in der Europäischen Union. Nicht westlich? Nicht willkommen!

Auf dem Weg zur Nullvision ist Dänemark schon ein gutes Stück vorangekommen. Zwischen 2017 und 2019 nahm das Land keinen einzigen »Quotenflüchtling« aus Uno-Flüchtlingslagern auf. 2020 waren es 30 statt der von der Uno dringend erbetenen 500. Nur noch rund 1500 Geflüchtete haben 2020 einen Asylantrag in Dänemark gestellt, 600 wurden anerkannt, die niedrigste Zahl seit 1992.

Ähnliche Beobachtungen macht man im Nachbarland Norwegen. Das reiche Norwegen verfolgt ebenfalls eine restriktive Migrationspolitik. Das kleine Königreich im Norden verbucht bei Abschiebungen abgelehnter Asylbewerber nach Afghanistan höhere Zahlen als Deutschland, von Anfang 2015 bis Ende 2018 hat Norwegen die Asylanträge von 3670 Afghanen abgelehnt, das entspricht einer Abschiebequote von knapp 22 %. Im 15-mal bevölkerungsreicheren Deutschland lag die Abschiebequote bei weit unter 1 %. Bei illegaler und irregulärer Migration zeigt sich der norwegische Staat wenig großzügig – wer sich nach dem Asylverfahren als nicht schutzbedürftig herausstellt oder straffällig wird, muss fest mit seiner Abschiebung rechnen, selbst wenn er aus dem Bürgerkriegsland Afghanistan kommt. Der scharfe Kurs von Ministerpräsidentin Erna Solberg (»Zur Rechtsstaatlichkeit gehören Abschiebungen«) wurde mit einer weiteren Amtszeit belohnt, denn auch in Norwegen stützt eine Mehrheit der Bevölkerung die Linie der dortigen Regierung, Schutzbedürftige aufzunehmen, aber andererseits möglichst viele abzuschieben, die zwar aus verständlichen Gründen ins Land kommen, aber nicht vor Verfolgung oder Krieg flohen. Dadurch hatte Norwegen die Zuwanderung über das Asylsystem schnell wieder im Griff, nachdem auch dort 2015 die Asylanträge in die Höhe geschossen waren. Heute werden Asylbewerber ohne Schutzbedarf schon an der Grenze abgewiesen und auch anerkannten Asylanten wird nur noch eine mittelfristig begrenzte Aufenthaltserlaubnis erteilt, der Familiennachzug kann erst nach drei Jahren erfolgen. Im Jahr 2017 wurde festgelegt, dass die 84 über das ganze Land verteilten Asylunterkünfte (2016 waren es noch 288) geschlossen werden und neu ins Land kommende Flüchtlinge stattdessen in einer riesigen Unterkunft südlich von Oslo untergebracht werden. Innerhalb eines Zeitraums von gerade mal drei Wochen sollen etwa 80 Prozent der Asylbewerber die Entscheidung erhalten, ob eine Integration stattfinden kann oder die Abschiebung zurück in die Heimat erfolgt.

Die fünf Millionen Norweger sollen besonders glücklich sein – solange sie unter sich sind. Im Jahr 2017 kamen so wenige Flüchtlinge nach Norwegen wie seit 1995 nicht mehr. Offenere Grenzen, mehr Solidarität: Den meisten der fünf Millionen Norweger ist nicht danach. Laut einer Umfrage unterstützen zwei von drei die restriktive Flüchtlingspolitik.

Viele fragen sich in Europa: Warum sind eure Flüchtlingszahlen in Norwegen und Dänemark so niedrig? Wie schafft ihr das? Man bekommt zur Antwort: Ein Unterschied zwischen den skandinavischen Ländern und der EU ist: In Skandinavien gibt es wieder Grenzkontrollen. Seit der Flüchtlingskrise werden die Grenzen zu Schweden und Finnland kontrolliert. Vorher konnte man innerhalb Skandinaviens hin- und herreisen, ohne kontrolliert zu werden. Das ist vorbei. Es ist schwieriger geworden, illegal nach Norwegen einzureisen. Die Hürden sind hoch. Insgesamt haben es Einwanderer nicht einfach, in der zentrierten Gesellschaft Anschluss zu finden, und wer meint, sich nicht an die Regeln des Landes halten zu müssen, findet sich schnell außerhalb Norwegens wieder. In Dänemark – und auch in Norwegen, wenn auch in etwas geringerem Ausmaß – hat die politische Debatte seit Anfang der 2000er-Jahre die Notwendigkeit betont, den Wohlfahrtsstaat vor Belastungen durch »unerwünschte« Zuwanderung zu schützen.

Sowohl im dänischen als auch im norwegischen Kontext sind seit Langem recht erfolgreiche rechtspopulistische Parteien Teil der parlamentarischen Arena, während dies in Schweden ein neueres Phänomen ist. Dort war erstmals zwischen 1991 und 1994 kurzfristig eine rechtspopulistische Partei – Neue Demokratie (Ny Demokrati) im Parlament vertreten, doch erst seit 2010 hat eine rechtspopulistische Partei – die Schwedendemokraten (Sverigedemokraterna) – eine kontinuierlichere Vertretung im Parlament erreicht. In Schweden wirkte sich die hohe Asylzuwanderung seit 2015 auch am stärksten politisch aus. (Die Flüchtlingskrise von 2015 hat in Schweden zu tief greifenden politischen Veränderungsprozessen geführt.) Sie bewirkte einen Wandel in der Migrationspolitik, während die in Dänemark und Norwegen nach 2015 ergriffenen einwanderungspolitischen Maßnahmen stärker den bereits verfolgten (restriktiven) Ansätzen entsprachen. (Bei der Wahl im September 2022 erreichen die Schwedendemokraten über 20 Prozent der Stimmen und sind die großen Gewinner, erstmals wird eine Regierung in Stockholm abhängig sein von den rechtspopulistischen Schwedendemokraten.)

Wie es mit meiner Einbürgerung steht? Noch nichts gehört! Und dass, obwohl ich mittlerweile *Rødgrød med fløde* korrekt aussprechen kann.

Skandinaviens Abschied von der Willkommenskultur!

PS: Vielleicht sollte ich meinen Integrationsprozess beschleunigen und mir einen dänischen Nachnamen kaufen. Was? Sie lachen schon wieder? Haben Sie in der Zwischenzeit immer noch nicht in Dänemark gewohnt? Für eine Gebühr von 518 kr. kann man aus einer Liste der sogenannten freien Nachnamen (frie efternavne) wählen. Man hat die Wahl aus ca. 200 Nachnamen (die Liste wird stetig ergänzt), mindestens 2000 Personen müssen den Nachnamen haben, damit dieser auf der Liste der sogenannten freien Nachnamen erscheint. Das dänische Namensrecht ermöglicht es somit auch deutschen Staatsangehörigen, die in Dänemark leben, ihren Namen nach den geltenden dänischen Bestimmungen zu ändern. (Wenn der Name in Dänemark geändert wird, gilt diese Namensänderung aber nicht automatisch auch für den deutschen Rechtsbereich. In der Regel muss eine Namensänderung gegenüber einem deutschen Standesamt erfolgen. Hat man einen Wohnsitz in Dänemark, kann eine solche Erklärung bei der Botschaft eingereicht werden, diese wird dann an das zuständige Standesamt in Deutschland weitergeleitet und dort abschließend bearbeitet.) Die Beantragung einer Namensänderung ist unproblematisch und erfolgt natürlich online. Mit ein paar Klicks kann man sich somit etwas mehr als Teil der dänischen Gesellschaft fühlen und ist beim Einbürgerungsverfahren vielleicht weniger Vorurteilen ausgesetzt. Dänen können somit weitgehend ihren Nachnamen selbst bestimmen. Dafür gibt es eine einfache Erklärung. Hauptgrund dafür ist, dass jeder Bürger in Dänemark eine unveränderliche Personennummer hat, die sich aus dem Geburtsdatum sowie vier zusätzlichen Ziffern zusammensetzt. Diese Nummer wird von Behörden und Unternehmen stets zur Identifizierung von Personen verwendet, wodurch der Name zweitrangig wird. Auf der einen Seite hat Dänemark also das liberalste Namensrecht Europas, auf der anderen Seite eines der restriktivsten Ausländergesetze in Europa.

12. Abenteuer Hurtigruten

Abenteuer Hurtigruten, ein lang ersehnter Traum nicht nur für mich, da spreche ich mit Sicherheit für alle Skandinavien-Enthusiasten. Die Planung dieser Reise kann schon mal die Organisation des G20-Gipfels übertreffen. Worüber man sich im Vorfeld nicht alles Gedanken machen muss! So kann man aus jeweils vier verschiedenen Variationen von Pauschalpaketen der Hurtigruten wählen:

Die komplette Reise Bergen – Kirkenes – Bergen (11 Nächte)

Verkürzte Reise Bergen – Kirkenes – Trondheim (10 Nächte)

Nordgehende Route Bergen bis Kirkenes (6 Nächte)

Südgehende Route Kirkenes bis Bergen (5 Nächte)

Nordgehend von Bergen erlebt man die größeren Städte tagsüber, südgehend die fantastischen Landschaften tagsüber. Wie gestaltet sich vom beschaulichen Hvide Sande die Anreise nach Bergen oder wahlweise Kirkenes? In welcher Jahreszeit wollen wir die Hurtigruten erleben? Sommer? Oder doch besser im Winter? Taghelle Sommernächte oder vom Polarlicht durchwehte Wintertage?

Von Bergen bis nach Kirkenes und Retour fahren 14 Hurtigruten-Schiffe. Dabei ist jedes Schiff individuell in der Größe, im Design und dem sich bietenden Komfort. Welches der 14 Schiffe wählt man bloß aus? Kabine auf der Steuerbord- oder Backbordseite?

Und warum ist diese Postschifflinie eigentlich so verdammt teuer? Im Grunde ist das eine berechtigte Frage, denn die Reisen sind im Vergleich zu internationalen Kreuzfahrten verhältnismäßig teuer, sie enthalten weniger Inklusivleistungen und der Komfort ist geringer.

Gerade bei Deutschen Kreuzfahrern steht diese Reise hoch im Kurs, mehr als 30 000 Deutsche bereisen diese Postschifflinie, die seit über 100 Jahren in täglicher Taktung die norwegische Küste auf- und abfährt. Nicht nur Norweger selber preisen ihren Seepostdienst als die schönste Schiffsreise der Welt an. Ein gut gewählter Werbeslogan findiger Strategen, um einen linienmäßigen Postdienst etwas lukrativer zu machen, oder ein Versprechen, das wirklich gehalten werden kann? Ich werde mich auf diese Reise begeben, um genau dies herauszufinden, auf ins wilde Norwegen, dem Mythos Hurtigruten auf der Spur.

Wir entschieden uns letztlich für die komplette 11-tägige Reise Bergen–Kirkenes–Bergen im August, da der Geirangerfjord, eine für uns touristische Hauptattraktion, nur von Mai bis August angefahren wird.

In insgesamt 12 Tagen entlang der norwegischen Küste von Bergen bis nach Kirkenes an der russischen Grenze und wieder zurück bedeutet rund 2500 Seemeilen oder 4630 Kilometer durch ein subpolares Kreuzfahrtrevier, in dem jeder Tag, jede Stunde voller Highlights ist: majestätische Fjorde, weite Schärengärten, felsenumschnürte Sunde, aber auch liebliche sowie historische Orte. Wir waren bereit, uns der Unendlichkeit des Polarmeeres zu stellen, vom Nordatlantik umrandet, zwischendurch mit Pottwalen auf Du und Du, bis zum Nordkap, Ziel der Ziele für Nordlandsüchtige, und da die Seele nur beim langsamen Reisen Schritt halten kann, bietet die gemächliche Fahrt mit Hurtigruten den vollendeten Reisegenuss. Nordnorwegen, hier dominiert eine Landschaft, oft so unberührt wie am »ersten Tag«, damals, vor vielen Tausenden von Jahren, Fjorde, die mitten hinein in eine von Gletschern bedeckte Bergwelt reichen, dem Fjordland möchte man am liebsten einen Oscar verleihen, hier kann man sie in Vollendung genießen. Schnell kann man süchtig werden nach solch extravaganten Eindrücken. Und wer einmal die »Schweiz am Meer« vom Wasser aus erlebt hat, für den ist der Gedanke an Schönheit wohl für alle Zeiten an dieses Land gebunden. Diese Tour auf diesem Postschiff, sie findet auf der Welt kein Gegenstück. Zwar hat sich seit dem Jahr 1893, als das erste Postschiff von Trondheim in Richtung Hammerfest in See stach, einiges in puncto Komfort getan, vieles von der ursprünglichen Atmosphäre ist jedoch lebendig geblieben. Lange Zeit stand der Transport von Post und anderen Waren in den auf dem Landweg nur schwer zugänglichen Norden im Vordergrund, heute sind die Hurtigruten eine faszinierende Mischung alltäglichem Transportmittel für die Küstenbewohner und erholsamer Seereise. Lange wurde die »Reichsstr. Nr.1«, wie die Hurtigruten auch genannt werden, staatlich subventioniert, um den Norden zu versorgen und so der drohenden Entvölkerung entgegenzuwirken. Seit 2002 wird allerdings nur noch der Winterverkehr subventioniert, da das Flugzeug heutzutage eine weit wichtigere Rolle bei der Aufrechterhaltung der Verbindung zur Außenwelt spielt. In den Sommermonaten müssen sich die Hurtigruten somit selbst tragen.

Wir zogen den Direktflug von Kopenhagen nach Bergen der Fähre von Hirtshals nach Bergen (2 Nächte an Bord, eher geeignet für Autoreisende) vor. Schon beim Anflug auf Bergen, der Königin der Fjorde, entdeckt man umgehend den Zauber der Einöde, ein Stück schroffes und karges Felsland, wie es ursprünglicher wohl nicht sein kann. Kaum in Norwegens zweitgrößter Stadt gelandet, der den Ausgangs- sowie Endpunkt der Reise bildet, erleben wir die Luft salzig, klar und neblig, sie schmeckt und riecht nach dem wilden, urtümlichen Norwegen, mit dem die Hurtigruten werben.

Herzlich willkommen in der Atlantikmetropole Bergen, von hier bricht jeden Tag einer der 14 Hurtigruten-Schiffe in Richtung Norden zur Reise auf. Vom Flughafen verkehrt der Hurtigruten-Bus, knapp 30 Minuten später erreicht man entspannt den Hurtigruten-Kai. Bergen bedeutet auch, dass hier für fast alle Passagiere die Reise beginnt oder endet, damit verbunden ist die längste Liegezeit in einem Hafen auf der gesamten Route. Der Passagierwechsel beschert immerhin gut fünfeinhalb Stunden Aufenthalt. Bergen, dieser wunderschönen Stadt, die mit ihren 250 Regentagen im Jahr auch als Regenhauptstadt Europas bezeichnet wird, trägt man diesen wenig rühmlichen Titel nicht wirklich nach, dennoch sind wir froh, dass wir den Regenschirm als Standartaccessoire nun verschwinden lassen dürfen. Bergen ist lebendig, ist Kultur, mit ihren modernen, futuristischen Gebäuden von einer einzigartigen Schönheit. Für Bergen hatten wir auf der Rückreise noch eine zusätzliche Nacht eingeplant. Das Weltkulturerbe Bryggen, das historische Hafenviertel der Stadt (trotz mehrerer Brände, seit dem 12. Jahrhundert nicht mehr verändert) sowie den Hausberg Floyen mit einzigartigem Blick über Bergen, der erst die ganze Schönheit dieser Stadt offenbart, sollte man sich bei einem Besuch nicht entgehen lassen.

Wuchtig empfängt uns die MS Finnmarken (sie bietet dem Reisenden ein Maximum an Ambiente und Komfort) am Kai, schnell werden noch eifrig einige Fenster geputzt, die Bordwand erstrahlt in hellem Weiß. Totale Freude beim Boarding, wenig später ertönt das Schiffstyphon, Herr Kapitän, ich wäre so weit. Leinen los! Auslaufen Richtung Westen, der Abendsonne entgegen, 12 Tage Zeit zum Staunen über die Schönheit der Welt. Beim Auslaufen blickt man auf das allerschönste Panorama, das nach und nach zurückbleibt, gleichermaßen von Berg und Meer geprägt, elf Tage werden nun vergehen, bis die eindrucksvolle Stadtkulisse von Bergen wieder das Ende der »schönsten Seereise der Welt« markiert.

Beim Einchecken gleich mal das Kaffee-Abo gebucht (Leni kommentiert die Anschaffung mit einem unsensiblen »Wohl verrückt geworden«) und mit dem ersten Kaffee in der Hand auf Deck 7 dem Informationsabend in der Panorama-Lounge gelauscht. Schnell wird klar, warum man diese Reise nicht mit klassischen Kreuzfahrten vergleichen kann. Die Reise mit dem Postschiff ist authentischer und durch die permanente Nähe zum Festland deutlich erlebenswerter, die Entfernung zur Küste nur wenige Meter, man reist immer mit »vollem Panorama« und teilweise auf extrem schmalen Wasserstraßen, die nur von Hurtigruten befahren werden können. Hinzu gesellt sich weniger Animation als bei anderen Kreuzfahrt-Riesen, die Natur und der Mensch stehen bei den Hurtigruten eindeutig im Mittelpunkt. Seit dem Ende des 19. Jahrhunderts verbindet die legendäre Reederei der Hurtigruten Orte an der Atlantikküste des Landes, Abertausende von Schären, Inseln, Halbinseln und teils tief ins Land schneidende Fjorde werden passiert. Der Landweg ist bedingt durch die Geografie mit enormem Zeitaufwand verbunden – im Winter sind viele Straßen gar nicht passierbar. Seit den 1890er-Jahren dienen die Hurtigruten-Schiffe, die von Anfang an auch Passagiere an Bord nahmen, nicht nur als Transportmittel für Post und Frachtgut, sondern längst auch als zuverlässige und schnelle (hurtige) Fährverbindung.

Beim Auslaufen aus Bergen unterqueren wir die imposante Askøy-Hängebrücke, selten war ich im Urlaub schneller in einen Slow-Motion-Modus eingetaucht, alles lief in Zeitlupe vorbei. Wir blieben noch ein wenig an Deck und nutzten gleich die Gelegenheit, uns an die üppigen norwegischen Preise für alkoholische Getränke zu gewöhnen (am Verpflegungsstand wurde den nichtisotonischen Getränken am stärksten zugesprochen), bevor es in unsere komfortable 10 qm-Kabine auf der Steuerbordseite ging. Die Koffer befinden sich wie versprochen direkt vor unserer Kabine, in selbiger empfangen uns ein Obstkorb, zwei Isobecher samt Kaffeepaket sowie eine Flasche Sekt im Kühler. Im Bett liegend können wir über die eigenen Füße hinweg in die Landschaft schauen. Die Preisliste für die kleine Minibar erinnert uns schmerzlich daran, dass wir uns in Norwegen befinden.

Unsere MS Finnmarken ist eine von insgesamt 14 Hurtigruten-Schiffen, die im regelmäßigen Liniendienst von Bergen bis Kirkenes und wieder zurück nach Bergen fahren, 34 Häfen erwarten uns innerhalb der nächsten 12 Tage.

Am nächsten Morgen legen wir bereits in Ålesund an, ein Besuch auf dem Hausberg Aksla ist für uns Pflichtprogramm. Googeln Sie die Stadt Ålesund und schauen sich die dazugehörigen Bilder an, bleibt ein Bild, dieser charakteristische Blick auf die Stadt vom Aksla Hausberg, ganz sicher im Gedächtnis hängen. Die 500 Stufen hinauf nahm ich mit großer Vorfreude, belohnt wurden wir mit einer fantastischen Sicht auf die Stadt sowie die umliegenden Berge. Dass Goethes Empfehlung, jede Stadt zunächst von oben kennenzulernen, Hand und Fuß hat, entdeckt man spätestens vom Gipfel dieses Aussichtsberges, man genießt einen ganz und gar traumhaften Blick, ganz Ålesund liegt einem praktisch zu Füßen, der Blick auf die Schärenküste in der Ferne sowie auf die Bergwelt ringsum ist umfassend. Für mich hatte sich somit bereits an Tag 2 ein Traum erfüllt. Allein von diesem Blick auf die Stadt, die durch einen Brand 1904 fast vollständig zerstört und im Jugendstil wieder aufgebaut wurde, werde ich noch lange zehren. Bitte lassen Sie sich diesen Blick bei Gelegenheit nicht entgehen, diese Wertschätzung hat Ålesund, Venedig des Nordens, ganz sicher verdient. Nach einem kurzen Spaziergang am Hafen und durch die Fußgängerzone (sind 200 Euro für einen echten Norwegen-Pullover zu viel?) und vorbei am Denkmal von Kaiser Wilhelm II. (er war maßgeblich am Wiederaufbau Ålesunds, Norwegens Perle des Jugendstils, beteiligt), ging es wieder zurück an Bord. Ob es Absicht ist, dass der Bord Shop so geschickt am Durchgang zwischen Restaurant und Bar platziert ist?

Nachdem wir unsere aktivierten Cruiser Karten (Bordkarten mit Bezahlsystem) im Bord Shop glühen ließen (das böse Erwachen kommt in 12 Tagen bei der Abrechnung, un-

Morgens 7:38 Uhr, Norwegen ist schon wieder um kein Klischee verlegen.

gemein praktisch und deshalb auch ungemein tückisch), ging es direkt weiter in die Mutter aller Fjorde: Der majestätische Geirangerfjord, 16 Kilometer lang und von bis über 1000 Meter hoch aufragenden Felswänden umgeben, erwartete uns. Das ist einer der Vorteile, wenn man sich für die Tour im Sommer entscheidet. Der Fjord mit seinen malerischen Landschaften gilt seit Langem als der »Postkarten-Fjord« Norwegens, hier begegnet man dem Superlativ auf Schritt und Tritt. Fjord von Weltruhm, reinste Augenverführung, er gilt als Inbegriff norwegischer Landschaftsmajestät, immer wieder bieten sich auf dieser Passage Ausblicke, so einzigartig, dass sie eine Fototapete schmücken könnten. Rund vier Stunden dauert die Fahrt über mächtige Wasserweiten bis Geiranger, mal durch Felsschluchten und von Wänden umgeben, die Hunderte Meter tief im grünblauen Wasser wurzeln und sich wiederum bis über 900 Meter über den Meeresspiegel hinaufrecken. Dazwischen stürzen faszinierende Wasserfälle herab. Dies in Worte zu fassen ist unmöglich, denn Ereignis und Bild zugleich entzieht sich den Möglichkeiten der Sprache, man muss diese steinernen Denkmäler einfach selber gesehen und erlebt haben. Mit Worten lässt sich da nichts ausrichten.

In Geiranger, einem idyllischen Dorf am Wiesenufer, werden wir mit einem kleinen Zubringerschiff in den noch kleineren Ort gefahren. Auf 280 Einwohner kommen hier schon mal bis zu 10 000 Touristen täglich, pandemiebedingt war es heute relativ ruhig. Hier gönnen wir uns erst mal ein Guinness zu Preisen von skandinavischem Kaliber, aber die Stimmung ist unbezahlbar, ein Erlebnis der Spitzenklasse. Natürlich hätten wir auch, wie viele andere, den entsprechenden Ausflug hinauf auf die atemberaubende Trollstigen-Plattform buchen können. Allerdings schlagen solche Ausflüge mit 249 Euro pro Person zu Buche und in Anbetracht dessen, dass das Wetter keine unmittelbare Weitsicht versprach, sparten wir uns diesen halsbrecherischen Trip. Schließlich ist es auch nicht jedermanns Sache, vorab eine acht Kilometer lange Serpentinenstraße mit teilweise zehnprozentiger Steigung auf über 600 Meter zu gelangen, bevor es in elf Haarnadelkurven die Serpentinen der Trollstigen (Trollleiter) wieder hinabgeht. Trollstigen, eine der extremsten Gebirgsstraßen Europas und Norwegens kühnste sowie berühmteste, entführt ins luftige Reich der Wolken. Hinzu kommen Riesenschiffe, die Busladungen von Menschen dort abladen, jede Menge Individualtouristen mit Wohnmobilen, sie kommen in Scharen. Jeder will ein Foto oben von der Trollstigen-Plattform hinunter ins Tal, oft hört man nur »*Hurry up! Next one!*« die Touristen hintereinander rufen.

Hier begegnet man dem Superlativ auf Schritt und Tritt, ein Schicksal, das sich diese Plattform mit dem Nordkap teilt. Hat man es einmal bis hier oben geschafft, wo eine architektonisch außerordentlich anspruchsvolle Aussichtsplattform wartet, kann man dieses dramatische Panorama genießen, das sich von hier aus nach Norden bietet. Diese Aussichtsplattform ist eindeutig für waghalsige Besucher und in jeder Hinsicht wird sie ihrem Namen »Aussicht« gerecht. Nichts für schwache Nerven.

So spektakulär dieses Erlebnis auch ist, so ästhetisch der Gesamteindruck, war uns mehr nach einem relaxten Bierchen im Ort, als uns mit anderen um die besten Plätze im Reisebus zu balgen.

Dass wir uns mehr auf einem Post- als auf einem Kreuzfahrtschiff bewegen, wird uns spätestens beim Auslaufen aus dem Geirangerfjord bewusst, als uns der Kreuzfahrtriese »Mein Schiff 3« mit fast 300 Meter Länge sowie über 2500 Passagieren an Bord entgegenschippert. Kurzfristig fühlen wir uns auf unserem knapp 140 Meter langen Dampfer sowie seinen 900 Passagieren wie auf einer Nussschale, das ist mit der klassischen Postschiffroute nicht vergleichbar. Abgesehen davon muss man auf dem Postschiff keinen Dresscode beachten, formelle Kleidung nicht notwendig, kein Krawattenzwang beim Abend-Buffet. Abendgarderobe und Dinnerjacket kann man beruhigt zu Hause lassen. Kein Kreuzfahrt-Schickimicki, kein Captains Dinner, keine Riesentorten mit brennenden Kerzen, keine klassische Kreuzfahrt-Animation, das Bordprogramm ist meist auf das Erleben der Natur abgestimmt, die allermeisten Gäste sind mehr bequem mit Jeans und T-Shirt als elegant gekleidet. Einzige Ausnahme: Auf Wunsch kommen nette norwegische Mitarbeiter beim Frühstück an den Tisch und singen ein Geburtstagsständchen, eine Art norwegische Polonaise. Auf norwegisch, versteht sich, während sie wie verrückt mit kleinen Landesfahnen in der Hand herumwedeln. Das allerdings ist ein großer Spaß. Man muss der Kellnerschaft nur mit einem kleinen Tipp nachhelfen.

Mal schauen, wie lange diese Riesenschiffe den Geirangerfjord noch befahren. Massive Felsenabschnitte werden immer brüchiger, es ist nicht die Frage, ob, sondern wann Felsenabschnitte ins Wasser krachen und eine hohe Flutwelle auslösen, Notfallpläne existieren seit Langem.

Am nächsten Morgen liefen wir bereits in Trondheim ein, die Stadt, wo die Wikinger zu Christen wurden. Da wir die nach Oslo und Bergen drittgrößte Stadt Norwegens bereits auf einer früheren Tour ausgiebig erkundet hatten, ließen wir den imposanten Nidarosdom, immerhin die wichtigste Kirche Norwegens und bis 1908 Krönungskirche aller Könige, links liegen. Da das Hurtigruten-Kai deutlich außerhalb des Stadtzentrums von Trondheim liegt und das Schiff um 12 Uhr bereits wieder ablegt, entschieden wir uns stattdessen, den Sonnenschein an Deck zu genießen. Auf dieser Reise fühlt man sich ständig verleitet, mit der Handykamera Momentaufnahmen der mehr als skurrilen Landschaft zu machen. Bewusst versuchten wir, so viel wie möglich von der besonderen Atmosphäre aufzunehmen, den ständigen Drang nach Bildern einfach mal zu ignorieren.

Bereits beim Auslaufen konnten wir unseren selbstgesetzten und sinnvollen Vorsatz allerdings nicht halten. Ganz dicht fuhren wir an der Insel Munkholmen vorbei, die im Fjord direkt vor der Stadt liegt, leider verbunden mit einem dankbaren Fotomotiv für Touristen. Trotz der nördlichen Breite werden hier die flachen Ufersäume des ca. 130 Kilometer langen Trondheimfjordes genutzt und Obst, Gemüse und Getreide angebaut, die Landwirtschaft ist sehr ertragreich.

Im Weiteren führt eine lange Seepassage aus Trondheim hinaus Richtung Kristiansund und Molde, von Wiesengrün zu Felsbraun sozusagen, die gewaltigen Buckelberge in ihrer weitgehend vegetationslosen Klobigkeit sind imposant. Hier irgendwo endet die eigentliche Nordsee und geht ohne erkennbare Grenze ins Europäische Nordmeer über bzw., wie die Norweger sagen, ins Norwegische Meer. Der Weg von Kristiansund bis Molde ist vor allem für seine imposante Atlantikstraße bekannt, welche die verrückten Norweger über acht Kilometer und acht teilweise bewundernswerte Brücken mitten in den Atlantik gezimmert haben. Die acht Brücken schlängeln sich zwischen Schären, Holmen und Inseln und sind untereinander durch herausfordernde Straßenabschnitte verbunden, die im Gestein dieser Küstenlandschaft fest verankert sind. (Die Atlantikstraße wurde von der britischen Tageszeitung *The Guardian* zur »schönsten Autostrecke der Welt« gekürt.) Die Kontraste zwischen einer Fahrt bei glatter See und glitzernder Sonne oder tosenden Wellen sind unbeschreiblich, nicht umsonst wurde die Atlantikstraße zum norwegischen Bauwerk des Jahrhunderts erklärt. Die Landpassage sollte man beizeiten durchaus in Erwägung ziehen.

An diesem Tag zeigte sich die Natur von ihrer stürmischen Seite, und während sich einige andere Arbeits- und kleinere Sportschiffe durch die recht lebhafte See kämpften, hatte man auf unserer Finnmarken das Gefühl, der Nordatlantik ähnelt einem kleinen Tümpel, wir attestierten unserem Kahn eine exzellente See-Lage. Die Meisterleistung unseres Kapitäns wollen wir an dieser Stelle nicht außer Acht lassen. Natur und Kultur, das macht den Reiz dieser ersten zwei Tage an Bord aus, die aus der Nordsee bis ans »Tor von Nordland« führen, der Reiz liegt im Wechsel von Verbergen und Wiederauftauchen der Küste, vorbei an der *utkanten* von Norwegen, die »Außenkante«, an der entlang die Reise nun im Weiteren verlaufen wird.

Dann ging es Schlag auf Schlag, ein Klassiker der Route jagte den nächsten. Bereits am nächsten Tag stand die Polarkreisüberquerung auf dem Plan, von hier sieht man die Trennlinie, die auf einer kleinen Schäre durch das Modell einer Weltkugel markiert ist. Früh waren wir dementsprechend auf den Beinen, um Backbord die Kugel am Polarkreis zu sehen und die anschließende Zeremonie zur Polarkreistaufe mitzuerleben. Allen Mutigen (zu denen ich nach Lenis eindringlichem Appell auch gehörte, schließlich konnte man mit einfachsten »Ich schreie wie am Spieß«-Verhalten Schwiegervater Wolfgang am einfachsten belustigen) wurde eine große Kelle kaltes Wasser mit Eiswürfeln in den Nacken gekippt. Zwar musste man sich danach definitiv von den nassen Sachen befreien, allerdings kann man eine gewisse Vitalität im weiteren Verlauf des Tages nicht verhehlen. Zu meinem offiziellen Polarkreisüberquerungstaufen-Zertifikat gönnte ich mir einen wohlverdienten Single Malt Whiskey, bevor wir zur Mittagszeit bereits in Bodø (»Tor zu den Lofoten«) anlegten. Was mich erstaunt, ist das meist sehr gute Mobilfunknetz trotz der schwierigen topografischen Bedingungen, auf dem Schiff empfängt man stets freies und gut funktionierendes WLAN.

Zugegebenermaßen: Geirangerfjord ist landschaftlich schwer zu toppen, allerdings denkt man das fast hinter jeder weiteren Bergkette. Auch die Strecke von Trondheim nach Bodø, die über den Polarzirkel führt, hat bei gutem Wetter durchaus Potenzial und verdiente Chancen auf einen guten

Platz direkt hinter dem Klassenprimus Geirangerfjord. Geniale kolossale Landschaft, überhäuft von mystischen Sagen. Die Bergkette »Sieben Schwestern« konnten wir bei eher tief hängenden Wolken leider nur erahnen. Im Panorama-Saloon der Finnmarken lässt man sich dem nächsten landschaftlichen Höhepunkt relaxt entgegenschippern. Dabei trifft man zwangsläufig immer wieder auf andere Schiffe der Hurtigruten, die standesgemäß mit einem lauten Stoß aus dem Bordtyphon begrüßt werden, wobei das nordgehende Schiff stets zuerst grüßt. Immer wieder bieten sich dem Auge fantastische Fotomotive in Postkartenqualität. Wir genießen die Atmosphäre an Bord der Hurtigruten, nicht vergleichbar mit Kreuzfahrtriesen im klassischen Sinne, sondern vielmehr eine Etappen-Seereise mit einem Postschiff. Und Postschiff bedeutet, dass alle Schiffe immer pünktlich den Hafen verlassen, um in ihrem Fahrplan zu bleiben. Als Kabinenpassagier sollte man immer tunlichst darauf achten, pünktlich wieder an Bord zu sein. Es wird nicht gewartet. Wie man sodann in den nächsten Hafen gelangt, bleibt einem selbst überlassen. Sicher wird es umständlich und teuer. Man sollte also die Abfahrzeiten und den Fahrplan durchaus ernst nehmen, wenn man nicht Lust auf ein kleines Abenteuer abseits der Route hat. Es lohnt sich auch nicht immer, das Schiff in jedem der Häfen zu verlassen. Wo es sich ganz sicher lohnt: auf den Lofoten. Wie Ålesund gehören die Lofoten zu meinem Kindheitstraum.

Unser Dampfer bewegt sich unerschrocken in Richtung der beeindruckenden Lofoten-Wand, gigantisches Bollwerk aus Schwarz und Weiß, Fels und Eis. Lofoten-Wand als Augenweide, hier ist es in Vollendung zu genießen, stets haftet der Landschaft etwas Unwirkliches an, Denkmäler einer fernen Zeit. Diese vielfältigen Formen sind es, die dieser Reise ihren Zauber verleihen, ich kann mich nicht sattsehen an den märchenhaften Farben und dramatisch nackten Formen aus der Vorzeit. Eines der fischreichsten Gewässer der Welt, die seit mehr als 1000 Jahren das wirtschaftliche Rückgrat der Lofoten bilden und auch heute noch eine wichtige Existenzgrundlage der Inselbewohner sind. Hier oben am Rande des Nordmeers herrscht überraschenderweise mildes Klima dank des Einflussbereiches des Golfstroms. Auch Leni ist von dieser Alpenkulisse in der arktischen See tief beeindruckt und langsam verstehen wir, warum die Wikinger bereits im 9. Jahrhundert dem Archipel mit feinem Sprachgefühl den Beinamen »Insel der Götter« gegeben haben. Die Lofoten, das Schönste des Schönen, sind fast so alt wie die Geschichte der Erde. Wer die Lofoten wieder verlässt, wird so verwöhnt sein, dass ihm manch andere spektakuläre Landschaft ein wenig fad und langweilig vorkommt.

Die ersten typisch rot angestrichenen Häuser werden sichtbar, für uns scheinbar das Ende der Welt, für andere deren Anfang. Auf den Lofoten hält das Schiff an drei Stationen, neben Stamsund sind es die Orte Svolvær sowie Stokmarknes. Dabei gehört die Passage zwischen Svolvær und Stokmarknes sicherlich zu den beeindruckendsten Seewegen der Welt. Allein bei diesem Teilstück der Reise kann man mit Fug und Recht von der schönsten Seereise der Welt sprechen. Der Raftsund (»Inneres Filet Norwegens«) ist atemberaubend, ein gut 30 Kilometer langer und zum Teil nur wenige Hundert Meter breiter Genuss, selbst für norwegische Verhältnisse unerhört dramatische Nordlandküste. Rechts und links von 1000 Meter hohen Felswänden umschlossen, teilweise leuchtend türkisfarbenes Wasser, gekrönt durch den 1266 Meter hohen Moysalen. Hier tritt die Natur in ihren unwahrscheinlichsten Erscheinungsformen auf.

Nach einem kurzen Abstecher in den Trollfjord (konkurriert in Norwegen mit dem Geirangerfjord), der durch seine geringe Größe und die knapp 100 Meter schmale Einfahrt ein weiteres Highlight dieser Reise ist (das Schiff dreht am Ende fast auf der Stelle, so eng ist es dort beim Wendemanöver), geht es weiter nach Stokmarknes. In Stokmarknes befindet sich auch das Hurtigruten-Museum, da das Unternehmen hier 1881 durch Richard With gegründet wurde.

Im malerischen Hafen Svolvær auf den Lofoten hatten wir uns ernsthaft überlegt, die Reise kurz zu unterbrechen, um die Inselwelt der Lofoten zu erkunden. Allerdings verlängert das die Reisezeit und erhöht das aufzubringende Budget erheblich. Sollten wir irgendwann mal zahlungskräftiger sein, werden wir diese Idee aufgreifen und finalisieren. Eigentlich eine Sünde, auf den Lofoten gewesen zu sein und nicht die Europastraße 10 (Lofoten-Highway) einmal in ihrer gesamten Länge zu befahren. Auch Henningsvær sollte man gesehen haben, das wohl berühmteste Fischerdorf in Norwegen. Es ist für seinen Fischreichtum (Zentrum des Stockfischexports, auch Lofoten-Konfekt genannt) genauso berühmt wie für seine Schönheit. Melancholisch blicken wir dieser Bergbastion hinterher und schwelgen in Superlativen, um diese Schönheit zu beschreiben. Nichts sonst weckt solche Gefühle ohne ein Wort. Das Reinste des Reinen, das Kälteste des Kalten, das Unberührteste des Unberührten, was man sich denken kann. Eine Prise Inspiration und Lebenskraft gefällig? Reisen Sie auf die Lofoten.

Wir verlassen die steinerne Urwelt, auf dem Weg nach Tromsø wird das Polarmeer rau und unruhig (ein Meer, wie es urtümlicher und gewaltiger nicht sein kann), im Endeffekt sind wir froh, uns für die MS Finnmarken entschieden zu haben. Auch die Nächte verlaufen ruhig, selbst bei etwas mehr Seegang. Die Reisen auf dem ältesten Schiff der Hurtigruten, der MS Lofoten, sollen durchaus nostalgisch sein. Im Gegensatz zur Finnmarken verfügt die 1964 gebaute MS Lofoten über keine Stabilisatoren und bei entsprechendem Seegang kann die Nacht eher unruhig verlaufen. Dann wird auch das abendliche Buffet zur Herausforderung, wenn der Teller mit Inhalt zum Platz jongliert werden muss.

Wir genießen das Abend-Buffet, was sich wie fast jeden Abend als ein wenig fischlastig herausstellt. Man darf nicht vergessen, dass dieses norwegische Unternehmen nach wie vor auch von vielen Norwegern selbst genutzt wird, um von A nach B zu gelangen. Schnell in Bergen zusteigen um nach Ålesund zu gelangen oder umgekehrt, mit der Hurtigruten kein Problem. Somit gestaltet sich auch der Speiseplan überwiegend als »typisch« norwegisch. Die Auswahl ist allerdings reichhaltig, sodass auch keine Freunde von Meeresdelikatessen durchaus fündig werden. Auf die Flasche Wein für 50 Euro verzichten wir allerdings, wir wollen uns ja nicht gleich komplett ruinieren.

Nach wie vor kann man sich an dieser unglaublichen Landschaft nicht sattsehen, durch welche die Reise führt. Die letzten Sonnenstrahlen tauchen die Berggipfel in ein leuchtendes Kupfer, wir gönnen uns nun zumindest ein Glas Wein zu diesem fantastischen Spektakel. Wir erreichen Tromsø – als »Paris des Nordens« gerühmt, eine fast südländisch anmutende Metropole. Tromsø mit seinen 70 000 Einwohnern ist das Zentrum Nordnorwegens, die mit Abstand schönste sowie urbanste Metropole des hohen Nordens mit zahlreichen Nachtclubs, Bars, Cafés und Restaurants. Wie so oft verzichten wir auf organisierte Ausflüge, nutzen die Liegezeit von vier Stunden und lassen uns einfach nur vom bunten Treiben in der Stadt leiten, vor der Kulisse teils über

1200 Meter hoher Berggipfel. Die Atmosphäre im Stadtzentrum oder der Altstadt genießen und beim Espressoschlürfen einfach nur die Menschen zu beobachten, dass entspannt mich. Zumindest mehr, als mit hundert anderen zu irgendeinem Ausflugsziel gebracht zu werden und sich vor Ort um die besten Plätze für Fotomotive zu rangeln.

Mit dem Auslaufen aus Tromsø sind wir im Eismeer angekommen. Einsamkeit am Wasser, das ist typisch Norwegen. Überall versteckt liegen diese kleinen bunten Holzhäuser, die früher mit Farbe aus Fischleber gefärbt wurden. Das war preiswert und deutlich billiger als weiße Farbe. Oft strich man nur die zur Straße gerichtete Fassade, um einen gewissen Wohlstand zu signalisieren. Stolz schaut Norwegen heute auf sein Land, das mehrere Jahrhunderte erst von Dänemark und zuletzt von Schweden regiert wurde.

Am nächsten Morgen hatten wir bereits die Nordkapinsel erreicht und legten in Honningsvæk an, das »Tor zum Nordkap«. Obwohl ich, wie erwähnt, kein großer Fan davon bin, mit Hunderten von anderen Menschen zu einem Ausflugsziel gebracht zu werden, war die Fahrt zum Nordkap in der Kolonne zum schönsten Ende der Welt, dem nördlichsten Punkt des Abendlandes, natürlich absolutes Pflichtprogramm. Der nördlichste Punkt Europas wird durch das Modell einer Weltkugel markiert, ganz Europa liegt einem im Süden zu Füßen, für viele Reisende das Ziel der Ziele. Natürlich nur ein billiger Abklatsch unserer Weltkugel in Hvide Sande, es sei unseren nordischen Brüdern verziehen. Von diesem Plateau schaut man 309 Meter tief in die Barentssee, zumindest wenn das Wetter mitspielt und nicht ganz so neblig-arktisch erscheint wie heute. Dennoch, einmal mehr – atemberaubend! Irgendwo in nördlicher Richtung in knapp 2090 Kilometern befindet sich der Nordpol. Trotz Nebel war es dennoch ein außergewöhnliches Gefühl, an der nördlichsten Klippe Europas gestanden zu haben. Und wohin man auch blickt: Steine, nichts als Steine, dazwischen ein wenig Krautvegetation. Wir halten es wie Francesco Negri, der an dieser Stelle bereits 1664 feststellte: »Hier, wo die Welt endet, nimmt meine Neugier ein Ende und ich kehre zufrieden nach Hause zurück.« Für uns hatte es mit der Rückkehr noch einige Tage Zeit.

Auf dem Rückweg ließ ich mir noch eine original norwegische Bommelmütze andrehen, allerdings ohne 10 Jahre Garantie. Da war ich von mallorquinischen Straßenhändlern einen besseren Service gewohnt. Immerhin hielten wir stolz unser Zertifikat über den Besuch des Nordkaps in Händen. Die Tourguides waren mal wieder Spitzenklasse, die eine Menge Wissenswertes zu Menschen, Land und Gepflogenheiten zu berichten haben und dies stets auf Deutsch mit ihrem unverwechselbaren skandinavisch-weichen Akzent formidabel vortragen. So erfuhren wir, dass das Tunnelsystem, das die Insel Mageroya seit 1999 mit dem Festland verbindet, mehr als 1 Milliarde norwegische Kronen gekostet hat. Der Wahnsinn, wenn man bedenkt, dass dort nur knapp 4000 Menschen leben. Es geht ihnen gut, diesen Norwegern.

Auf die Frage, warum man an der Küste Norwegens keine Windräder sichtet, obwohl doch so viel Wind weht, gibt es eine einfache Erklärung. Weil Norwegen sie nicht braucht. Warum auch, wenn 99 Prozent des Strombedarfs aus Wasserkraft gewonnen wird. Mit 6 Cent pro Kilowattstunde ist der Strompreis darüber hinaus unschlagbar günstig, in Deutschland zahlt man mittlerweile knapp 30 Cent (Stichwort: Energiewende).

Den Wendepunkt unserer Reise erreichten wir in Kirkenes nahe der russischen Grenze, weit im Osten von Norwegen, im Dreiländereck, 10 Kilometer von Russland und 35 Kilometer von Finnland entfernt und bis 1996 immerhin die wichtigste Erz-Stadt Norwegens. Es ist der siebte Reisetag, die nordgehende Hurtigruten ist an ihrem Etappenziel angelangt. Wir sind froh, uns für eine Kabine auf einer der oberen Decks der Steuerbordseite entschieden zu haben. Gäste von den unteren Decks sahen morgens doch eher verknittert aus. Man darf nicht vergessen: Die Schiffe der Hurtigruten sind nach wie vor Frachtschiffe, auch zur Beförderung von Autos vorgesehen. Sie legen auf dieser Reise an vielen Häfen an, oft auch nachts, meist mit der Backbord-, also der linken Schiffsseite. Dazu öffnen sich meist zwei große Klappen, ganz abgesehen davon, dass die An- und Ablege-Manöver spürbare Vibrationen verursachen. Von daher der Tipp: Je höher das Deck auf der Steuerbordseite, desto weniger bekommt man von diesem ganzen Trubel samt Ladegeräuschen mit. Weiterer Vorteil der Steuerbordseite ist, dass sich diese in Fahrtrichtung rechts befindet. So kann man die Küste des Festlandes wunderbar von der Kabine aus bestaunen, deren Linie auf der nordgehenden Fahrt länger ist als auf der südgehenden ab Kirkenes. Unser großes Los war allerdings der Fahrstuhl in der Nähe unserer Kabine. Dieses gewisse »Ding-Dong«-Geräusch ist allerdings nicht so schlimm wie quietschende Kreide auf der Schultafel, abgesehen davon war auf unserem Deck ab 23 Uhr Ruhe, ein Hinweis auf die Altersstruktur der Gäste. Es sind halt eher Gäste aus dem letzten Lebensdrittel, die sich diese Reise gönnen.

Open Ocean, wir pflügen uns durch die Barentssee, Meer des arktischen Ozeans, alles fühlt sich gleich viel wilder an, weiße, mit Gischt gekrönte Wellen schlagen dem Bug entgegen, dessen scharfkantiger Rumpf diese aufmüpfigen Halunken zerteilt wie pochierten Seeteufel. Willkommen im rauen Norden Norwegens, diese Landschaft schenkt der Seele tiefe

Demut und völlige Zufriedenheit, nirgendwo kann man dieses Gefühl so ungefiltert aufnehmen wie auf einem dieser Postschiffe. Viele Norweger behaupten, dass man nur ganz bei sich sein kann, wenn man sämtliche Zivilisation komplett hinter sich lässt. So betrachtet, müsste dieser unwirkliche Ort der Welt vermutlich ein Ort der Glückseligkeit sein, an dem alle völlig bei sich selbst sind. Von Honningsvæk bis nach Kirkenes befindet man sich auf der letzten und längsten offenen Meeresstrecke auf dieser Reise. Ab jetzt geht es wieder südwärts und nach Tromsø zurück, durch das Königskrabbenland.

Kurz vor Hammerfest, der nördlichsten Stadt der Welt (on Top of the World), lauschten wir einem sehr interessanten Vortrag zu den norwegischen Gas- und Ölvorkommen, deren Entdeckung, Verarbeitung und Förderung. In Hammerfest dreht sich alles um Fisch und Erdgasförderung, immerhin befindet sich hier, 1000 Kilometer nördlich des Polarkreises, die größte Erdgasverflüssigungsanlage der Welt. Hier oben spielt selbst im Sommer der Wind an Deck ein kaltes Spielchen mit uns, wie muss es hier wohl im Winter bei arktischer Kälte sein? Da Hammerfest nicht gerade vor Schönheit strotzt, verzichten wir auf jeglichen Landgang, wir befinden uns am Nordrand der arktischen Tundra, ein nacktes, eher ödes, unfruchtbares Land, wie die Landschaft eines fernen Planeten in einem Fantasyfilm.

Schnell wird klar, warum die meisten Gäste diese Tour erst mit einem gewissen finanziellen Polster angehen. Jeder Ausflug reißt ein schönes Loch in die Urlaubskasse. Eine unvergleichlich schöne Reise – bei unvergleichlich hohem Preis. Ausflüge und Exkursionen können als hochpreisig angesehen werden, hier nimmt man es von den Lebendigen. Beispiele gefällig?

Geiranger mit Trollstigen, 249 Euro p. P., von Honningsvåg 34 Kilometer mit dem Bus zum Nordkap, 189 Euro p. P., Königskrabben fangen in Kirkenes, 245 Euro p. P. (3 Stunden per Schlauchboot über die eiskalte See), Ausflug »Inselgruppe VEGA«, 299 Euro p. P. (2 Stunden Fahrt mit dem lauten Speed Boot, Diavortrag, kleine Ausstellung, Kaffee, etwas Kuchen – ich sage mal: sportlich). Im Winter sehr beliebt: die zweieinhalbstündige Tour mit dem Schneemobil durch die Polarnacht, um Aurora, also Polarlichter, zu sehen. Dieser Spaß in eisiger Kälte kostet 425 Euro p. P., ohne Garantie natürlich, die Polarlichter auch wirklich zu Gesicht zu bekommen. Oder das dreistündige Abenteuer bei den Sami in Tromsø für 224 Euro p. P.

Da glotz ich lieber kuhäugig in die Landschaft und komme aus dem Staunen gar nicht heraus, da mich diese Landschaftserlebnisse geradezu überwältigen, die an uns vorüberziehen. Selbst unsere kleinen Fenster der Kabine wurden zu einem Landschaftsgemälde mit einem Motiv, das mit jeder Minute neu gemalt wird. Immer hatte man das Gefühl, im Breitwandfilm-Kino zu sein. Ålesund, Geiranger, Tromsø, Lofoten, was habe ich mich gesehnt, einmal diese Orte zu bereisen. Über dem zwölften Tag liegt Abschiedsstimmung, also noch einmal letzte Blicke über Schärengärten, auf schroffe Küsten und zu Berggiganten hinauf, bevor es zwischen den Inseln hindurch wieder nach Bergen zurück zum Ausgangspunkt geht.

Einige Tage und unzählige Häfen später strandeten wir mit unserer MS-Finnmarken wieder in Bergen, die meisten Passagiere haben schon gepackt und kommen nochmals an Deck, um die letzten Seemeilen zu erwarten. Wir kommen zu dem einstimmigen Ergebnis: Ja, die Hurtigruten können ihr Versprechen definitiv halten, für uns die schönste

Seereise der Welt. Der Blick geht zurück auf eine unvergessliche Reise, vonseiten der Hurtigruten war alles perfekt organisiert, Crew- und Servicepersonal unschlagbar freundlich. Selbst der Kapitän suchte täglich den Kontakt zu den Gästen, nie um einen lockeren Spruch verlegen.

Bei Ankunft in Bergen schließt sich nicht nur für die Gäste der Kreis, viele Crew-Mitarbeiter genießen erst mal 22 freie Tage, bevor es dann wieder 22 Tage am Stück an Bord geht. Eine mit allen Facetten gewürzte Reise, die nach einer Wiederholung schreit, dann erweisen wir auch dem Trollstigen den gebührenden Respekt. Die landschaftlich eindrucksvollsten Zeugen der Eiszeit sind die Fjorde, Norwegen wurde, wie ganz Skandinavien, maßgeblich von der Erosion und den Eiszeiten gestaltet. Es gibt viele schöne Fjorde, doch nirgendwo weisen die Fjorde derart markante Formen auf wie in Norwegen, der Begriff Fjord ist schließlich auch ein altnordischer Ausdruck für die Verzahnung von Meer und Land. Der Sognefjord, der mit 204 Kilometern längste Fjord der Welt, senkt sich mehr als 1300 Meter tief unter den Meeresspiegel. Norwegen ist der große Dreiklang von Wasser, Grün und Stein und diesen Zauber erlebt man nirgends deutlicher als auf der »Reichsstraße 1«, auf der die Postschiffe der Hurtigruten verkehren. Eindrucksvoller geht es nicht, den hohen Norden zu erschließen. Alles erscheint so friedlich wie zu Beginn seiner Schöpfung, im Süden steigt der riesige Gebirgszug aus dem Skagerrak auf, im Westen wird er von der Nordsee und dem Atlantik umgeben, im Norden umspülen das Europäische Nordmeer sowie die angrenzende Barentssee dieses einzigartige Land, dessen Bevölkerung zu rund 80 % in Sichtweite der Küste lebt.

Wie formulierte Liv Ullmann, die berühmte Tochter Norwegens, es einmal so treffend: »Die Hurtigruten sind zauberhaft, atemberaubend und die Landschaft so schön, dass es innerlich schmerzt.« Apropos Schmerz! Das Begleichen der Cruise-Card samt Sammelrechnung wurde in der Tat schmerzhaft.

Noch war diese einzigartige Reise für uns aber nicht beendet. Zum Abschluss gönnten wir uns DEN Klassiker unter den Zugfahrten in Norwegen, die Bergenbahn von, nun ja, Bergen nach Oslo. Die Fahrt dauert ca. sieben Stunden, 14 Bahnhöfe werden unterwegs angesteuert. Der höchste Punkt dieser Reise befindet sich in Finse, 1222 Meter über dem Meeresspiegel, zwischen Finse und Myrdal liegt wohl auch der schönste Streckenabschnitt. Viele Reisende fahren lediglich bis Myrdal, um von dort mit der ebenfalls einzigartigen Flambahn (höchstgelegene Eisenbahnstrecke in Skandinavien) weiterzureisen.

Sieben Stunden erleben wir eine unfassbar dramatische Landschaft und man weiß in der Tat nicht, wo man zuerst hinschauen soll. Alles karg und wild, ab und an zeigen sich glasklare Seen, eine unglaubliche Szenerie. Irgendwann vor Oslo verliert diese surreal wirkende Landschaft wieder an Höhenmeter, es wird wieder grüner, wieder mehr Wiesen, mehr grüne Hügel. Hier gönnen wir uns noch einen kurzen Stopover in Heddal, der Kommune Notodden in der Provinz Telemark, und besuchen die Heddal Stabkirche, die größte Stabkirche Norwegens aus dem 12. Jahrhundert, die nach wie vor von der Gemeinde genutzt wird. Diese Stabkirchen sind Norwegens originärer Beitrag zur europäischen Frühgotik und künstlerische Erzeugnisse auf höchstem Niveau. Diese Geniestreiche aus Holz finden weltweit kein Gegenstück, in diesen Stabkirchen manifestiert sich eine Holzbaukunst von einzigartiger Schönheit, genial müssen sie gewesen sein, die Zimmerleute des Mittelalters, die zwischen dem 11. und 14.

Jahrhundert im Süden des Landes rund 1000 solcher Gotteshäuser schufen. Heute sind nur noch 31 dieser Stabkirchen der Nachwelt erhalten. Mit dem Besuch der schönsten Stabkirche des Königreichs krönten wir intensive zwei Wochen, bevor es mit dem Flieger von Oslo zurück in die dänische Hauptstadt ging.

Und beim nächsten Besuch mit einem Abstecher nach Kristiansand, wo der erste norwegische Riesling nördlich des 58. Breitengrades angebaut wird. Durch Verschiebung der Klimazonen wird Weinbau in Zukunft wohl auch in Norwegen möglich sein. 2050 sollen große Städte der Welt das Klima jeweils einer anderen großen Stadt der Welt haben. Oslo wird zu Rom, Kopenhagen wird zu Marrakesch, Stockholm wird zu Budapest, Helsinki wird zu München. Der Süden übernimmt den Norden. Was passiert mit dem Norden? München galt bisher als nördlichste Stadt Italiens, eine Rolle, die es vielleicht an Hamburg abgeben muss. Der Jungfernstieg mit Pinien, wir müssen nicht mehr in den Süden fahren, der Süden kommt zu uns. Ein Biergarten unter Palmen? Da müsste ich mich erst hineinfühlen. Ohne Angst geht es wohl nicht in unserer Epoche.

Norwegen, ein Freilichtmuseum aus malerischen Fjorden und uralten Bräuchen, bewohnt von einem Volk ruhiger, bescheidener, heimatbewusster Menschen. Man sagt, das Kennen und Erleiden des Winters, dieses Weltuntergangs für vier bis fünf Monate im hohen Norden, hat aus den norwegischen Menschen eher trotzige Schweiger gemacht, patriotische Eigenbrötler und naturverbundene Einzelgänger. Ich liebe sie, diese Menschen, sowie dieses unverwechselbare Land.

Farvel Norge!

Endlich! Deutschland exportiert wieder Intellektuelle

13. Zu Besuch bei der Schwägerin

Das ist kein Haus, was die hier bewohnen – das ist eine Provokation. Dagegen kommen wir gerade aus einer Art Dienstbotenzimmer gekrochen. Allein das Badezimmer – wir stehen im Himmel von Villeroy und Boch.

Beim Besuch in Videbæk bei der Schwägerin ist Spaß garantiert, vor allem, wenn noch die halbe Verwandtschaft zu Besuch ist. Mittlerweile hat die Schwägerin mit Sofia Nachwuchs erhalten, und wenn sich dann noch Oma und Opa sowie Tante und Onkel dazugesellen, wird es für einen Nicht-Dänen verwirrend – zumindest aber sehr unübersichtlich.

In Dänemark ist die Oma nicht einfach die Omma, der Opa nicht einfach der Oppa. Auch hier zeigt sich der Däne wieder von seiner kreativen Seite, alles andere wäre ja auch wirklich zu einfach.

Leni, in ihrer verwandtschaftlichen Beziehung als Schwester der Kindesmutter, wird nicht mit Tante, sondern mit *moster* angesprochen. *Moster* bedeutet so viel wie »die Tante mütterlicherseits«. Im weiteren Verlauf fallen Begriffe wie *mormor*, *morfar*, *farfar* sowie *farmor*, sie bleiben derweil zurück als gutmütige Trottel, schieben sich das dänische Gebäck in die Backen, schmunzeln und wundern sich mal wieder über die kulturellen Unterschiede beider Länder.

Die Dänen bestehen darauf, klar zu definieren, dass es sich bei dem einen Großvater um den Opa väterlicherseits handelt und der andere vonseiten der Mutter kommt. Man spricht also von der Vatersmutter und der Muttersmutter. Das gleiche Prinzip gilt für den Rest der Verwandtschaft. Bevor Sie jetzt komplett verzweifeln, möchte ich Ihnen nachfolgend die Begrifflichkeiten der dänischen Verwandtschaft näher erläutern, was nicht bedeutet, dass Sie anschließend nicht weiter verwirrt sein dürfen. Fangen wir mal ganz einfach an:

Mor – Mutter
Far – Vater

So weit können Sie mir als geschätzter Leser mit Sicherheit folgen. Fahren wir fort:

Mormor – die Mutter der Mutter, also die Großmutter mütterlicherseits
Morfar – der Vater der Mutter, also der Großvater mütterlicherseits
Farfar – der Vater des Vaters, also der Großvater väterlicherseits
Farmor – die Mutter des Vaters, also die Großmutter väterlicherseits
Søster – Schwester
Bror – Bruder

Sie können mir noch immer folgen? Ich bin beeindruckt! Weiter im Text:
Morbror – der Bruder der Mutter, also der Onkel mütterlicherseits
Farbror – der Bruder des Vaters, also der Onkel väterlicherseits
Moster – die Schwester der Mutter, also die Tante mütterlicherseits
Faster – die Schwester des Vaters, also die Tante väterlicherseits

Tante – die angeheiratete Frau des *Morbror* oder *Farbror*
Onkel – der angeheiratete Mann der *Moster* oder *Faster*

Sie können mir nach wie vor ohne Probleme folgen? Dann sind Sie eindeutig aufgeweckter, scharfsinniger und haben einen eindeutig höheren IQ als meine Wenigkeit. Ich gratuliere Ihnen.

Für mich ist und bleibt eine Familienfeier oder ein gemütliches Beisammensein bei Kaffee und Kuchen stets ein steter Quell der Freude. Um es runterzubrechen: Ich bin der Onkel Tim, mütterlicherseits, irgendwie zumindest. Das kann ich mir zumindest gut merken, bin als Onkel akzeptiert und werde mich hüten, meine Position als Onkel zu hinterfragen. Solange mich der Wikinger-Nachwuchs anlächelt, bin ich von mir aus auch Peter Pan oder Peter Lustig.

Für uns Deutsche klingt das alles viel schöner, zumindest wenn man wie ich mehr oder weniger nur mit »Omma« und »Oppa« großgeworden ist.

Natürlich könnten wir das hier noch um die *bedstemo*r und *bedstefar* ergänzen. Die *bedstemor* ist so was wie die Lieblingsgroßmutter (wie die Mutter, nur ganz ohne Regeln). Das Gleiche gilt für den *bedstefar*, quasi den Lieblingsgroßvater.

Abrunden möchte ich mit der *oldemor* und dem *oldefar*, also der Urgroßmutter sowie dem Urgroßvater. Hier wird erstaunlicherweise nicht mehr zwischen mütterlicher- und väterlicherseits unterschieden. So ist es mit der dänischen Sprache. Immer wenn man meint, es halbwegs kapiert zu haben, sorgt der Däne mit Sonderregeln und Ausnahmen für die komplette Verwirrung.

Ein lustiger Haushalt und ich bin schon gespannt, was man sich hier alles einfallen lässt, wenn auf einmal irgendwo im Haus eine kleine Wichteltür zu sehen ist. Dann ist es nicht mehr lang bis Weihnachten. *Nisse*, die kleinen, rot gekleideten Wichtel mit ihren spitzen Mützen, sind in jedem dänischen Haushalt ein obligatorischer Teil der Weihnachtsdekoration. Seit vielen Jahrhunderten ist der kleine Wichtel (dän. *Nisse*) fester Bestandteil in Dänemark, er erfreut sich besonders bei den Kindern großer Beliebtheit. Meist werden *Nisse* erst richtig aktiv, nachdem die Familie schläft oder das Haus verlassen hat, und sorgt oft für kleine Überraschungen am nächsten Morgen. Verantwortlich für diesen kleinen Schabernack ist der sogenannte *Drillenisse*. Was? Sie glauben mir nicht? Ich habe es selber erlebt, um genau zu sein jedes Jahr im Dezember am Arbeitsplatz. Da ist schon mal ein Klebestreifen mit herzlichen *Nisser*-Grüßen unter die drahtlose Maus geklebt, was die Funktionstüchtigkeit torpediert. Mein Bildschirm war eines Morgens umgedreht und die Rollen des Bürostuhls waren entfernt. Zusätzlich ein Klebestreifen am Computer hinterlegt mit der Bitte, den Kundenservice zu kontaktieren. Alle Jackentaschen pünktlich zum Feierabend mit Watte gefüllt. Am nächsten Morgen war die Milch blau gefärbt, das WC nur noch mit schwarzem Toilettenpapier ausgestattet. Highlight (es betraf glücklicherweise nicht mich): der PKW der Kollegin komplett in Folie eingerollt. Sehen Sie!

Der Grund für unseren Besuch in Videbæk: »Gender Reveal«-Party! Gender was? Bisher kannte ich Gendern nur von den Öffentlich-Rechtlichen. Diese »Geschlechts-Enthüllungs-Party« feiern in Dänemark immer mehr werdende Eltern, um spektakulär zu verkünden, ob sie einen Jungen oder Mädchen bekommen. Dabei wissen sie nicht mal selbst Bescheid – möglich macht dies eine ausgeklügelte Organisation. Wie das geht? Den Frauenarzt bitten, das Geschlecht auf einen Zettel zu schreiben und in einen Umschlag zu stecken. Dieser Umschlag wird ungeöffnet an eine Person des Vertrauens, in diesem Fall Leni, weitergegeben. Blue or Pink? He or she? Little Mr oder Little Miss? Mithilfe einer Konfettikanone wird das Geschlecht enthüllt.

Die Gender-Bombe platzt – in unserem Fall wird blaues Konfetti herausgeschleudert – HURRA, es wird ein Junge. Mein Schwager eher leichtsinnig, meine Schwägerin leicht neurotisch, somit wird das Kind vollkommen normal.

Den Spielereien, um das Geschlecht zu verkünden, sind dabei keine Grenzen gesetzt. Wem die Konfettikanone zu Mainstream ist, der präpariert sein Motorrad so, dass es blaue oder pinke Abgase pustet, besorgt zusätzlich noch Rauchbomben in den entsprechenden Farben. Die Eventisierung von Schwangerschaft und Kinderkriegen, sie schreitet munter voran, eingebettet in einen feierlichen Rahmen. Während in Deutschland dieses Spektakel aufgrund von heißen Gender-Diskussionen bestimmt schon wieder infrage gestellt oder mindestens scharf kritisiert wird, macht sich der Däne darüber keinen Kopf. Seien wir ehrlich, der Däne sucht nur einen weiteren Grund, zu saufen.

Gesprächsthema ist auch immer gerne der Stand meiner Einbürgerung. Auch nach über einem Jahr der Antragstellung kann ich immer nur darauf verweisen, noch nichts von der entsprechenden Behörde gehört zu haben. Das lässt selbst *moster*, *mormor*, *farfar* und Co. desillusioniert zurück.

Man unterhält sich innig, der Däne, der oft »wahnsinnig komisch, aber bezaubernd sympathisch« Deutsch spricht. Nach wie vor bin ich vernarrt in diesen charmanten dänischen Akzent. Dieses Deutsch-Dänische, nach wie vor habe ich da doppelte Gänsehaut. Der Däne hat, wenn er Deutsch spricht, eine ganz besondere Frequenz in der Stimme. Viele ältere Dänen sprechen wirklich passables Deutsch – diese Generation hat mit der Sportschau und der Sesamstraße Deutsch gelernt, denn mit nur einem dänischen Fernsehsender wich man schnell zum Nachbarn aus. Heute beherrscht mit YouTube und Social Media auch in Dänemark Englisch die Medien. Man unterhält sich mit anderen Gästen und ist erstaunt, wie viele Weltkonzerne dieses kleine Land hervorgebracht hat. Da arbeitert der *bror* bei Arla (dänische Molkerei), der *farfar* bei Danfoss-Thermostate, die *farmor* bei Ecco (dänischer Schuhkonzern), die *faster* bei Novo Nordisk (pharmazeutische Industrie) sowie der *farbror* bei Mærsk. Die Mærsk-Group (Logistik, Schiffbau, Schiffcontainer) nimmt unter anderem die dänischen Öl- und Gasbohrungen vor. Genau das sind diese Treffen, wo ich mit Begeisterung eintauche in diese faszinierende dänische Welt und alles wie ein Schwamm aufsauge, an Kommunikation interessiert bin. Diese Treffen sind wie eine riesige Schatzkiste, eine breit gefächerte Fundgrube. Nach wenigen Minuten macht sich in mir eine angenehme jütländische Gesinnung breit. Wo sonst, wenn nicht in echten dänischen Familien, kann man das süße dänische Leben auf derart beseelte Weise erfahren? Über die Menschen, die das Lebensgefühl der dänischen Küste geprägt und erschaffen haben – jeder für sich, ganz im Kleinen und jeden Tag neu.

Beim schnellen Reden der Dänen komme ich mir allerdings vor wie ein Dacia, der von einem Formel-1-Rennen geträumt hat. Äußerlich werden sich die deutsche und dänische Kultur ähneln, unter der Oberfläche folgen sie verschiedenen Regeln. Sieht man den Unterschied nicht mit bloßem Auge, vermutet man im anderen automatisch die gleichen Überzeugungen, Hoffnungen, Ängste, Wertvorstellungen, denselben Humor. Sie essen nahezu dasselbe (zu doppelten

Preisen), sie trinken dasselbe (zu dreifachen Preisen), sie fahren dieselben Autos (zu vierfachen Preisen). Die Liste der äußerlichen Gemeinsamkeiten ist durchaus lang. Im Inneren aber sind die Dänen etwas anders als wir anderen – zum Glück, sonst gäbe es ja nichts von ihnen zu lernen und zu berichten.

Lustig sind bei solchen Treffen immer die sogenannten »falschen Freunde« Wörter, die im Deutschen und Dänischen auf Buchstabenebene gleich sind, auf Bedeutungsebene aber nicht. Exemplarisch das Wort *Rente*, was nicht etwa Bezüge im Ruhestand, sondern auf Dänisch Zinsen bedeutet.

Die Westjütländer in ihrer eher stillen Tüchtigkeit, mit ihrem Sinn für Gemütlichkeit, lieben entspannte Kaffeerunden. Die Menschen, die mich so bereitwillig aufgenommen haben, sollte man nicht durch eine Absage enttäuschen, auch wenn Spätschäden nicht ausgeschlossen werden können. Die hiesigen Gastgeber servieren in der Regel stark gebrannten, kräftigen Kaffee, den man geduldig den Schlund herunterspült, immer mit der Aufforderung verbunden, zu nehmen und noch mal zu nehmen. Wen die rotierende Kaffeekanne erreicht, der ist verurteilt und verdammt, noch zittriger zu werden. Ihn abzulehnen käme einer Beleidigung der stolzen Gastgeber gleich. Dazwischen fettige Kuchen, gut gefüllte Teilchen und viel Blätterteig. Nach der dritten Tasse Kaffee blickte ich das erste Mal gequält zu meiner Leni, sie schwieg und aß, wir wollten es einfach nur bewältigen. Widerstandslos ergaben wir uns in unser Schicksal, begleitet von der Erkenntnis, dass die Familienpraxis in Videbæk beispielhaft und nichts als wohl gemeint ist. »*Pyt*!«, sagen die Dänen. »Was solls – egal«, ist ein verbalisiertes Schulterzucken. Dann werden im Namen der Hygge die Kalorien verzehrt und halt noch ein paar Kerzen verbrannt. »*Livet er ikke der værste, man har*«, das Leben könnte schlechter sein. Diese sympathische Unbekümmertheit ist Teil der dänischen DNA. Wenn ich nur jedes Jahr einen Tag wie diesen habe, ist alles gut.

Hygge wird hier als eine Gegenbewegung zur modernen Schnelllebigkeit gefeiert. Socken, die unter Kaschmirdecken verschwinden, Hände, die einen heißen Becher Schokolade umschließen. Jeder strahlt dieses gesunde Lächeln aus, das man mit Nordeuropäern verbindet. Dazu die Gewissheit: Jedes Problem lässt sich mit Gebäck lösen. Im besten Fall ist Hygge eine Ermunterung dafür, das Einfache wieder schätzen zu lernen. Im schlechtesten Fall kurbelt Hygge immerhin noch den Verkauf von Kerzen und Designerlampen an. Lampen sind in Dänemark eine Riesensache. Selbst Studenten schrecken nicht davor zurück, sich eine (sehr) teure Paul-Henningsen-Lampe für Tausende Kronen zu gönnen. Einfach weil es wichtig ist, schöne Dinge in der Wohnung zu haben. Dieses dänische Konzept, sein Zuhause nordisch chic mit hübschen Möbeln und Accessoires zu dekorieren, um die Stimmung aufzuhellen und die Zeit zu genießen – das hat wirklich was mit mir gemacht. Ich muss zugeben, vor meinem Umzug nach Dänemark war ich durchaus ein wenig skeptisch. War Hygge mehr ein Hype? Mehr Humbug als Happiness? Können Nicht-Dänen eine tief verinnerlichte kulturelle Lebenseinstellung einfach so kopieren? Lässt sich diese Lebensweise einfach so übertragen, kann eine kulturelle Kluft mit ein wenig Hygge und Geselligkeit überbrückt werden? Man könnte ja meinen, Hygge wäre eine geniale Erfindung des dänischen Tourismusverbandes. Bei mir hat es funktioniert, seitdem sehe ich mein Zuhause in einem ganz anderen Licht. Haus hyggisiert! Check!

Gleichzeitig ist es ein Land des offen ausgetragenen Nationalstolzes. Sichtbar als Fahnenmeer im Vorgarten oder rot-weiße Kreuze auf allen möglichen Verpackungen. Das dänische Nationalbewusstsein ist geprägt von Stolz und Ehrfurcht vor der eigenen Lebensqualität. Dieser Nationalismus ist jedoch vor allem nach innen gerichtet, er gibt das Gefühl von Sicherheit und Zusammenhalt durch Abgrenzung nach außen. Ein Nationalismus, der sich nach innen richtet und keine Feinde kennt, die erobert, besiegt, niedergemacht werden müssen. Nicht durch Eroberung anderer Kulturen oder das Gefühl der eigenen Überlegenheit. Dafür ist der Däne viel zu zurückhaltend und dezent. Geordnet und kontrolliert öffnet sich der Däne dieser diffusen Welt da draußen. Auch durch seine Gastfreundlichkeit, um Sie an der Schönheit seiner eigenen Heimat teilhaben zu lassen. Besuchen und bewundern ja, bleiben und bewohnen, wenn es sein muss.

Dazwischen meine Schwägerin, die mit ihrem Kommunikationsgenie Steine zum Vibrieren bringen kann, der Alltag mit ihr wird zur Bühne. Ihr haben wir diese Art von Familientreffen zu verdanken, in diesem Haus steckt unwiderstehliche Clown-Power, hier darf man Kind sein. Schließlich hat sie uns dieses wunderbare Tanten- und Onkel-Dasein geschenkt. Ich habe ein lustiges Hemd an, und dass es ein S ist statt eines M, betont das Humorvolle des Ganzen noch. Ich erhasche ebenfalls den Clown in mir und versuche, die Wirkung an Drittpersonen (in diesem Fall Sofia) zu testen, Sofia (2) eine gute Nacht wünschen. Das Kind weint auch eine Stunde später noch.

Nach viel leckerem Essbaren in Form von Napoleonschnitten, blätterteigartigem, gebuttertem Kranzkuchen, literweise schwarzem Kaffee wurden wir mit Völlegefühlen aus diesem Gaumenmarathon als leidgeprüfte Helden entlassen. Eines ist sicher, für die Dänen gehört der kulinarische Genuss zu den schönsten Seiten des Lebens.

Am Abend zeigt mir Leni noch einen Online-Artikel mit der Headline: »Innenministerin Faeser will Einbürgerungen erleichtern.« Fast alle Medien titeln durch die Bank: Eine neue Reform ist auf dem Weg. Der aufmerksame Bürger weiß hingegen längst, dass die Ankündigung einer »Reform« in der Regel Ungemach bedeutet. Und tatsächlich soll wohl das neue deutsche Staatsbürgerschaftsrecht, so es denn verabschiedet wird, dazu führen, dass Millionen von Migranten, mehr oder weniger aufgrund ihrer schieren Präsenz vollkommen anstrengungslos den deutschen Pass erhalten. Laut Artikel soll die für eine Einbürgerung von Ausländern erforderliche Aufenthaltsdauer im Land von derzeit acht auf nur noch fünf Jahre verkürzt werden, bei »besonderen Integrationsleistungen« eine Einbürgerung bereits nach drei Jahren möglich sein. Große Hürden werden anscheinend nicht gestellt, denn »besondere Integrationsleistungen« auf Deutsch bedeutet das Absolvieren eines staatlich finanzierten Integrations- oder Sprachkurses, bei denen man fast nicht durchfallen kann. Solange der Migrant bereit ist, sich an dieser Stelle minimal in das System des deutschen Staats einzuordnen, winkt die vorzeitige Einbürgerung nach drei Jahren. Selbstverständlich könne eine Einbürgerung auch erfolgen, wenn der Antragsteller nur teilweise von eigenem Erwerbseinkommen lebt. Auch der Einbürgerungstest scheint kein großes Hindernis zu sein. Ausreichend sind wohl 17 richtige Antworten auf insgesamt 33 Fragen, die wiederum zufällig aus einem Korpus von 300 Fragen ausgewählt wurden, der online zugänglich ist. Für die Einbürgerung von Menschen im Alter sollen die bisher verlangten Sprachnachweise gestrichen werden. Auch der bislang geforderte Wissenstest über Deutschland soll für diese Gruppe entfallen. Das leuchtet ein, warum sollte man auch Kenntnisse über das Land nachweisen, in das man einwandert? Die Hürden für den Erhalt der deutschen Staatsbürgerschaft werden somit immer tiefer gelegt. Turbo-Einbürgerung für alle! Staatsangehörigkeitsrecht missbrauchen, um sich neue Wähler zu schaffen. Diese Form des Wahlkalküls verstehe sogar ich – und das, obwohl ich mein Abitur nur in NRW gemacht habe.

Während die einen an »unüberbrückbaren Hürden« arbeiten, täte den anderen ein wenig mehr Realismus gut. Und während ich diesen Artikel lese, bin es diesmal ich, der desillusioniert zurückbleibt.

14. Die entspannten Nachbarn – Dänemarks Umgang mit Corona

Seit zwei Jahren bestimmt die Corona-Pandemie nun unseren Alltag. Dänemark hat von Anfang an sehr besonnen reagiert, die Zügel angezogen, wenn es nötig war, allerdings auch immer zügig auf die aktuelle Situation reagiert. Dabei wirkte die dänische Regierung immer sehr klar und entschlossen, als ob es eine Strategie gibt, als ob das Ganze durchdacht ist. Der Politikstil war mit Sicherheit auch ein Grund für die sehr hohe Impfquote in Dänemark.

Ich kann mich an den ersten Lockdown im März 2020 erinnern. Wir waren gerade für einen viertägigen Aufenthalt in St. Peter Ording eingetroffen. Noch am selbigen Abend erreichte alle dänischen Staatsbürger sowie alle Bürger, die mit Erstwohnsitz in Dänemark gemeldet sind, eine Mitteilung per SMS vom dänischen Außenministerium, mit der Mitteilung: »In 48 Stunden werden die Grenzen geschlossen, sollten Sie sich im Ausland aufhalten, begeben Sie sich unverzüglich zurück nach Dänemark.« Da keiner die Situation richtig einschätzen konnte und keiner wusste, was da genau auf uns zurollt, taten wir wie uns befohlen und machten uns sofort zurück auf den Weg ins kleine Königreich. 500 Euro waren flöten gegangen, welche Reiseabbruchversicherung springt schon bei einer Pandemie ein? Eine Woche später wurde auch die Buchmesse in Leipzig abgesagt, weitere 500 Euro unwiederbringlich verloren. Da wir auch unsere geplante Reise nach Mallorca im August stornieren mussten, schlugen Stornierungsgebühren von knapp 1300 Euro zu Buche.

Bis Juni dauerte anschließend der erste Lockdown, die Grenze wurde am 15. Juni wieder für deutsche Gäste geöffnet. Wir erlebten einen schönen Sommer 2020, bis wir in den nächsten Lockdown ab November schlidderten und das Spielchen von vorne begann. Nachdem ab Januar 2021 der Impfstoff zur Verfügung stand, wurde unentwegt und mit großer Beharrlichkeit geimpft. Lohn der Mühen: Dänemark war mit das erste Land, das bereits im September 2021 den ersten Freedom Day ausrief (bis zum 30. September 2021 haben 86,6 Prozent das Angebot für eine erste Impfung angenommen). Dänemark tritt am 10. September offiziell ins postpandemische Zeitalter ein und setzt ganz aufs Impfen, die Inzidenzen überschaubar, das Gesundheitswesen nicht überlastet. Während man in Deutschland die Bürger bereits auf den nächsten Corona-Winter einschwört, hob Dänemark alle Corona-Regeln auf und erklärte die Pandemie für beendet.

Die Dänen schaffen mal einfach so für sich die Corona-Pandemie ab, während das Bangen vor der vierten Welle Deutschland im Griff hält.

Keine Maskenpflicht, keine Beschränkungen, keine 2G- oder 3G-Regel, keine Testpflicht, kein Lockdown, selbst für Großveranstaltungen und Diskotheken gelten keine Auflagen mehr. Testen und Impfen klappte in Dänemark ausgezeichnet, als Bürger fühlte man sich gut aufgehoben. Testcenter waren ausreichend vorhanden, online konnte jederzeit ein Termin zum PCR-Test vereinbart werden. Für Schnelltests war keine Terminvereinbarung notwendig, innerhalb von 24 Stunden konnte man das Testergebnis per App abrufen. Die Abwicklung geschieht im Handumdrehen, da in Dänemark nur die Versichertenkarte mit allen relevanten Daten gescannt wird. Zwecks Impfung musste man sich nicht in stundenlangen Warteschleifen einreihen, vollkommen stressfrei wurde man von der Kommune online kontaktiert, um den Termin problemlos online selbst zu bestimmen. Dabei musste man nur ein Alter erreicht haben, das gegenwärtig zur Impfung eingeladen wurde. In Dänemark hat man eine Trumpfkarte für den reibungslosen Ablauf der Impfungen parat: die nicht nur im Gesundheitswesen eingespielte digitale Infrastruktur des Landes. In allen skandinavischen Staaten gibt es das System persönlicher Personenkennziffern für jeden Kontakt mit Behörden und Gesundheitseinrichtungen. Die »Personnummer« wurde in Dänemark schon 1968 eingeführt. Wer die hat, hat auch das seit 2014 obligatorische elektronische Postfach, um Post von staatlichen Stellen zu erhalten – dort landet auch die Einladung zur Impfung. Bekommt man beispielsweise per Smartphone-App das Angebot und will es in Anspruch nehmen, kann man online gleich den Termin und den Impf-Ort bestätigen.

Digital Health ist in Dänemark Standard, angefangen von Medikationslisten und elektronischen Patientenakten über E-Rezepte bis hin zu einem Online-Gesundheitsportal. Das dänische Gesundheitssystem ist vernetzt und voll digitalisiert. Die Dänen schätzen dieses System, laut Umfragen vertrauen 90 Prozent der Dänen dem Gesundheitssystem (auch ein Grund für die hohe Impfquote). Zum anderen wurden alle Informationen, auch zu Komplikationen und Unwägbarkeiten bei den Impfstoffen, transparent kommuniziert. (Dänemark hatte die Impfungen mit AstraZeneca als erstes Land in Europa gestoppt, nachdem Berichte seltener Fälle von Blutgerinnseln in Verbindung mit der Impfung bekannt geworden waren.)

Kurz nach Bekanntwerden der Omikron-Variante im November ruderte Dänemark wieder zurück, u. a. wurde die Mundschutzpflicht wieder eingeführt. Daten wurden ausgewertet, ob die neue Virus-Mutation nicht doch den Impfschutz austrickst, durch neue Mutanten wieder größere Verheerungen anrichtet, gerade im Winter. Die folgenden drei Monate wurden genau beobachtet, inwiefern sich die neue Mutante auf das Gesundheitswesen auswirkt. Von Anfang an wurde viel Wert darauf gelegt, dass sehr viel getestet wird und das auch akkurat vonseiten des Staates erfasst wird. Dadurch hatte die Regierung immer ein sehr aktuelles Bild und konnte die Maßnahmen auch punktuell lockern. Dänemark war auch das einzige Land in Europa, das jeden positiven PCR-Test sequenzierte, also auf mögliche Varianten hin untersuchte. Mehr als 57 Millionen PCR-Tests wurden den Angaben der Gesundheitsbehörde zufolge in dem knapp sechs Millionen Einwohner großen Land seit dem Ausbruch der Pandemie abgenommen. In den Laboren, für die das deutsche Robert-Koch-Institut Daten zur Verfügung stellt, waren es insgesamt rund 95 Millionen Tests. In Dänemark wurde auf die Landesgröße gerechnet also gut acht Mal so viel getestet wie in Deutschland.

Klarheit über die Pandemielage sorgt auch für ein höheres Vertrauen der Bevölkerung in die Corona-Maßnahmen. Einen Höchstwert bei den Neuinfektionen nimmt Dänemark vielleicht nur deshalb ein, weil man im Land deutlich mehr testet und nach Virusvarianten – wie eben Omikron – gezielter sucht als viele andere Staaten.

Bereits Anfang Januar waren knapp 95 Prozent aller Infizierten mit der Omikron-Variante angesteckt. Somit hatte die dänische Regierung ein viel realistischeres und aktuelleres Bild vom Infektionsgeschehen, als das in Deutschland der Fall war. So hatten die dänischen Behörden auch rund um die Feiertage immer den Überblick über die Omikron-Entwicklung nicht verloren. Die Ergebnisse sämtlicher Tests, Daten zur Impfung und Auslastung der Krankenhäuser wurden digital erhoben, zentral gesammelt und standen den Behörden auf Knopfdruck in Echtzeit zur Verfügung.

Ende Januar schossen die Inzidenzen in Dänemark in die Höhe und erreichten mit knapp 5530 (Ringkøbing-Skjern Kommune 7632) den weltweit höchsten Inzidenzwert (bis zu 55 000 Infizierte pro Tag). Was dann folgte, war ein typisches Beispiel für: mit dänischer Gelassenheit durch die Pandemie. Während in Deutschland selbst bei einer Inzidenz von knapp unter 1000 im selben Zeitraum die Maßnahmen verschärft wurden, steuerte Dänemark unbeirrt aus der Pandemie und erklärte den 1. Februar 2022 zum erneuten Freedom Day – mit Aufhebung sämtlicher Maßnahmen inklusive der Maskenpflicht. Selbst bei einer Inzidenz von 5576 lagen nur ca. 30 bis 40 Personen landesweit auf Intensivstationen, es war kein signifikanter Anstieg bei Klinikeinlieferungen zu erkennen, somit verlor die Inzidenz an Aussagekraft in Dänemark, während man in Deutschland weiterhin auf Inzidenz als Leitindikator beharrte. In Dänemark sah man Omikron nicht mehr als die ultimative Bedrohung, sondern als Teil der Lösung.

Keine Alarmstimmung, keine strengen Lockdowns, keine Demonstrationen, von einem Alarmismus in den dänischen Medien keine Spur. Von einem Zusammenbruch des Gesundheitssystems geht man in Dänemark nicht mehr aus, kann dies wegen der weit fortgeschrittenen Digitalisierung aber auch sehr gut monitoren und gegebenenfalls eingreifen. Das gute Monitoring trägt mit Sicherheit dazu bei, allerdings ist das höhere Vertrauen der Bevölkerung in die politischen Entscheidungsträger ein grundsätzliches Charakteristikum der dänischen Gesellschaft. Studien belegen, dass sich das Vertrauen seit den 1970er-Jahren konstant erhöht hat. Dabei handelt es sich nicht um ein naives, unkritisches Vertrauen in die Regierung, sondern es ist eher ein Vertrauen in das gesamte politische System. In diesem Fall vertrauen die Menschen darauf, dass die Opposition und die Medien ihre Rolle erfüllen und die Regierung kontrollieren. Meistens erfüllt die Politik in Dänemark ihren Vertrauensvorschuss. Die meiste Zeit während der Corona-Pandemie wurde ganz im Sinne einer skandinavischen Konsenspolitik verhandelt und letztlich haben alle Parteien den Kurs der Regierung unterstützt.

Insgesamt ist der Gemeinschaftssinn stärker ausgeprägt, das Wort wurde in Dänemark sogar als »Wort der Pandemie« gekürt. Das hat natürlich auch Vorteile für eine Regierung, wenn sich ein sehr großer Teil der Bevölkerung entsprechend dem Gemeinschaftssinn verhält. Auf der anderen Seite bietet das dann auch die Freiheit, die kleine Minderheit der Ungeimpften zu tolerieren, anstatt sie zu kritisieren oder sogar auszugrenzen. Genau dieses Verhalten ist von enormer Bedeutung für den sozialen Frieden, selbstverständlich fördert eine Ausgrenzung die Polarisierung in der Gesellschaft. Fairerweise muss man dazu sagen, dass andere Länder mit einem höheren Anteil in der Bevölkerung an nicht Geimpften und solchen, die sich nicht an die Regeln halten, es nicht einfach so tolerieren und ignorieren können wie Dänemark. In Dänemark wurde die Debatte einer Impfpflicht zumindest nicht geführt, es gab auch wenig Medienberichte über die Gruppe der Ungeimpften. Auf der anderen Seite protestierte diese kleine Gruppe auch nicht und war auch keine politische Bewegung. Des Weiteren wurden in Dänemark Corona-Newsticker mit stündlichen Updates schnell eingestellt. Je länger die Pandemie dauerte, tauchten Epidemiologen nur noch in einzelnen Artikeln auf und hatten somit eher einen beruhigenden Effekt. Die Berichterstattung in den Medien wurde nicht übertrieben, Stichwort konstruktiver Journalismus. Was sich so banal anhört, kann sich ganz entscheidend auf die Psyche auswirken. Ständige Bedrohungsgefühle sind auf Dauer für die menschliche Psyche nicht erträglich. Die Berichterstattung war nicht zu deprimierend und nicht zu sehr auf schlechte Nachrichten fokussiert. Viele Berichte machten Mut und man versuchte, den Fokus auf eine Lösung zu legen. Es ist immer wichtig, durch Berichterstattung auch positive Emotionen auszulösen. Man hatte in Dänemark immer das Gefühl, da ist Licht am Ende des Tunnels zu sehen.

Auch als die Pandemie nicht mehr als gesellschaftsbedrohliche Krankheit eingestuft wurde, wurde vonseiten der Regierung klar kommuniziert: Corona werden wir nicht mehr los, jeder Mensch in Dänemark muss davon ausgehen, sich früher oder später zu infizieren. In Deutschland dagegen herrschte nahezu täglich Alarm und Angst, frei von jeder Zuversicht. Täglich wurden Tote und Infizierte hochgerechnet, wenn das Land die Einschränkungen wieder aufhebt. Selbst als der Vorstandschef der Deutschen Krankenhausgesellschaft Entwarnung für eine Überlastung des Gesundheitssystems gab, wurde weiterhin nur Angst und Unsicherheit geschürt. Die Bevölkerung wartet in solchen Momenten auf jemanden, der Mut macht, der auch mal zuversichtliche Töne anschlägt, ein wenig Optimismus verbreitet und einen konkreten Fahrplan vermittelt.

Der Plan der dänischen Gesundheitsministerin: Bei dieser milden Variante die Menschen grundimmunisieren lassen, Omikron erlaubt uns, mehr Infektionen zuzulassen. Das staatliche Serum Institut SSI rechnet damit, dass in Kürze eine Herdenimmunität erreicht wird. Die Infektionszahlen werden sinken, da es für das Virus immer schwieriger wird, Opfer in der Gesellschaft zu finden. Im Dezember 2021 verzeichnete Dänemark eine Infektionsrate (Quotient aus der Gesamtzahl aller gemeldeten Infektionen und der Gesamtzahl aller Einwohner) von knapp 12 Prozent. Mit den Lockerungen prophezeite man im März 2022 eine Infektionsrate von knapp 50 Prozent und somit eine Rückkehr zum alten Leben. Genauso kam es, Ende März wurde die Pandemie somit für beendet und nicht mehr als gesellschaftskritische Krankheit erklärt.

Die Dänen waren schon mehrmals die Ersten während dieser Pandemie: Sie Schritten voran in einen strengen Lockdown im März 2020. Sie waren aber auch Vorreiter bei den Öffnungen, ließen ihre Kinder länger in der Schule als die anderen, verzichteten schon früh aufs Maskentragen. Dänemark wählte am Anfang der Pandemie sehr viel drastischere

Maßnahmen als Deutschland, es gab strenge Verbote, die aber auch früh gelockert wurden. Charakteristisch für diese Strategie war, dass sehr früh ein transparenter Plan vorgelegt wurde mit einer stufenweisen Wiedereröffnung im öffentlichen Bereich. An diesem Plan wurde konsequent festgehalten. Es wurde aber auch immer klar kommuniziert, dass neue Maßnahmen notwendig sein könnten, wenn sich die Lage verschlechtert. Vieles davon war mutig, Kritiker sagten: riskant – und vieles hat tatsächlich funktioniert. Die dänische Regierung handelte oft entschlossener und schneller als andere, so machte sie ihr Land zuerst zum Europameister im Testen und dann zum Europameister im Impfen: In keinem anderen Land sind so viele Menschen vollständig geimpft wie in Dänemark (insbesondere in der Hauptrisikogruppe der Älteren über 65 Jahre ist die Quote mit 95 Prozent sehr hoch).

Motto für den ersten Lockdown: Strenge und Vertrauen – Regierungschefin Mette Frederiksen war eine der ersten Regierungschefinnen, die einen strikten Lockdown verkündete. Während in Deutschland darüber gestritten wurde, ob es erlaubt sei, auf einer Parkbank zu sitzen und ein Buch zu lesen, wurde in Dänemark auf generelle Ausgangsbeschränkungen oder gar eine Ausgangssperre verzichtet. Es wurden nie Einschränkungen beschlossen, die der Bevölkerung schwierig zu kommunizieren gewesen wären, dabei waren Dänen in dieser Pandemie weniger verängstigt als die Deutschen.

Dänemark ist konsequent mit Experten aufgetreten und hat sich um eine evidenzbasierte Corona-Politik bemüht. Es gab aber auch unpopuläre Schritte: Dänemark war der größte Produzent von Nerzpelzen in Europa. Im ersten Corona-Jahr wurden alle Tiere getötet, um eine Übertragung des Virus zu stoppen. Das ist bis heute extrem umstritten, eine komplette Industrie wurde vernichtet. Es war damals ein klares Zeichen, dass die Politik Verantwortung übernimmt.

Dezidierte Impfgegner und Corona-Leugner haben in Dänemark keine Rolle gespielt, der harte Kern, den man nicht erreicht, war sehr überschaubar. Den dänischen Gazetten erschien das tatsächlich ein Phänomen aus dem deutschsprachigen Raum und aus den Niederlanden zu sein. Dänemark dagegen ist klein, das ist ein Vorteil, aber es ist nicht der wichtigste Punkt. Die nordischen Wohlfahrtsstaaten sind Vertrauensgesellschaften. Die Bürger hier haben großes Vertrauen – ineinander, in ihren Staat und in seine Institutionen. Covid-Leugner und Impfgegner waren hier nur eine kleine Randgruppe. Hinzu kommt: Im dänischen Parlamentarismus gibt es eine Tradition der Kooperation zwischen Regierung und Opposition. Bei den wichtigen Corona-Entscheidungen zogen die Parteien an einem Strang.

Weiteres Plus – in Dänemark gab es aktive Angebote. Die Impfungen wurden zu den Menschen gebracht, in Moscheen, Vereinen und Einkaufszentren, um für die Impfung zu werben. Dafür brauchte es Personen, denen vertraut wurde. Ein Imam oder eine dunkelhäutige Ärztin, welche die Impfung erklärten, waren oft mehr wert als jede Regierungsansprache. Oft hing es an einzelnen Personen, ob eine Gruppe geimpft wurde. Diese Menschen musste man überzeugen. Außerdem wurden arabischsprachige Nachrichten aufgenommen und über WhatsApp verteilt. In Dänemark sind sehr viele persönliche Gesundheitsinformationen mit der Sozialversicherungsnummer verknüpft, so wusste man von Anfang an, wer zu einer Risikogruppe zählt, auf diesem Weg konnten die Menschen gezielt angesprochen werden. Zudem wurde in Echtzeit gemeldet, in welchen Vierteln oder gar Straßenblöcken es viele Corona-Infektionen gab. Dieses System ist selbst in Nordeuropa einzigartig.

In Dänemark ist man sich einig, dass sich Drohungen schnell abnutzen. Was will man bei der nächsten Welle sagen? Impfexperte zu sein heißt, Gesellschaftsexperte zu sein. Es geht nur mit Vertrauen, zumindest in einer Demokratie. Zum Glück ist in Dänemark das Gemeinschaftsgefühl noch nicht abhandengekommen. Man hält weiterhin daran fest, dass man als Gesellschaft nur zusammen durch Krisen kommt.

E-Health (eine auf elektronischer Datenverarbeitung basierende Gesundheit), oder anders gesagt – Gesundheit auf Dänisch. Dänemark zeigt erfolgreich, wie E-Health auf staatlicher Ebene funktionieren kann, und gilt bei der Digitalisierung der Gesundheitsversorgung seit Jahren als Vorbild. Teil des öffentlichen Gesundheitswesens ist das 2001 initiierte und 2003 lancierte Gesundheitsportal *sundhed.dk*.

Die dänische nationale Strategie erklärt *sundhed.dk* als nationalen Zugangspunkt zu persönlichen Gesundheitsdaten von Krankenhäusern, Allgemeinärzten und Gemeinden. Das Portal bündelt die medizinischen Informationen und Daten aller dänischen Staatsbürger ab 15 Jahren, es dient als zentraler Zugangspunkt für Patienten und Ärzte, um gleichermaßen Befunde, Medikamente, Behandlungspläne oder Abrechnungen einzusehen. Ärzte können E-Rezepte ausstellen und auf Bild- und Labordaten sowie Befunde von Fachärzten, Krankenhäusern, Pflegeheimen und ambulanten Pflegern und von Psychologen zugreifen. *Sundhed.dk* versorgt den Bürger wiederum mit Kontaktdaten aller Ärzte, medizinische Prävention und über die Qualität und Preise der Behandlungen. Die Idee hinter *sundhed.dk* ist nicht nur, die Vernetzung von Daten für Ärzte, Krankenhäuser und Pflegeheime voranzutreiben, sondern vor allem auch den Patienten zu stärken. Das System hat sich als überaus erfolgreich etabliert: Die durchschnittliche Verweildauer in dänischen Krankenhäusern hat sich auf rund 3,4 Tage reduziert, die Todesrate sei seit Einführung des staatlich organisierten und finanzierten Portals gesunken. Die Qualität und Effizienz im Gesundheitswesen konnte verbessert, die Kosten konnten gesenkt werden. Sorge um den Schutz der eigenen Daten müssen Nutzer nicht fürchten, da Patienten einsehen können, welche Gesundheitsmitarbeiter ihre persönlichen Daten abgerufen haben. Auch hier wiederum ist die Grundlage für den Erfolg eine Kultur in Dänemark, die auf Vertrauen beruht, auch durch den offenen Zugang zu personenbezogenen Daten. Für mich am Anfang meiner Auswanderung gewöhnungsbedürftig, heute sehe ich die Vorteile von digitalisierten und verfügbaren Daten für Patienten und medizinisches Fachpersonal. Die internationale Unternehmensberatung und Marktforschungsfirma Gartner etwa bezeichnete *sundhed.dk* 2007 als weltweit bestes Beispiel für Public Health.

Die Sorge um den Schutz von personenbezogenen Daten wiegt in Deutschland eindeutig schwerer als bei den Dänen, auch strukturell bietet Dänemark bessere Voraussetzungen für dieses Modell der Health-IT. Zum einen hat das kleine Königreich weniger Einwohner, zum anderen gibt es lediglich eine staatliche Krankenversicherung in Dänemark, in Deutschland hingegen stehen mehr als 120 Kassen zur Auswahl. Da es nur eine Staatliche Krankenversicherung gibt, ist ein Krankenkassenvergleich nicht möglich.

Die Finanzierung des Gesundheitswesens erfolgt in Dänemark über das Einkommen, 8 % des steuerpflichtigen Einkommens ist an eine zweckgebundene Gesundheitssteuer zu entrichten. Dabei können Dänen zwischen zwei verschiedenen Krankenversicherungsmodellen wählen. Kategorie 1 ist das Hausarztmodell, hier entfällt die freie Arztwahl, der Hausarzt kann dabei nur alle sechs Monate gewechselt werden (wird ein anderer Arzt gewählt, muss dies der Gemeinde schriftlich mitgeteilt und begründet werden). Beinahe die gesamte Bevölkerung hat dieses Modell gewählt. Den Versicherten wird bei diesem Modell ein Hausarzt im Umkreis von 10 Kilometern vom Wohnsitz zugeteilt.

Kategorie 2 ermöglicht die freie Wahl von Haus- sowie Fachärzten, jedoch fallen für die Versicherten höhere Gebühren an (nur ca. 2 % der Dänen sind nach diesem Modell versichert). Überweisungen zum Facharzt sind bei dieser Variante nicht erforderlich, allerdings sind die Ärzte bei dieser Patientengruppe nicht an die Tarifordnung gebunden. So können deutlich höhere Aufwendungen abgerechnet werden, die Differenz muss vom Patienten selbst getragen werden. Die Versicherten müssen zudem in Vorkasse treten und die Rechnungen anschließend bei der Krankenkasse einreichen (ähnlich der PKV in Deutschland). Stationäre Behandlungen im Krankenhaus werden dabei immer in voller Höhe übernommen. Eine private Krankenversicherung wie in Deutschland gibt es in Dänemark somit nicht, allerdings können auch private Zusatzversicherungen abgeschlossen werden.

Keine Sperrstunde, keine Obergrenze für Veranstaltungen, keine Maskenempfehlung in Bus und Bahn: Auch das Nachbarland Schweden hob seine ohnehin wenigen Corona-Maßnahmen auf, für Schweden war Lockdown ohnehin ein Fremdwort: Trotz Pandemie machte das Land keinen einzigen Tag dicht, Freedom Day in einem Land, das nie im Lockdown war. Was in Deutschland viele Monate bitterer Corona-Alltag war, kennen Schweden nur vom Hörensagen. Trotz Omikron verhängte Schweden weder Maskenpflicht noch die 2G-Regel. Impfstatus? Privatsache! Deutsche Corona-Instinkte müssen in Dänemark und Schweden abgeschaltet werden. Während Deutschland seine Bürger dreimal in den Lockdown schickte, blieb Schweden seinem freiheitlichen Kurs treu. Grundschulen, Cafés, Geschäfte blieben immer offen, statt Knallhart-Verboten gab es von den Gesundheitsbehörden fast nur Empfehlungen. Spalt-Thema Corona? Nicht in Schweden. Es sind Sätze, für die man in Deutschland böse Blicke erntet. Nach zwei Jahren Pandemie muss man den Schweden trotz aller anfänglichen Zweifel eingestehen: Die schwedische Gesellschaft ist gut durch die Pandemie gekommen. Rückblickend hat es keinen Unterschied gemacht, ob man im Lockdown war oder nicht. Das Gute an der schwedischen Strategie war, dass die Bevölkerung nicht gespalten wurde, die Regierung nur in geringem Maße zwischen Geimpften und Ungeimpften unterschied. Ich muss zugeben, dass ich den schwedischen Weg auch sehr kritisch, zumindest für sehr mutig gehalten habe. Kurz nach Schwedens erster Weigerung, wie der Rest Europas dichtzumachen, erklärten viele Lockdown-Befürworter den schwedischen Weg für gescheitert. In der Tat verzeichnete Schweden mit seinem Sonderweg zunächst mehr Corona-Tote als viele andere Länder. Schweden argumentierte damals bereits, dass es keinen wissenschaftlichen Beleg gäbe, dass Lockdowns tatsächlich einen Effekt haben. Zu Schwedens damals hohen Todeszahlen wurde angefügt: Wir sollten die Todeszahlen in einem Jahr zählen. Dann würde zum Beispiel Deutschland ähnlich viele Covid-Todesfälle verzeichnen. Und genau diese Prognosen erwiesen sich heute, zwei Jahre nach Pandemieausbruch, als zutreffend. Deutschland verzeichnet pro Kopf nur eine etwas niedrigere Zahl an Corona-Todesfällen als Schweden, allerdings ist der Wert der Übersterblichkeit aussagekräftiger, weil Corona-Tote je nach Land unterschiedlich gezählt wurden. Und da verzeichnete Deutschland in den vergangenen zwei Jahren eine höhere Übersterblichkeit als Schweden. Der Unterschied allerdings ist, dass Deutschland gerade seine Wirtschaft zerstört. Laut *Economist* verlor Deutschland in der Corona-Krise 1,1 % seiner Wirtschaftskraft – Schweden dagegen legte um 2,1 % zu.

Und während Dänemark und Schweden alle Einschränkungen aufhoben, wurde in Stuttgart die ADAC Camping Gala natürlich abgesagt (ebenso wie das dritte Jahr in Folge die Leipziger Buchmesse abgesagt wurde. Eigentlich hätte sie Mitte März wieder ihre Hallen geöffnet – dies ist aufgrund der pandemischen Lage erneut nicht möglich.) Ärgerlich deswegen, da wir mit dem ADAC Superplatz ausgezeichnet wurden, das Mövenpick Hotel an der Messehalle bereits gebucht hatten (diesmal war man zumindest darauf vorbereitet und konnte kostenfrei stornieren). Dennoch hätten wir den Preis gerne persönlich entgegengenommen. Wie gerne hätte ich dort oben wieder auf der Bühne mümmelnd, stammelnd, schnoddrig wie stottrig gestanden und (abgehackt wie einst Edmund Stoiber, wenn er von Flughäfen spricht) den Preis entgegengenommen. Hätte sie alle wegnarkotisiert wie einst Angela Merkel, hätte den gesamten Saal geschwollen salbungsvoll mit inhaltslosem, fahrigem Geschwurbel, mit Phrasen und Plattitüden betäubt, bis die ersten vom Stuhl gefallen wären.

Seit dem ersten Lockdown boomt der Tourismus in Dänemark wie verrückt. Frei von allen Corona-Regeln können sich Urlauber hier entspannen. Was wir in dieser Zeit am häufigsten gehört haben, waren Sätze wie: »In diesen zwei Wochen konnten wir vergessen, dass es diese Pandemie überhaupt gibt. Das ist ja wie im Urlaub hier!«

Ganz verschwinden wird das Virus nicht. Aber mit klarer Kommunikation wäre eben ein verantwortungsvolles Leben mit dem Virus möglich. Die dänische Regierung hat das Land definitiv gut durch die Pandemie geschifft, mit einer sehr geringen Übersterblichkeit. Der Kurs der Corona-Politik wurde vom ersten Tag an sehr transparent kommuniziert, alles in allem ist der Kurs wahrscheinlich akzeptierter und daher die Impfquote auch höher. In Dänemark hat man erkannt: Wir dürfen uns nicht nur aufs Negative einschießen, das vernebelt den Geist.

Das Wunderschöne, das Leichte, das Berauschende hat auch seine Berechtigung. Ich gehe mit Leni jetzt erst mal lecker essen – Karl Lauterbach hat persönlich den Abstrich genommen.

15. Es ist etwas warm im Staate Dänemark – mit Strom heizen

In der Regel macht es keinen Sinn, mit Strom zu heizen, da die auf Strom basierende Heizenergiegewinnung nicht besonders effizient ist und überdurchschnittlich viel Geld verbraucht. Auf Dauer kostet das Heizen mit Strom ein Vielfaches mehr als das Heizen mit Öl oder Gas. In Dänemark dagegen ist das Heizen mit Strom vielfältig und gewinnt zunehmend an Relevanz, vor allem wenn der Strom aus erneuerbaren Energien stammt, stellt es eine sinnvolle und zukunftsträchtige Alternative zu den bekannten Heizungsanlagen dar.

Genau das ist bei uns in Hvide Sande der Fall. Unser Geheimnis heißt: Drei 150 Meter hohe Windräder direkt am Strand. In Hvide Sande heizen wir mit Fernwärme, d. h., die Generatoren der Windräder leiten den Strom nicht ins öffentliche Netz, sondern direkt ins Heizkraftwerk (Fernwärmekraftwerk). Windstrom wird in Fernwärme zum Heizen umgewandelt. Mit der Fähigkeit, die Verbrauchsformen Strom und Wärme miteinander zu koppeln, tragen die drei Windräder dazu bei, den erzeugten Strom regional und effizient zu nutzen. Windstrom wird genutzt, um Wasser zu erwärmen, das in das Fernwärmenetz eingespeist wird. Nachhaltig, wie man heute so schön sagt.

Zur Veranschaulichung genießen Sie bitte meine selbst kreierte Skizze über den Kreislaufprozess einer Wärmepumpe, wie sie bei »Hvide Sande Fernwärme« verwendet wird (viel Spaß beim Verarbeiten der gewonnenen Erkenntnisse, für Rückfragen stehe ich gerne zur Verfügung).

Normalerweise fließt Wärme immer von einem Ort höherer Temperatur zu einem Ort niedriger Temperatur. Im vorliegenden Fall will man aber Wärme von der kalten Außenluft zur warmen Raumluft übertragen. Das geht nur mittels einer Wärmepumpe. Diese Wärmepumpe komprimiert und expandiert ein sogenanntes Kältemittel (hier Ammoniak) und besteht aus 4 Komponenten:

1. Verdampfer
2. Verdichter
3. Verflüssiger
4. Expansionsventil

Der Verdampfer saugt mittels Ventilatoren die Außenluft an und überträgt die Wärme auf das vorhandene Kältemittel. Dieses kann aufgrund spezieller Eigenschaften schon bei einem niedrigen Temperaturniveau verdampfen (Siedetemperatur -33 Grad C). Jetzt kommt der Verdichter ins Spiel und erhöht den Druck des Kältemittels in Form von Dampf so lange, bis die Endtemperatur des Verdichters über der des Heizungssystems liegt und anschließend mittels des Verflüssigers an das System der Heizung übergeben werden kann.

Durch diese Wärmeübertragung kühlt das Kältemittel ab und verflüssigt sich wieder. Jetzt kommt das Entspannungsventil zum Einsatz. Es reduziert die Temperatur und reguliert den Druck auf Anfangsniveau und sorgt dafür, dass das Kältemittel wieder zum Verdampfer gelangt. Der Kreislauf kann wieder von vorne beginnen.

Wir sind somit in Hvide Sande autark, der Strom aus den Windrädern erzeugt Wärme, ganz unabhängig vom Gas. Wärmeenergie nur durch die drei Windmühlen am Strand, allein das ist schon beeindruckend. Für die Bewohner von Hvide Sande kam es im August 2022 aber noch besser. Aufgrund von produziertem Überschuss wurden allen Haushalten in Hvide Sande, und nur in Hvide Sande, die zwei letzten Raten im August sowie November erlassen. Mit anderen Worten: Während überall in Deutschland und anderen Kommunen in Dänemark die Preise explodierten, halbierten sich für uns die Kosten für die Fernwärme. Ein Segen für die eh schon strapazierte Haushaltskasse.

Für seine drei Windräder wurde Hvide Sande im Jahr 2013 übrigens mit dem renommierten Europäischen Solarpreis in Berlin ausgezeichnet. Dort heißt es: »In Hvide Sande wurde durch eine vorbildliche und gemeinnützige Finanzierung die Realisierung von Windkraftanlagen ermöglicht. Damit beweist die Gemeinde beispielhaft, welche entscheidende Rolle eine aktive und substanzielle Einbindung der Anwohner auf die Zustimmung zu konkreten Projekten hat.« Die drei Windkraftanlagen gehören durch einen Fondseigentum der gesamten Bevölkerung und nicht einem großen Konzern. Dadurch wird die notwendige Akzeptanz vor Ort erreicht und das Projekt läuft weiterhin reibungslos. Das kommt nun dem gesamten Dorf zugute. Ein ähnliches Projekt wurde von den Menschen in Hvide Sande vor Jahren übrigens abgelehnt, da die Menschen vor Ort nicht einsehen konnten, warum externe Investoren im Dorf Windkraftanlagen errichten sollten. Glückwunsch Hvide Sande, alles richtig gemacht.

Der Ort hat wunderbar gezeigt, wie die Umstellung auf erneuerbare Energien gleichzeitig das Geschäft ankurbeln und die lokale Infrastruktur verbessern kann. So entstand die notwendige öffentliche Akzeptanz der Bürgerinnen und Bürger von Hvide Sande. Neben den drei Windrädern speist Hvide Sande mithilfe eines Solarparks am Hafen 92,4 % aus erneuerbarer Energie.

In Dänemark spricht man nicht über das Klima, denn hohe Klimaziele sind eben längst Konsens. Dazu passt das Wunder von Esbjerg. Im Zuge der Heizwende versorgt bald eine der weltgrößten Wärmepumpen rund 100 000 Menschen an der dänischen Westküste. Gebaut hat sie das deutsche Unternehmen MAN. (Ich wurde gezwungen dies zu erwähnen, da mein Vater über 40 Jahre als Ingenieur für die MAN tätig war. Dänischer Pragmatismus trifft in diesem Fall auf deutsche Spitzentechnologie.) Der Bürgermeister der kleinen Hafenstadt Esbjerg, Jesper Frost Rasmussen, hat die letzten Wochen viele Hände geschüttelt, u. a. die von Olaf Scholz, vom dänischen Kronprinzen Frederik und von Ursula von der Leyen. Alle interessieren sich für das Wunder von Esbjerg. Dabei verkörpert Jesper Frost Rasmussen, selbst Ingenieur und mit hoher Kompetenz für Ökostrom, Fernwärmenetzen und Netzstabilität, einen grünen Pragmatismus, den man in Deutschland vergebens sucht. Der jüngste Coup des Bürgermeisters steht in einer schwarzen Halle auf dem Hafengelände: die größte auf CO_2 basierende Meerwasserwärmepumpe der Welt. Eine Innovation, selbst der Hersteller MAN hat sie das erste Mal aufgebaut. Bisher sorgte ein Steinkohlekraftwerk für warme Wohnungen in dem Städtchen. Das soll nun abgeschaltet werden, auf diese Weise spart Esbjerg 60 000 Tonnen CO_2 im Jahr. Normale Wärmepumpen fürs Einfamilienhaus kommen auf rund 0,015 Megawatt Leistung, die neue Riesenwärmepumpe in Esbjerg hat rund 70 Megawatt. In Dänemark ist die Wärmewende auch deshalb so erfolgreich, weil etwa zwei Drittel der Haushalte an ein Fernwärmenetz angeschlossen sind. Der Vorteil gegenüber Einzelgeräten in jedem Garten: Großwärmepumpen können gleich Tausende Haushalte auf einmal auf erneuerbare Wärme umstellen – ohne einen einzigen Heizungstausch. In Esbjerg und Umgebung werden ab Oktober 100 000 Menschen komplett von Kohle auf grüne Fernwärme aus der Wärmepumpe umgestellt. Wird Öl, Gas und Kohle über einen zentralen Wärmeproduzenten ersetzt, ist das günstiger und geht schneller. Im besten Fall merken die Verbraucher den Wechsel nur daran, dass die Preise sinken. Ob kleine oder große Ausführung, Wärmepumpen funktionieren im Kern alle gleich: sie ziehen Wärme aus der Umgebung und speisen sie ins Heizsystem ein. In Einfamilienhäusern meist aus dem Boden oder der Luft, das Modell in Esbjerg nutzt die Wärme vom Meerwasser. Über einen Meter dicke Wasserrohre leiten rund 14 000 Kubikmeter Meerwasser pro Stunde durch die Anlage. Pipelines saugen das Wasser aus dem Hafenbecken, bringen es zur Halle und spülen es an anderer Stelle wieder ins Meer. Wuchtige Wärmetauscher entziehen dem Meerwasser rund zwei bis drei Grad Temperatur. Diese Differenz reicht aus, um das Fernwärmenetz auf bis zu 90 Grad zu bringen. Der Strom kommt dabei von den Windrädern vor der dänischen Küste, die Heizenergie wird schließlich über heißes Wasser an das Fernwärmenetz übertragen. Laut Rasmussen sind Fernwärmenetze mit erneuerbaren Energien die effizienteste Lösung, um von Öl und Gas loszukommen. In Dänemark ist über 40 Prozent der Wärme grün. In fünf Jahren sollen überhaupt keine Heizungen mehr mit Erdgas laufen.

Der Hafen in Esbjerg ist übrigens auch der größte europäische Umschlagplatz für Offshore-Windenergieanlagen, demnächst soll dort einer der weltgrößten Elektrolyseure gebaut werden, um grünen Wasserstoff herzustellen. Über Klima muss man in Dänemark nicht mehr groß sprechen.

Ansonsten explodieren auch in Dänemark die Stromkosten. Während in Deutschland die Strompreise festgelegt sind, variieren sie in Dänemark nicht nur von Tag zu Tag, sondern nahezu stündlich, vergleichbar mit den Benzinpreisen an den Tankstellen. Mittlerweile arbeiten wir mit einer App, freundlicherweise vom Stromanbieter angeboten, um zu sehen, wann die Strompreise am günstigsten sind. Dementsprechend werden Waschmaschine und Spülmaschine programmiert, und sei es nachts um 2:30 Uhr. Seitdem die Preise per Kilowattstunde zwischen 30 Cent und 1,13 Euro schwanken, macht das Arbeiten mit dieser App durchaus Sinn. Dabei mussten wir im westlichen Dänemark zeitweise dreimal so viel pro Kilowattstunde zahlen wie im Osten des Landes. Einfacher Grund: Dänemark ist in zwei Preisbereiche aufgeteilt. Jütland ist dabei wie Fünen eng mit dem deutschen Markt verwoben. Westdänemark ist sehr eng an das deutsche System gekoppelt, während Ostdänemark mit Kopenhagen im Takt mit Schweden und Norwegen schwingt. Im Moment ist der Engpass zwischen West- und Ostdänemark extrem ausgeprägt, weil in Schweden, Ostdänemark und Norwegen viel Energie vorhanden ist, während es unter anderem in Deutschland an billiger Stromproduktion mangelt. Die Preisgrenze liegt am Großen Belt, und da aus unterschiedlich versorgten Netzen importiert wird, gibt es östlich und westlich der Meerenge unterschiedliche Strompreise.

Der Strompreis wird nach einer gleitenden Skala festgelegt – die höchsten Stufen sind zum Beispiel Strom aus Kraft-Wärme-Kopplungsanlagen, Öl und Gas, und dementsprechend zurzeit sehr teuer. Die billigsten und niedrigsten Stufen sind Solar- und Windkraft. Da es in Deutschland Sorgen um die Gasversorgung gibt, lässt das auch in Jütland die Preise enorm ansteigen. Auf der anderen Seite profitieren Seeland und Kopenhagen sowie die Inseln im Osten davon, dass der Offshore-Windpark Kriegers Flak zwischen Seeland und Bornholm reichlich Strom produziert. Normalerweise sind zwischen Ost und West auf längere Zeiträume betrachtet nur ein paar Öre Unterschied, aber momentan besteht ein extremer Unterschied.

Aus diesem Grund wurde im August 2022 ein sogenannter varmcheck vom Staat an 440.000 dänische Haushalte über 800 Euro ausbezahlt. Diese unbürokratische Hilfe wurde an alle Haushalte ausbezahlt, die unter einem gewissen Lohnniveau liegen und mit einem Gasanteil von mindestens 65% heizen. Zwar ging bei dieser Auszahlung nicht alles glatt (u. a. wurde diese Bonuszahlung auch an Sozialhilfeempfänger überwiesen, denen dieser Betrag nicht zustand. Da der Fehler nicht bei den Betroffenen selbst lag, war die Rückzahlung auf freiwilliger Basis), immerhin erfolgte diese Hilfe

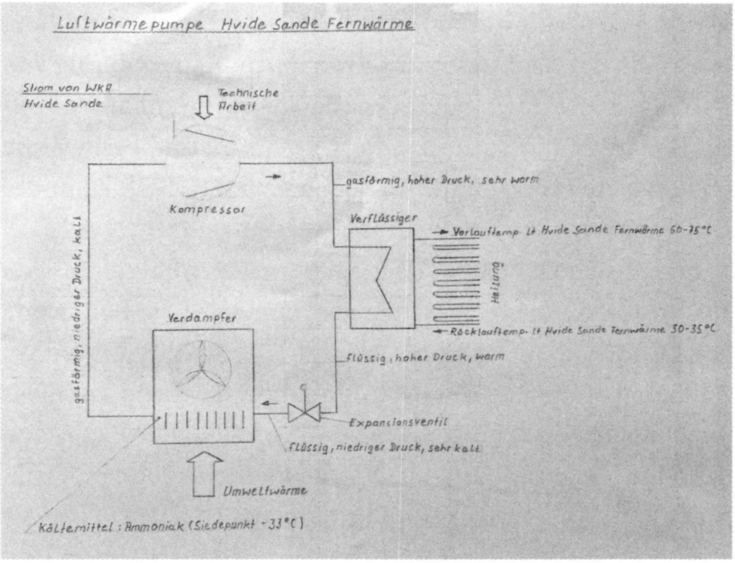

Hvide Sande Fernwärme – Kreislaufprozess einer Wärmepumpe

vollkommen unbürokratisch. Keine Selbstverständlichkeit, guckt man sich das Geschehen und die Diskussionen im Nachbarland an. Eine Freundin in Deutschland mit eigener Firma berichtete, dass sie das sogenannte Energiegeld über 300 Euro per Arbeitnehmer vorstrecken musste. Einen Monat hat sie damit verbracht, alle entsprechenden Dokumente auszufüllen in der Hoffnung, das Geld irgendwann zurückzubekommen. Bei 40 Mitarbeitern kann nicht jeder mal eben 12 000 Euro vorstrecken, nicht, wenn nebenbei auch noch die Energiekosten explodieren. Warum muss Bürokratie in Deutschland immer so kompliziert sein? Meines Wissens warten die Menschen im Ahrtal immer noch auf die Auszahlung der Spendengelder.

In Dänemark wurde innerhalb von zwei Stunden eine Strompreisdeckelung beschlossen. Zwar müssen die erhöhten Preise bezahlt werden, aber nicht sofort, eine Abzahlung innerhalb der nächsten Jahre ist möglich. Ratenzahlung von Stromkosten (*indefrysningsordning*) für Unternehmen und Haushalte. Ist die Rechnung für Gas, Strom und Fernwärme höher als die Rechnung vom vergangenen Herbst, kann der Differenzbetrag in Raten gezahlt werden.

Damit sich Dänemark deutlich schneller von Lieferungen aus Russland unabhängig machen kann, wird die Förderung von Öl und Gas in der Nordsee kurzfristig deutlich erhöht. So soll bereits im Laufe des nächsten Jahres das Land komplett unabhängig von russischen Lieferungen sein. Die Regierung hält eine Steigerung um ein Viertel kurzfristig für möglich. Nach dem EU-Austritt Großbritanniens ist Dänemark der größte Produzent von Öl in der Europäischen Union und spielt auch als Exporteur von Erdgas eine wichtige Rolle. In Europa ist allerdings das Nicht-EU-Mitglied Norwegen bei Weitem das größte Förderland. Das heißt, bis der ambitionierte Ausbau erneuerbarer Quellen Wirklichkeit wird, wird die Gasproduktion in der Nordsee vorübergehend erhöht. Zusätzlich wird den Plänen zufolge wieder mehr Erdgas aus Norwegen bezogen werden, genauer gesagt über die Baltic Pipe zwischen Norwegen und Polen, die im Oktober 2022 in Betrieb gehen soll.

Somit setzt Dänemark vorerst auf Nordsee-Gas statt Russland-Gas und rechtfertigt diesen Schritt: Bis die Produktion von grünem Gas ausreiche, um den Gasbedarf zu decken, wäre es das kleinere Übel, eigenes Gas zu fördern, als es von Putin zu kaufen. Das kleine Königreich hat das Gas vor der eigenen Haustür und will es auch nutzen – vorerst. Auf Sicht will Dänemark schneller weg vom Gas. In Dänemark heizen rund 400 000 Haushalte noch mit dem fossilen Brennstoff. Etwa die Hälfte davon soll laut dänischer Regierung bis 2028 auf Fernwärme oder Wärmepumpen umsteigen. In allen Gebäuden, die für eine Umstellung nicht geeignet sind, sowie für industrielle Zwecke ist die Entwicklung von Biogas aus erneuerbaren Quellen vorgesehen.

In Dänemark liegt der Anteil von Gas am jährlichen Energieverbrauch bei 18 Prozent, laut Angaben der dänischen Energieagentur deckte im Jahr 2019 die nationale Produktion knapp drei Viertel des Bedarfs.

Die Windenergie ist bislang die wichtigste Quelle der Stromerzeugung, schon heute wird im Land rund die Hälfte des Stroms mittels Windenergie erzeugt. Bis 2050 plant das Land, seinen gesamten Energiebedarf in allen Sektoren aus erneuerbaren Energiequellen zu decken. Bis 2030 soll die Zahl der Solar- und Windenergieanlagen vervierfacht werden, kündigte die dänische Regierung an. Der Anteil der Fernwärme liegt bei 64 Prozent der Wärmeversorgung, wovon knapp 50 Prozent aus erneuerbaren Energien generiert werden.

Bereits seit dem Jahr 2013 ist die Installation von Öl- und Gasheizungen in Neubauten verboten. Dänemark besitzt kein Atomkraftwerk (durch den internationalen Stromverbund kommt auch in Dänemark Atomstrom aus der Steckdose), für die drei noch verbliebenen Kohlekraftwerke sind die Schließungen für 2023, 2028 und 2030 vorgesehen.

Leider wirkt sich die Kostenexplosion auch auf den Dänemark-Urlaub aus. Die steigenden Nebenkosten geben die Vermieter an ihre Gäste weiter, was sich bei der Nebenkostenabrechnung bemerkbar macht. Auch bei unseren Ferienhäusern sind die Strompreise von 3,50 kr. pro Kilowattstunde auf 5,00 kr. gestiegen. Andere Ferienhausvermietungen berechnen bereits 7,50 kr. Bleibt zu hoffen, dass Touristen Ferienhausurlaub in Dänemark zukünftig nicht meiden, vor allem die Verbrauchskosten im Winter könnten Grund dafür sein.

Die Ringkøbing-Skjern-Kommune hat sich übrigens nach Abwägung dazu entschlossen, auf das Abschalten von Straßenlaternen sowie Weihnachtsbeleuchtung zu verzichten. Eine Berechnung der Kommune hat ergeben, dass ein Ausknipsen der Beleuchtung trotz hoher Strompreise keinen Sinn ergibt. Zwar könnten auf diese Weise bis zu 130 000 Euro eingespart werden, allerdings rechnet die Verwaltung damit, dass die Nachteile überwiegen. Zum einen gerät die Dimm-Funktion der LED-Leuchten beim nächtlichen Ausschalten aus dem Rhythmus, sodass die Steuerung nicht mehr wie vorgesehen funktioniert und die Leuchten für die verbleibenden Betriebsstunden nur noch mit 30 % Leistung arbeiten. Eine 100 %-Beleuchtung wird die Straßenbeleuchtung also nicht mehr haben, da sie sowohl in den Nachmittags- und Abendstunden als auch in den Morgenstunden gedimmt werden. Aber gerade hier sollten die Lampen idealerweise zu 100 % beleuchtet sein.

Darüber hinaus hat der Energieversorger einen Stromvertrag mit einer Laufzeit bis 2025 abgeschlossen, Hier sind 70 Prozent des Preises fixiert und nur 30 Prozent können zum Spotpreis abgerechnet werden, wodurch Schwankungen begrenzt sind. Hinzu kommt, dass bereits vor 10 Jahren alle Lampen auf LEDs umgerüstet wurden, sodass der Preis niedrig gehalten werden kann. Somit wird auch in diesem Jahr in allen fünf Einkaufszentren der Kommune die Weihnachtsbeleuchtung hell und grell leuchten. Denn auch das ist ein Aspekt, den man berücksichtigt hat. Sollten die Städte im Dunkeln liegen und keine gemütliche Weihnachtsstimmung aufkommen, wird das auch weniger Besucher in die Städte locken, was wiederum weniger Umsatz bedeuten würde.

Außerdem möchte man nach Pandemie, Kriegsbeginn in der Ukraine sowie einhergehender Inflation den Menschen nicht auch noch eine zappendustere Weihnachtszeit zumuten. Argumentation: Licht ist lebenswichtig. Nicht nur für den Körper – auch auf unsere Psyche hat es Auswirkungen: Es hellt die Laune auf und sorgt dafür, dass wir uns wohlfühlen. Die Weihnachtsbeleuchtung ist deshalb mehr als nur eine kitschige Tradition, um die Innenstädte für den Konsumrausch hübsch zu machen. Man benötigt keine krass blinkenden Häuserfassaden und Lichtorgien, für die man gefühlt ein eigenes Kraftwerk benötigt. In einem Land, in dem die Nächte im Dezember 17 Stunden dauern, ist es für die Menschen eine Freude, wenn es mit Anbringen der Weihnachtsbeleuchtung wieder etwas heller wird.

Von daher bringt es nichts, symbolträchtig auf die Weihnachtsbeleuchtung zu verzichten.

Somit bleibt uns der öffentliche Lichterglanz erhalten, ich freue mich auf den künstlichen »Sternenzauber«, denn ohne Licht keine Hoffnung.

16. Die Idee des Nordens

Hvide Sande, du stolze Zierde des Holmsland Klit, wer Meer hat, braucht weniger! Das Meer, die Flucht aus dem Alltag. Dänemark war schon immer mein Anker, Hvide Sande im Speziellen mein seelischer Luftschutzkeller. Weit weg von ungepflegten Wolkenkratzern, Betonspargel mit wenig anmutenden Balkonverblendungen. Nr. Lyngvig Fyr, der Leuchtturm, das Wahrzeichen dieser Region, fast wie der Eiffelturm für Paris. Am Horizont tanzen Kite-Schirme am Himmel. Der Däne braucht Wind, dann läuft es rund. Der Wind hier hat meistens keinen Respekt, Wind und Wetter lassen sich nicht in ein noch so perfektes Servicekonzept zwingen. Damit lebt man, damit paart man sich. Das Leben in diesem Land ist unterhaltsam für den, der sich an den Menschen und der Natur zu freuen weiß. Den Mangel städtischer Reize in diesem Dorf machen die Bewohner mit ihrem Charme wieder wett. Im Land der offenen Fernen, der weiten Horizonte. Tatsächlich ist sie noch heil, die Welt im »schmucken« Örtchen Hvide Sande. Der Anblick der Gegend fühlt sich in meinem Herzen an wie das freundliche Nicken eines alten Freundes, eines vertrauten Menschen, der sich freut, mich nach langer Zeit wiederzusehen. Der Holmsland Klit, die schönste Sandbank der Welt – meine Brücke aus Sehnsüchten und Erinnerungen. Dieses Dorf ist für mich »zauberhafte Spelunke«, Schicksalsort, Fixpunkt meiner Vergangenheit. Dieser Ort macht mich glücklich und sentimental, ich fühle mich manchmal wieder wie 18. Frisch verliebt zu sein macht jung und unbesiegbar. Dänemark – Liebe verjährt nicht.

Der Ruf des Nordens, Annäherung an ein Sehnsuchtsziel. Sie sehen es genauso? Dann ist eine Reise an die dänische Westküste genau das Richtige für Sie – hier erleben Sie echte Stille, die Kraft der unverfälschten, charaktervollen Natur und die positive Energie der im Großen und Ganzen weltoffenen Dänen. Ein Ort, wo man den Moment genießen und die Zufriedenheit in jeder Zelle spüren kann. Die Gegend ist dabei eine einzige Bühne, und wo das so ist, gibt es viel zu erzählen. Dieses stolze Land, das auf den Erinnerungen großer vergangener Tage thront. Wo das Wetter ebenfalls zu den Prüfungen gehört, denen man nicht entkommen kann. Im Winter sollte man viel an der Luft sein und natürliches Licht aufnehmen und im Sommer sollte man Licht auf Vorrat tanken. Mitte September ist der Sommer vorbei, bis dahin müssen die Körper mit Wärme und Licht vollgesogen sein.

Holmsland Klit, hierzu gehören sanfte Hügel und goldenes Licht, die Sehnsucht nach dieser unvergleichlichen Lebenslust war bei mir immer groß. Vor allem durch die Bewohner wird eine Destination zu dem, was sie ist. Die Bewohner sind ein wenig wortkarg. Das darf man nicht persönlich nehmen, immerhin laufen im Hochsommer jeden Tag Hunderte von Urlaubern an der Haustür vorbei.

Man lebt im Jetzt – ein Bier mit dem Nachbarn trinkt man gleich auf der Stelle, man verabredet sich nicht lange im Voraus. Die Menschen hier beschweren sich selten und arbeiten hart, auch das macht die hohe Lebensqualität aus. Als Zugezogener muss man seine Ärmel hochkrempeln und einen Beitrag leisten, dann erfährt man die herrliche Gastfreundschaft der Westjütländer. Integration bedeutet auch, zum Wohlstand des Landes beizutragen.

Was ist die Idee des Nordens?

Ich glaube, die Sehnsucht, die Liebe, die Idee des Nordens, die sich hinter den Träumen so vieler verschiedener Menschen verbirgt, hat etwas mit Reduktion, mit Reduzierung zu tun. Den Menschen, den Dänemark-Fans, die hierherkommen, geht es nicht um ein Mehr, sondern um ein Weniger. Es ist mit der Hoffnung verbunden, dass das eigene Innenleben hier im Norden zur Ruhe kommt, endlich den nötigen Raum erfährt, den es in unserem hektischen Alltag niemals haben kann. Viele träumen von einer Welt, die Nachdenklichkeit und Reflexion erlaubt, das scheint die Sehnsucht zu sein, das eint die große Mehrheit der Dänemark-Liebhaber. Es ist die Liebe der Deutschen zur heilen Welt.

Für alle, die wissen wollen, was mit ihnen und was in ihnen passiert, während drumherum nichts passiert, kann die bevorzugte Himmelsrichtung nur der Norden sein. Dieser Ort weckt Sehnsüchte: nach Ruhe, Überschaubarkeit, Entschleunigung.

Ob es sich hier um romantische Vorstellungen handelt? Klar! Sie haben mit der Realität, mit dem Alltag der hier lebenden Menschen recht wenig zu tun. Es gibt so viele Beweggründe, die zum Reisen anregen – der Wunsch, zu sich selbst zu finden, ist dabei wahrlich nicht der schlechteste. Die Beschränkung auf wenig ist der Charme von Hvide Sande. Mein Leben auf dieser Landzunge kommt daher wie die moderne Inszenierung eines Märchens von H. C. Andersen. Gegen jede Vernunft, ohne jede Erfahrung, aber mit dem Herzen eines Löwen, mit Fleiß, Disziplin und eisernem Willen geht der Edelmann unbeirrt seinen Weg. Ob man glücklich ist, ist zu 90 % Veranlagung, habe ich gelesen. Viele können offenbar keine Glücksbegabung entwickeln. Ich habe dabei festgestellt: Es macht unglücklich, dem Glück hinterherzujagen. Ich denke, Glück kann man nur durch Disziplin, Fleiß und Verdienst erlangen. Wer sich nicht bemüht oder einsetzt, wird immer mit einer gewissen schalen Grundstimmung durchs Leben gehen. Auch Leidenschaft macht glücklich, Projekte, die über Jahre dauern. Dauerhafter Leerlauf ist nicht gerade förderlich fürs Selbstwertgefühl. Glück ist immer so ein großes Wort, wirklich glücklich sein ist ja eher eine Momentaufnahme. Vielleicht kann man es besser mit zufrieden beschreiben. Ob ich nicht doch einen Ratgeber zum Glücklichsein schreiben sollte? Auf diese Idee ist sicher noch keiner gekommen.

Ich habe den Eindruck, zufrieden zu sein. In den letzten 13 Jahren hatte ich doch stets das Gefühl, dass ich alles richtig gemacht habe und dass ich nirgendwo anders hingehöre als auf diese Landzunge jenseits der Wirklichkeit. Erwiesenermaßen hatte ich auch viel Glück, zugegeben.

Auswandererglück oder Existenzangst? Eine Auswanderung ist auch immer abhängig von der individuellen Situation. Kommt man alleine, der Liebe wegen, studiert man hier, hat man Familie und Kinder im Schlepptau? Es fällt mir schwer, hier Tipps zu geben. Außer: Gelassenheit, Ausgeglichenheit, Mut, Ausdauer, Flexibilität, die eigenen Ansprüche zurückschrauben, eine gute Prise Mitmenschlichkeit und vor allem Humor und Ironie. Dann werden Sie als »unhyggeliger« Nichtdäne gute Chancen haben, von Dänen auf die Couch eingeladen zu werden. Es lohnt sich. Nur unterschätzen sollte man es nicht. Natürlich ist es ein Unterschied, ob man im Urlaub hier verweilt oder wirklich seinen Alltag bestreitet. Im Urlaub sieht man alles durch die rosa Brille, am Anfang ist alles idealisiert und man schwebt etwas naiv-romantisch durch den Alltag. Bier oder Hot Dog auf Dänisch bestellen – das macht Spaß und ist anfänglich noch lustig. Sobald man aber hier wohnt, wird einem schnell der existenzielle Moment bewusst, ohne Dänisch ist die Zukunft so sonnig wie der Himmel über Peking. Das Leben ist dann nicht mehr nur eine einzige Postkarte. Es gibt so viele Fettnäpfchen, die auf einen warten.

Unter »V« verbirgt sich in Zeitungstexten zum Beispiel die Regierungspartei »Venstre«. Der Name bedeutet wörtlich »die Linke«, aber genau das schafft nur Irritation. Venstre ist seit jeher eine liberal-konservative Partei. Alles ist halt ein bisschen verdreht in Dänemark.

Die Menschen, die mir hier begegnet sind, und ihre Art, auf das Leben zu schauen, haben mich immer fasziniert. Hier weht ein Geist, der zugleich aus Enthusiasmus und Gelassenheit besteht. Neues ausprobieren? Warum nicht? Nicht jammern, wie schlimm alles ist, sondern was machen, damit es nicht mehr schlimm ist. Es gibt hier keine große Aufschiebementalität. Immer mit der Überzeugung, dass am Ende alles irgendwie gut gehen wird. So gut wie nie hört man hier jemanden jammern. Es ist meine Liebe zu der Andersartigkeit dieser Westküste und seiner Bewohner. Man fühlt sich hier wohl in der Rolle des schrägen Außenseiters, zelebriert sie sogar. Schafft den Spagat zwischen Ursprünglichkeit und Fortschritt, Individualismus und Zusammenhalt, zwischen Verwegenheit und Charme. Was es ist, was das Leben hier so angenehm macht? Jedem Menschen wird ganz selbstverständlich ein Vertrauensvorschuss eingeräumt.

Die Voraussetzungen für eine Auswanderung nach Dänemark waren vor 13 Jahren aber auch noch andere. Wer in Dänemark leben möchte, braucht mittlerweile ein EU-Aufenthaltsdokument. Um ein solches zu erhalten, muss man eine Anstellung, sprich ein festes Einkommen, vorweisen. Oder ein Vermögen, von dem man leben kann. Als Nachweis dafür, dass man dem Staat nicht gleich auf der Tasche liegt, muss man 14 000 Euro pro Erwachsenen und 5000 Euro pro Kind nachweisen können. Man muss beim Amt für internationale Anwerbung und Integration (SIRI) einen Termin machen und persönlich erscheinen. Einen Termin bei SIRI zu erhalten kann mittlerweile bis zu drei Monate dauern.

Dann lehrt der Däne Sie mit Sicherheit, auch die Gegenwart und den Moment zu genießen. Hier ist der Däne einfach gelassener, ausgeglichener. Vielleicht ein Beispiel: Der Deutsche opfert gerne seine Gesundheit, um viel Geld zu verdienen. Wenn er es erlangt hat, opfert er sein Geld, um seine Gesundheit wieder zurückzuerlangen. Dabei ist er immer so auf die Zukunft fixiert, dass er die Gegenwart nicht genießt. Ich glaube, genau an dem Punkt ist der Däne anders. Der Däne lebt mehr, lebt bewusster in der Gegenwart. Die einzige Wirklichkeit, die der Mensch hat, ist das Jetzt, die Gegenwart, das hat der Däne verstanden. Die Zukunft ist nichts weiter als eine Illusion. Weniger Gedanken über die Zukunft und weniger mit der Vergangenheit beschäftigen, das macht zufrieden. Ich versuche, mit Humor den Gemeinheiten des Lebens zu trotzen, das Lachen ist der Versuch, den Ernst des Lebens zu ertragen. Ich benutze das Lachen, um Dinge nicht an mich heranzulassen.

Und weil ich gelernt habe, die Gegenwart zu genießen, sitze ich mal wieder im Café, schaue auf die Straße im Sonnenlicht, die Welt plappert vorbei, keifend, flüsternd, hell auflachend. Menschen in bunten Hemden, mit flatternden Hosenbeinen, die Hosenbeine bis zum Knie aufgerollt, mit schief gewehten Hüten. Am Nachbartisch Menschen mit Witz und sanfter Neugier, die junge Frau mit leicht lädiertem Selbstbewusstsein. Er fragt scheinbar ziellos, bis sich das Gespräch verdichtet und es tief hineingeht. Er wirkt dabei mit seiner freundlichen, leisen Art wie ein Denkmal der Friedfertigkeit. Gegenüber unter der schwülen, unerbittlichen Sonne Dänemarks liefern sich zwei alte Männer ein wildes Wortspiel-Ping-Pong. Gute Brüller, mit viel Effet angeschnitten. Ich tippe auf zu früh abgebrochene Ritalin-Behandlung. Ich sitze, höre zu und rühre in meiner Tasse, versuche, im Lärm das leise Wort, den flüchtigen Satz herauszufiltern, meine innere Beobachtungs- und Redaktionsstube ist immer besetzt. So ein Café, ein großes Theater der Eitelkeiten, das ist meine Stoffzufuhr.

Ich höre das Meer, kenne das seit knapp 13 Jahren nicht anders. Und ich will das nicht anders. Ich nippe noch mal an meiner Espresso-Tasse und wiederhole mit leiser Stimme: »Ich will es nicht anders!«

»Leben, wo andere Urlaub machen«, die fast schon antike Floskel kommt mir auch immer wieder zu Ohren. Und irgendwas ist da dran. Ob das was mit meiner magischen Arbeitslocation zu tun hat? Mit Sicherheit! Aber bitte nicht falsch verstehen, auch auf Henne Strand Camping & Resort wird intensiv geackert. Das macht mir erfreulicherweise wenig aus.

Ein lauwarmer Pommes-Wind weht vom Büdchen gegenüber entgegen – der PV, die Würstchenbude, der Dealer meines Vertrauens. Hier geht es um die Wurst. Das ist Hvide Sande Summer Breeze. Die Freunde des frivolen Fachgesprächs ziehen weiter.

Ich bin diesem Land wahnsinnig dankbar – Dänemark rettete mich vor einem Leben auf dem Amt in bürgerlicher Dumpfheit. Apropos Dumpfheit – in Fremdsprachen bleibe ich lebenslang, zumindest mit dem Maßstab der Meister gemessen, eine Niete.

Wie sagt man so schön im Ruhrgebiet: »Wie isset?« »Am liebsten gut!«

Die hier lebenden Menschen erinnern mich ein wenig an das Ruhrgebiet. Kernkompetenz ist der pointierte Spott, seine Standpunkte überdenkt er gelegentlich, nicht aber seine Modephilosophie.

Ab und an brauche ich auch eine Portion melancholische Ordnung, dann kann es auch in Hvide Sande zu eng werden. Es gibt Tage, da hat man einen regelrechten Dänenkoller. Wenn es mal wieder zu kalt, zu windig, zu regnerisch oder alles zusammen ist, intolerant den ewig gleichen abgepackten Wurstsorten im Supermarkt gegenüber ist, intolerant gegenüber der phlegmatischen Art der Dänen, Auto zu fahren. Frühling, auf den man manchmal bis in den Mai wartet, wenn im Garten anstatt Rasen nur noch Moos nachwächst, ja, ich sehne mich tatsächlich ab und an nach deutscher Ordnung und Disziplin. Dann muss ich mal wieder raus und knüppel in knapp sieben Stunden Richtung Ruhrgebiet. (Kommt Ihnen der Text auf dieser Seite bekannt vor? Glückwunsch, Sie haben ein hervorragendes Gedächtnis. Ich habe ihn schon mal in meinem Buch »Dänemark – Gekommen, um zu bleiben« so ähnlich verwendet – keine Panik, mit freundlicher Genehmigung des Autors!)

Das Ruhrgebiet bleibt eine ewige Sehnsucht, das ist Heimat, die in mir wohnt. Durch meine Adern fließt die Emscher, im Herzen ist aber auch Platz für die Nordsee. Oberhausen, ich hatte schon immer ein Faible für Städte, von denen andere behaupten würden, sie seien hässlich. Place to be, wenn ich der »Hektik« Hvide Sandes entkommen will. Jeder Stein erinnert mich an etwas, knietief wate ich in meiner Vergangenheit. Mutter und ihr historisch anmutendes Handy, mein Vater, lebendiges Weltkulturerbe, der psychisch gesündeste Mann, den ich kenne. Hier sind die Menschen unprätentiös, ehrlich bis zur Schmerzgrenze – aber immer herzlich. Hier wird jedem Fremden in ruhrpöttlerischer Direktheit ein Gespräch aufgedrängt. Hier, an diesem Ort, haben sich die wichtigsten sozialen Episoden meiner Jugend abgespielt. Bin gerne in der Heimat, in der Romantik der alten Umgebung meine eigene Jugend wiederfinden. Ich mag das. Ruhrgebiet ist für mich Nostalgie, ich bin Ruhrgebietler ohne Herkunftsscham.

Hier trifft man auf die Freilichtbühne des Ruhrgebiets. Rentner mit Kissen unterm Arm, die aus dem Fenster gucken, haben wir auch in Hvide Sande. Aber Rentner mit Kissen unterm Arm, die aus dem Fenster blöken, kennt man nur aus em Pott. Hier sagt man: »Watt ein Heiopei.« Der Heiopei trägt in der Regel sein Base Cap akkurat auf der nicht vorhandenen Frisur, sein Biotop sind 50 m^2 zwischen Tankstelle, Pommesbude und Spielothek, dabei kommuniziert er mit allem, was sich bewegt. Zweifellos eine Bereicherung dieser Region.

Was mich an meiner Heimat stört? Dass man sich ständig sorgt! Zugegeben, es sind schwierige Zeiten. Dennoch behaupte ich: Ein Großteil der Erdbevölkerung beneidet uns vermutlich um den Zustand des Landes. Und was macht der Teutone? Er sorgt sich. Was hält uns davon ab, abgesehen von unserem mürrischen Erbgut und den gerunzelten Stirnfalten, ein bisschen weniger sorgenvoll auf das zu blicken, was man Dasein nennt? In vielen Köpfen scheint Deutschland nicht an Dänemark zu grenzen, sondern an Uganda und Somalia. In Dänemark sagt man frei übersetzt: »Kannst du die Dinge ändern, dann mach dir keine Sorgen. Kannst du die Dinge nicht ändern, dann mach dir keine Sorgen.« Das ist es, was ich an Dänen so liebe – diese Zuversicht, Dankbarkeit und Gelassenheit.

Eines haben alle Dänen gemeinsam, egal ob jung oder alt, Bauern oder Professoren, dick oder dünn: Sie sind alle gerne Dänen und jeder ist auf seine eigene Art mächtig stolz darauf, diesem kleinen exotischen Volk anzugehören. Stolz auf die Sprache, die Kultur, auf die Nation, es ist für Dänen etwas völlig Selbstverständliches. Anfangs ist dieser überbordende Patriotismus für jemanden, der in Deutschland aufgewachsen ist, etwas gewöhnungsbedürftig. Die Priorität der Dänen lag immer in der eigenen Sprache und Identität, lag immer im eigenen Überleben, im Etablieren der dänischen Kultur und Nation in Europa. Niemand hasst die Dänen, die meisten Nationen haben irgendeine Altlast zu tragen, fast jedes Volk hat oder hatte seinen Godzilla. Nur die Dänen nicht! Und für die Geschichte der Wikinger, ihrerzeit auch nicht immer so nett mit ihren Eroberungs- und Entdeckungszügen, werden die Dänen heute bewundert. Irgendwie haben sie es geschafft, die Welt davon zu überzeugen, dass selbst die Wikinger lustige, sanftmütige, vollbarttragende Segler waren. Der Däne hat also allen Grund, stolz zu sein. Und er ist es auch!

Die Lust, sich bei jedem Wetter draußen aufzuhalten, wird als solide Charaktereigenschaft verbucht. Es bedarf einer gewissen charakterlichen Veranlagung, die den Dänen bereits in die Wiege gelegt wurde. Diese kleinen Ikonen des Alltags, die dieses Land so liebenswert machen. Smørrebrød, Hot Dog, Lego, die dem Einheimischen seit frühester Kindheit vertraut sind und dem Fremden auffallen. Diese Dinge sind gut für die Seele, fürs Image und den Fremdenverkehr. *Vestjysk*, der hiesige Dialekt, so habe ich gelernt, hat nichts mit Hinterwäldlerei zu tun, sondern mit regionalem Selbstbewusstsein. Macht sich ein Ausländer die Mühe, diese Mundart zu erlernen, kann ihm maßlose Bewunderung der Eingeborenen sicher sein. Sich für die Menschen interessieren ist das größte Kompliment, das man ihnen machen kann. Und das größte Kompliment, das man einer Kultur machen kann, ist, ihre Sprache zu lernen. Ich liebe es, andere Kulturen kennenzulernen, was so viel bedeutet wie: deren Alkohol zu trinken. Je tiefer man in eine Gesellschaft eintaucht, desto mehr Eigenheiten und Facetten entdeckt man, die kulturellen Unterschiede zeigen sich eben oft im Detail. Und auch hier ist nicht alles ständig happy, es gibt durchaus dramatische Storys hinter der glänzenden Fassade. Dänemark und Deutschland haben viel gemeinsam, dennoch bleibt festzuhalten: Der Däne tickt anders.

Vor allem auf seine Sprache bezogen. Wie erklärt man die dänische Sprache?

Schritt 1:
Lernen Sie Bayrisch.
Schritt 2:
Lernen Sie Chinesisch.
Schritt 3:
Mixe beides zusammen! Das ist Dänisch!

Warum ich die dänische Sprache so liebe? Einige Beispiele für Sie aufgelistet:

Skumfiduser – Marshmallow
Håndværker – Mohnbrötchen
Hoppepuder – Hüpfkissen
Knallertkørsel forbudt – Mofafahren verboten
Piskefløde – Schlagsahne
Mykkestik – Mückenstich
Bums – Pickel
Fik en bums – einen Pickel bekommen
Nixpille – nicht anfassen
Paraply – Regenschirm
Bløde kinder – weiche Wangen
Tissemænd – Penis
Tømmermænd – einen Kater haben
Bussemænd – Popel
Edderkop – Spinne
Prutte – furzen
Snabel a – @
Strømpebukser – Strumpfhose
Fødselsdag – Geburtstag
Klipklapper – Flip Flop
Himstregims – Dingsbums
Stjerneskruestrækker – Kreuzschraubenzieher

Das Schwierige an der dänischen Sprache ist: Schreibweise und Aussprache sind in der Regel komplett verschieden. Vereinfacht kann man sagen: Man nehme ein dänisches Wort, lässt vorne etwas weg, verschluckt die Hälfte und betont den hinteren Teil völlig anders, als er geschrieben wird. Ich habe das Gefühl, auch der Däne selbst improvisiert seine eigene Sprache immer wieder gerne aufs Neue. Manchmal ist diese Sprache vom Ausdruck her aber auch wunderbar einfach. Übersetze ich für unser Marketing-Büro Texte vom Dänischen ins Deutsche, benötige ich in der Regel mehr Platz. Denn ein aus dem Dänischen übertragener Satz wird im Deutschen im Durchschnitt 25 % länger.

Zusammenfassend kann man sagen und da möchte ich einen amerikanischen Publizisten zitieren, der lange in Kopenhagen gelebt hat: »Mit der dänischen Sprache ist es wie mit meiner Frau: Ich liebe sie, aber ich beherrsche sie nicht.«

Deutsche Medien zeichnen im Großen und Ganzen immer noch mit großem Engagement ein sehr helles, freundliches Dänemarkbild, wenn es nicht gerade um Hunde geht. (Nein, in Dänemark werden nicht alle Hunde zum Tode verurteilt und frei laufende Hunde werden nicht gnadenlos von jedem Grundbesitzer mit der Waffe niedergestreckt.) So ist Dänemark in den deutschen Medien immer noch ein Sehnsuchtsort. Mit dazu beigetragen hat mit Sicherheit auch Königin Margrethe II., die mit über 80 Jahren nun seit über 50 Jahren die älteste Monarchie Europas führt und deren Ahnentafel bis zum ersten dänischen Wikingerkönig zurückreicht.

Von allen wird Dänemark als moralische Supermacht gesehen, jeder hat dieses Bullerbü-Idyll im Kopf, wenn er an Dänemark denkt, die perfekte Gesellschaft, ein wundervolles, liebenswertes Land. Doch auch mit Dänemark muss man sich realistischer auseinandersetzen, mit all seinen Fehlern und Schwächen, Mythen und Klischees. Man kann auch schnell einen zu romantischen, einen zu verklärten Blick auf Dänemark haben. Aber dieses Land macht es auch einfach gut. Nicht umsonst hat Dänemark ein solch fantastisches, unantastbares Ansehen im Ausland. Nun gut, Dänemark ist zumindest kein günstiges Urlaubsland.

Teuer, teurer, Dänemark?

Man ist geneigt zu sagen: Ja. Es entspricht zumindest meinem persönlichen Empfinden. Von einem preiswerten Urlaubsland ist Dänemark so weit entfernt wie der Student von der Villa in Malibu.

Ja, in Dänemark gibt es einen recht hohen Umsatzsteuersatz von stattlichen 25 %, dazu ist das Lohnniveau überall sehr hoch. Beides zusammen sorgt dafür, dass die Preise in Dänemark für Lebensmittel sowie andere Dinge des täglichen Lebens recht hoch ausfallen. Hinzu gesellt sich eine zünftige Inflationsrate von 11,4 % (Stand: Oktober 2022). All das erklärt und führt dazu, dass Dänemark das Land mit den höchsten Lebenshaltungskosten der gesamten EU ist, die Preise für Essen, Alkohol, Tabak- und Verbrauchsgüter in Dänemark liegen 40 Prozent über dem Durchschnitt der 27 EU-Mitgliedsländer.

Allerdings habe ich den Eindruck, dass im Zuge der Inflation die Preise nochmals kräftig angehoben wurden und gefühlt zu einem 20- bis 30 %igen Anstieg des Preises für Waren und Dienstleistungen geführt haben. Gefühlt eine weit schlimmere Teuerung. Es erinnert mich ein wenig an die Euroeinführung im Jahr 2002, was mit einem moderaten Preisanstieg genauso wenig zu tun hatte und man als Verbraucher das Gefühl nicht loswurde, D-Mark-Preise seien im Zuge der Währungsumstellung 1:1 in Euro umgerechnet worden.

Das Wortspiel wurde so populär, dass »Teuro« gleich im Jahr der Einführung des Euro-Bargeldes Deutschlands »Wort des Jahres« wurde.

Jetzt bin ich die Preise in Dänemark nach über einem Jahrzehnt durchaus gewohnt, nur werden Anfang des Jahres 2023 Preise aufgerufen, die auch mich alle Preise akzeptierenden Nordländer mitunter verstört zurücklassen.

Der Bäcker an der Straße ruft plötzlich für ein Brötchen, teilweise gefüllt mit viel Luft, ein sogenanntes *Birkes*, 14 kr. auf, ebenso wie für einen *almindelige Boller*. Ein *almindelige Boller* ist nichts anderes als ein normales Milchbrötchen. Korrekt – wir sprechen von 2 Euro für eine Semmel bzw. ein Milchbrötchen! Croissant für 3 Euro (nein, es wird nicht frisch aus Paris importiert.) Kurz schütteln und weiter geht's.

Ein zugegebenermaßen gemütliches Café in Hvide Sande ruft für einen frisch gepressten, munter machenden Espresso 5,50 Euro auf, ein anderes Café am Hafen für ein 0,5 Liter Weißbier kernige 10 Euro (im Einkauf dürfte es wohl bei etwas unter einem Euro liegen).

Ich saß mit Leni in einem neu eröffneten Restaurant im Ort und bestellte einen Burger mit Pommes, trank eine Pepsi und gönnte mir als Absacker noch 3 Mojitos. Satte 75 Euro wechselten anschließend den Besitzer. Diese Preise zahle ich weder an der Côte d'Azur noch im Yachthafen von Palma, wohlgemerkt bei echtem Sommerwetter. Ein Restaurantbesuch gleicht mittlerweile einer Anzahlung für eine Eigentumswohnung. Ich liebe es, auswärts zu speisen, verkneife es mir aber immer öfter. Frage mich, was eine vierköpfige Familie für einen Urlaub in Dänemark mittlerweile einkalkulieren muss. Urlauber, die im November noch eine saftige Gasnachzahlung erwarten, werden wohl so schnell Dänemark nicht wieder bereisen. Auch im eigenen Interesse würde ich mich freuen, wenn man zu einer moderaten Preispolitik zurückkehren könnte. Bevor es noch teurer wird – fahren Sie nach Dänemark! Fahren Sie jetzt!

Aber es gibt auch gute Nachrichten. Das Fernwärmewerk hat uns aufgrund von erwirtschaftetem Überschuss einen weiteren Rabatt von exakt 2 462,50 kr. (340 Euro) gewährt. Ein Hoch auf unsere drei Windräder am Strand.

Wer regelmäßig in Konsumgüter investiert, muss entweder weit fahren oder sich mit dem Verfügbaren zufriedengeben. Dieses Verhalten hatte vor allem in Ernährungsfragen Gültigkeit, da das kulinarische Angebot lange überschaubar war. Nicht nur in Hvide Sande tut sich was. Im benachbarten Søndervig gibt es jetzt einen Biergarten. Was in Bayern alle dreiundvierzig Sekunden passiert und dem Großstädter an sich so selbstverständlich erscheint, stellt hier noch eine exotische Besonderheit dar. Höchstpersönlich musste ich mich von dieser kulturrevolutionären Sensation überzeugen, als aufgeschlossener Bürger gebe ich mich weltoffen und wage den Feldversuch. Der Biergarten überzeugt durch stilechtes Design und vereint das Innovative (Pommes, Currywurst) mit dem Traditionellen (Bier) vorbildlich. Das nenne ich praktizierte Völkerverständigung. Die Bedienung kommt von hier. Sie ist hier aufgewachsen, das Dirndl steht ihr ausgezeichnet und zum Beweis trägt sie den Nachnamen Hansen. Es erinnert alles ein wenig an Urlaub in Bayern, die Spezialität schmeckt wie in jedem anderen Biergarten auch, lediglich die Umgebung, das Brandungsrollen, will nicht so ganz mit der Geschmacksrichtung korrespondieren. Die Portionen üppig, die Kapazität eines konventionellen menschlichen Magens kommt hier an die Belastungsgrenze. Der Gast wird hier auf gar keinen Fall den Tisch ohne verstopfte Blutgefäße verlassen. Alle Fenster sind geschlossen, damit sich

Essens- und Menschengeruch in der dicken Gaststättenluft ungestört paaren können. Bayrische Panoramen teilen sich die verholzte Wand, untermalt von deutscher Schlagermusik. Dennoch, ich werde mich mit Sicherheit nun öfter den gesunden Genüssen der fettarmen bayrischen Küche hingeben.

In Dänemark ist die Digitalisierung nicht nur längst selbstverständlich, sondern auch verpflichtend. Ohne persönliche Online-ID geht beim Kontakt zu Behörden nichts, Briefe auf Papier schreibt hier niemand mehr. Auch in unserem Briefkasten landet nur noch Werbung. Eventuelle Briefe aus Deutschland dauern da etwas länger. Die dänische »Post-Nord« liefert Briefe aus Papier nur noch einmal pro Woche aus. Niemand im durchdigitalisierten Dänemark bedient sich noch der altmodischen Mitteilungsform, auch wir schauen nur noch einmal die Woche in unseren Blechbehälter vor der Tür. Seit 2014 schon sind alle Menschen ab ihrem 15. Lebensjahr in Dänemark beim Kontakt zum Staat zwangsdigitalisiert und müssen einen elektronischen Briefkasten namens eboks unterhalten. Diesen in kurzen Abständen zu checken ist man gesetzlich verpflichtet. Wer das nicht kann, muss bei der Kommune eine Ausnahmegenehmigung beantragen. In Dänemark kommunizieren 80 % der Dänen über 15 Jahre elektronisch mit der öffentlichen Hand, Senioren werden Kurse angeboten – dabei kommt das Gottvertrauen der Dänen in die Datensicherheit dem dänischen Staat zu Hilfe. Deutsche Eltern und Schüler würden staunen, wenn sie in die Schultasche dänischer Kinder schauen, denn viel mehr als ein Tablet ist dort nicht zu sehen. Auch die Prüfungen finden digital statt, hinter den Wänden wird digital gearbeitet und gelernt.

In Dänemark ist es sogar möglich, sich online scheiden zu lassen. Man setzt sich einfach vor den Rechner, loggt sich mit seiner obligatorischen *MitID* auf *borger.dk* ein, füllt das passenden Online-Formular aus und überweist knapp 670 kr. (hurtig umgerechnet 90 Euro Gebühr). Indem man auf »Formular senden« klickt, ist man rechtskräftig geschieden und erhält automatisch eine digitale Quittung.

Auch mein Einbürgerungsverfahren (für die doppelte Staatsbürgerschaft) lief komplett digital ab, nach dem Absenden des komplexen Online-Antragformulars schlugen ausnahmslos automatisierte sowie eher unfreundliche Mitteilungen vom Ausländerministerium in meiner *eboks* auf. Nicht möglich für mich, mit einem Sachbearbeiter Kontakt aufzunehmen. Zur Not kann man eine Hotline anrufen, die vom Einzelfall aber nicht das Geringste weiß. Persönliche Kontakte sind im digitalisierten Dänemark nicht mehr vorgesehen, einige Stimmen behaupten: Die Digitalisierung hat Dänemark unmenschlich gemacht. Es hat sicherlich alles seine Vor- und Nachteile. In der Corona-Zeit war ich zum Beispiel heilfroh, in einem durchdigitalisierten Land zu leben, das Impfmanagement lief hier schnell, reibungslos und flexibel, Dänemark hat in der Pandemie nicht zuletzt dank der Digitalisierung geliefert. Solange alles reibungslos läuft, ist eine Vereinfachung durch die Digitalisierung nicht von der Hand zu weisen. Treten allerdings Schwierigkeiten auf, fühlt man sich komplett hilflos. Auf meine persönlichen Erfahrungen mit Einlogprozeduren, Software-Updates samt stundenlangen telefonischen Warteschlangen beim Bürgerservice möchte ich nicht tiefer eingehen, es würde Sie nur verstören.

Auch in Dänemark ist nicht alles Gold, was glänzt. Beispiel gefällig? Vorhang auf im: Die Murks-Großereignisse im Finanzamt-Zirkus.

Dass man vielleicht nicht alle Bereiche komplett durchdigitalisieren sollte, zeigt die Geschichte um die demontierte dänische Steuerbehörde *Skat*, die dafür teuer bezahlt hat. Am 1. November 2005 begann die Umstrukturierung der Steuerbehörde, innerhalb weniger Jahre sollte Dänemark ein digitalisiertes und hocheffizientes Steuersystem bekommen, das die Aufgaben zu einem Bruchteil der bisherigen Kosten bewältigen sollte. 10 Jahre später musste man mit Entsetzen konstatieren, dass diese Digitalisierung auf ganzer Linie gescheitert war, ein Skandal folgte dem nächsten, die Steuerbehörde komplett in den Ruin gewirtschaftet, nicht mal mehr in der Lage, Routinesteuern einzutreiben. Die Summe der offenen Zahlungen lag umgerechnet teilweise bei 16 Milliarden Euro. 2015 wurde der »Neuaufbau« auf zehn Jahre veranschlagt, nach einem ebenfalls ein Jahrzehnt währenden Niedergang durch grotesk fehlgeschlagene »Reformen«. 2015 kam u. a. ans Licht, dass ein Mitarbeiter der Steuerbehörde umgerechnet 1,7 Milliarden Euro auf Grundlage fiktiver Aktiengeschäfte an ein Netzwerk von 189 US-Pensionsfonds und 29 Firmen mit Adresse in Malaysia überwiesen hatte. Nur dank Tipps von Londoner Behörden, die den mutmaßlichen Drahtzieher abhörten, flog der Milliardenbetrug auf. Dass niemandem in der dänischen Behörde der explosive Anstieg der gigantischen Auszahlungen auffiel, erklärte die Behörde wie folgt: Der damalige Mitarbeiter, der die Überweisungen veranlasste, war einfach der einzige Übriggebliebene nach all den Rationalisierungen und saß allein mit dieser Sache. Ohne den geringsten Kontrollmechanismus konnte er 1449 gefälschte Anträge quittieren. Dieser Skandal hat das dänische Selbstverständnis, ein gut funktionierender Sozialstaat zu sein, erschüttert wie kein zweiter Finanzskandal.

Die Professoren und Verwaltungsexperten Jørgen Christensen und Peter Mortensen schrieben ein Buch über den Zusammenbruch der Steuerbehörde mit dem vielsagenden Titel »Übermut und Ohnmacht« (*Overmod og afmagt*). In diesem Buch heißt es u.a: »Man glaubte felsenfest, man könnte alles für den halben Preis haben, und das im Lauf von ein paar Jahren.«

Die dänische Steuerbehörde war einst der allseits geachtete und auch gefürchtete Garant für die Stabilität des skandinavischen Wohlfahrtssystems mit hohen Steuern für alle als Voraussetzung für soziale Sicherheit für alle. Dann fegten die Modernisierer durch die Finanzämter und sorgten für die Zentralisierung mit drastisch weniger Personal sowie Zwangsdigitalisierung aller Steuerangelegenheiten. Dieses daraufhin eingeführte supermoderne Computersystem brach zusammen und musste für horrende Milliardenbeträge ersetzt werden durch ein zweites neues, immer noch mehr als stotterndes System. Auch heute noch »belustigt« die Steuerbehörde *Skat* mitunter mit ihrer fehlgeschlagenen Umstrukturierung. Im November 2019 erhielten knapp 100 000 Haushalte in Dänemark Post von der Steuerbehörde mit dem Hinweis, dass sich Fehler bei ihrer letzten Steuererklärung eingeschlichen hätten. Verbunden mit dieser Mitteilung war eine Zahlungsaufforderung von umgerechnet knapp 700 bis 1000 Euro für jeden Haushalt. Erst nachdem sich Hunderte Personen bei verschiedenen Medien beschwerten, räumte die Steuerbehörde den Fehler ein. Es handelte sich schlichtweg um eine Fehlermeldung. Von der Steuerbehörde selber hätte man dies wohl nie erfahren. Alle in Dänemark sind heute sensibilisiert und mitunter auch traumatisiert, fallen Begriffe wie *Skat* und *Skattestyrelsen* (Steuerbehörde). Die dänische Steuerbehörde hat sich in

Dänemark zu der unzuverlässigsten und inkompetentesten öffentlichen Institution entwickelt. Es ist der Unsinn des Lebens, dem niemand entkommt. Auch Dänemark stellt sich nicht als irdisches Paradies dar, in dem rund um die Uhr Milch und Honig fließen.

Ich habe gestern meinen Rentenbescheid bekommen mit dem Hinweis, dass ich bis 68 arbeiten darf. Diese Nachricht nimmt der Däne stoisch zur Kenntnis, während die Franzosen halb Paris bestreiken, weil das Renteneintrittsalter auf 64 angehoben werden soll. Wenn man den Dänen allerdings einen Feiertag streicht, hört der Spaß auf. Dänemark hat in diesem Jahr zum letzten Mal den Feiertag Store bededag (quasi der dänische Buß- und Bettag) begangen, ab 2024 wird der Feiertag abgeschafft und damit von einer 337 Jahre alten Tradition verabschiedet. Die Streichung, die das Parlament beschlossen hat, soll Geld zur Finanzierung höherer Militärausgaben, Sicherheit sowie Gesundheit in die Staatskasse spülen. Die Opposition und Ökonomen sowie Kirche und Gewerkschaften protestierten heftig und so kommt es im Februar 2023 zu einem seltenen Bild in dem an Konsens gewöhnten Land. 50 000 Menschen demonstrierten vor dem Parlament in Kopenhagen, die Regierung dagegen hielt an ihrer Entscheidung fest. Als Ausgleich sollen Arbeitnehmer mit festem Lohn einen Gehaltszuschlag von 0,45 Prozent des Jahresgehalts erhalten. Die Abschaffung des Feiertags soll dem Staat jährlich Mehreinnahmen von umgerechnet rund 400 Millionen Euro bescheren, wie das dänische Finanzministerium berechnet hat.

Leider muss ich Ihnen, liebe Leserinnen und Leser, zum Abschluss eine folgenschwere Mitteilung machen. Bitte setzen Sie sich! Sie sitzen? ALDI zieht sich nach 45 Jahren aus Dänemark zurück. Das teilte der Discounter gemeinsam mit seinem Konkurrenten Rema 1000 mit, der 114 der 188 dänischen Aldi-Filialen übernimmt. Aldi, das Tor des kleinen Mannes, seit 1977 auf dem dänischen Markt vertreten.

Ich finde das sehr schade, schließlich kenne ich den Laden noch, als alle Artikel mit über 6000 Anschlägen in der Minute von der Hand in die Kasse getippt wurden. Und bevor alles keuchend im Einkaufswagen verstaut war, lag auch schon der Bon vor mir. Das Hochgeschwindigkeits-Eintippen, ohne einen Blick auf die Tastatur zu werfen, diese Eleganz des einhändigen Eintippens, flink und Multi-Tasking-fähig musste man sein – ich habe es geliebt. Die Tastenkünstler, die jeden Betrag in Windeseile in die Tasten hämmerten. Die Erfahrung der eigenen Langsamkeit, wenn die Kassiererin bereits die Gesamtsumme nennt, während man noch die letzten Raviolidosen aufs Band stellt.

Dieses Stück Geschichte wurde anschließend von Scannerkassen samt nervigem Piepton beerdigt, ein gutes Gedächtnis und flinke Finger als einträgliche Fähigkeit wurden somit weiter verdrängt. Fußpedal für das Kassenband, Artikelpreise auswendig können – alles Vergangenheit. Bald sollen auch Kassen und Scanner abgeschafft werden, ein Supermarkt ohne Kassierer. Nur mithilfe einer App wird dann eingekauft, beim Verlassen des Ladens wird das Konto mit den jeweiligen Einkäufen belastet.

Aus Trotz über diese Nachricht habe ich noch mal das Keksregal leergekauft. Toilettenpapier habe ich noch bis 2024.

Stille. Es ist diese Stille, die einen sofort umfängt an diesem mehr oder weniger entlegenen Ort. Hvide Sande, die Diva zwischen Dorf im Winter und Weltstadt im Sommer (das mit der Weltstadt ist vielleicht ein wenig übertrieben). Die meisten Geräusche, denen man in der großen Stadt nahezu an jeder Ecke begegnet, ohne dass man noch Notiz von ihnen nähme, sind hier niemals angekommen, gelegentlich hört man die Brandung, den Wind, bellt mal ein Hund. Aber dann nimmt die Stille den Ort wieder vollständig in ihren Besitz, eine Stille, die sich irgendwann, wenn man will, im ganzen Körper ausbreitet. Viele, auch mich, lässt diese Kraft nicht mehr los, wenn man sich einmal mit ihr vertraut gemacht hat. Hvide Sande ist solch ein Ort der Stille, mein Ort der Stille.

Ich stehe mal wieder auf meiner Düne, nur um meine Augen auszuruhen, um den Blick in der Landschaft, auf dem Meer abzulegen. Die Nordsee, die nur 0,2 Prozent der Weltmeeresfläche ausmacht, ist für mich die spannendste See der Welt. Meine präferierte Form von Entspannung, nirgendwo empfinde ich es so meditativ wie hier. Die Magie ergibt sich aus dem Lärm des Windes, der Wellen und der Möwen, im Winter oft eine einzige Müdigkeit, eine schwere Erschöpfung, die verflucht werden kann, aber auch genossen. Ich bevorzuge Letzteres. Hier kann jeder ein perfektes Foto schießen. Es ist an dieser Stelle quasi nicht möglich, ein hässliches Foto zu machen, die Natur lässt hier jeden zum Fotografen werden, das Licht, die Natur, der Horizont, diese Weite – Hvide Sande ist einfach sehr fotogen. Ein merkwürdiges, wahnsinnig helles, klares Licht lässt die andere Seite des Ringkøbing Fjords gestochen scharf erscheinen, wie München während des Föhns.

Meine Antwort auf alles, ich schaue auf die Nordsee und werde ganz ruhig. Die Wellen, die unermüdlich an den Strand klatschen, scheinen zu signalisieren: Egal, alles egal, alles wird gut! Vielleicht sind die Menschen hier deshalb immer so zugewandt und bejahend, vielleicht ist dieses beständige »Wellen an den Strand klatschen« das Geheimnis dieses »Gute-Laune-Dorfs«. Hvide Sande ist für mich tiefe Zuneigung der verlässlichen Sorte (das dörfliche Buschtelefon und seine effiziente Funktionsweise klappen auch bestens, da muss man sich als Großstädter erst dran gewöhnen).

Der Däne glaubt an die lebenspendende Kraft des Lichts, der farbintensive Sonnenaufgang ist zudem Symbol eines Neuanfangs. Leben zwischen Dreitausendern wäre nichts für mich. Bevor ich weiterziehe, werfe ich der untergehenden Sonne noch einen Kuss zu. Holmsland Klit – für mich die exklusivste Landzunge der Welt. Ein Lebensgefühl – aber auch eine Bilderbuchkulisse. Ruhe ist ein sehr friedlicher Luxus. Was ist ein geglücktes Leben? Wohl nur die eigene Zufriedenheit damit. Ich bin ein gnadenloser Optimist, hatte aber bisher auch viel Glück im Leben und viele meiner Entscheidungen waren intuitiv und keinesfalls Produkte reiflicher Überlegung.

Ich stehe mal wieder in meinem Garten und sehe zu, wie Möwen den Wind reiten, wo selbst der Lärm der Durchgangsstraße 181 nicht hinkommt. Sie hocken in den Wipfeln unserer Sträucher oder auf den umliegenden Ziegeldächern: eine Schar von diversen Vogelarten, die in atemberaubender Akrobatik knapp über das Gras rauschen, aufwärts in den meeresblauen Himmel stürzen und in wilden Manövern der Choreographie folgen. Im Sommer singen sie jeden Tag eine Ode an den neuen Tag. Irgendwann halten sie Siesta, schweigen plötzlich, um ihre Stimmbänder für den nächsten Sonnenaufgang zu schonen. Was wäre diese Kulisse ohne Darsteller. Ein sanfter Wind animiert die Blätter in den Bäumen unseres Gartens zu einem leise raschelnden Morgengetuschel. Ich drehe mich einmal um die eigene Achse und sehe mindestens 38 weiße Kreuze auf rotem Grund flattern. Plötzlich wurde es laut. Ein Apfel ist vom Baum des Nachbarn gefallen und es machte so etwas wie plokk, als er auf die geschätzt acht Jahrhunderte alten Terrakottafliesen des Nachbarn schlug. Normalerweise ist es leiser auf unserer Terrasse, nicht so eine derartige Unruhe. Dieser Anblick – ich hoffe, ihn ins Rentnerleben hinüberzuretten. Die Sonne hat an diesem Tag mit widerspenstigen Wolken zu kämpfen. Da fügt es sich ganz gut, dass Leni allein durch ihre Präsenz das Licht heller scheinen lässt. Und wenn man bei windigen 13 Grad (die Natur richtet sich leider nicht nach meinen Wünschen) die vertraute Melodie des regelmäßig patrouillierenden Eiscremeautos hört, weiß man, man ist in Hvide Sande. Das Licht ist großartig und die meisten Urlauber in ihren Ferienhäusern sind noch nicht aufgestanden, haben noch nicht mal die Vorhänge zur Seite geschoben, um einen ersten Blick auf den neuen Tag zu werfen. Rollläden gibt es hier nach wie vor nicht. Nichts soll das schöne dänische Licht davon abhalten, von morgens bis abends in die Zimmer zu fallen, jedes bisschen Helligkeit muss ausgenutzt werden.

Und jetzt halten Sie sich fest, der Däne hat endlich gelernt, Abfall zu sortieren und zu recyceln, statt ihn bequem zu verbrennen. Lange schüttelten Deutsche nur den Kopf über dänische Müllgewohnheiten. Mittlerweile haben wir auch verschiedene Mülltonnen vor der Tür stehen sowie einen knallig roten Behälter für Sonderabfall (Batterien, Spraydosen etc.). Die Probleme mit dem dänischen Müllkonzept wurden dann doch einigen Leuten bewusst, tatsächlich war Dänemark bisher, das so gern mit seiner Windenergie und den vielen Radwegen grüne Imagewerbung macht, beim Umgang mit dem Haushaltsmüll eher ein europäisches Entwicklungsland. Über die seit Jahren sorgsam Müll sortierenden Deutschen wurde gerne im Alltag süffisant gelächelt. Beseelt stelle ich fest: Endlich hat der Däne das Prinzip »Ordnung muss sein« diesbezüglich verstanden.

Krisenregionen, Kriegsgebiete – all das ist fern, wenn die dänische Westküste Gastgeber für den Urlaub ist. Sie hat das Glück, auf der Landkarte einen Platz weit abseits aller Konflikte einzunehmen, und kann unbeirrt den schönen Schein pflegen. Gleich geht es wieder los, dann greift der Sommerrummel wieder nach der Küste und packt sie für die nächsten 12 Stunden. Mindestens. Ein durchschnittlicher Berliner Autofahrer steht über das gesamte Jahr betrachtet rund 71 Stunden im Stau. Meine durchschnittliche Stau-Zeit an der dänischen Westküste über das gesamte Jahr betrachtet: 0 Stunden, 0 Minuten. Mal rollt man zügiger, mal langsamer, aber man rollt – immer!

Mittlerweile mähe ich so oft den Rasen, dass er an manchen Stellen wieder eingesät werden muss. Anschließend lege ich mir immer ein Frotteetuch über die linke Schulter drapiert wie ein römischer Konsul, trete hinaus in den Garten und begutachte mit einem Glas Rotwein in der Hand mein Werk. Mein Nachbar ist mächtig stolz auf mich und vergleicht die regelmäßige Prozedur mit einem SEK-Rasenmäher-Einsatz-Kommando. Rückzugsort und Energiequelle – unser Garten entspricht dem Charme der Nordsee – alles Knochige, was nach Osten wächst. My home is my castle, oder wie man auf Dänisch sagt: Hygge-Hafen.

40 ist das neue 30. Ich weiß nur, dass bei mir 21 Uhr das neue Mitternacht ist. Ich bin bescheiden: Haus am Meer reicht. Sowie mindestens eine »PH-Lampe«. PH (Poul Henningsen) muss sein, die Lampen gehören zu Dänemark wie hygge und die julefrokoster. Lust auf eine »PH-Lampe«? Einfach mal bei der Herstellerfirma Louis Poulsen stöbern.

Treffe meinen Nachbar am Zaun und wähle vorab die perfideste Art, mich bei Dänen einzuschmeicheln: »Ich liebe dieses Land!« Wenn ich im Brustbeutel meines Herzens wühle, ist da nur Dankbarkeit. Dankbarkeit, hier wohnen zu dürfen. Dänemark ist eine Herausforderung und eine Einladung, manchmal ist der Weg hart, aber dieses Land baut dich immer wieder auf. Es nimmt dir teilweise alle Kraft und gibt sie dir dreifach zurück. Dieses Land, das an einer milden Form von Größenwahn leidet. Und Vorsicht: Wenn man einem Dänen sagt, dass er jederzeit vorbeikommen könne, wird er genau das tun. Hvide Sande ist special auch ohne effects! Ich habe von einem Dorf geträumt, in dem ich irgendwann irgendwie akzeptiert werde, ohne mich allzu sehr verbiegen zu müssen. Ich hatte gehofft, dass hier nicht jede Kleinigkeit gleich gegen mich verwendet wird. Ein Dorf, in dem ein Minimum an gegenseitiger Hilfsbereitschaft möglich ist und gegenseitiger Respekt noch nicht ganz unter dem Müllberg aus Neid und Kleinkariertheit erstickt ist. Hvide Sande, dieses Dorf ist sehr gut zu uns! Mich haben sie jedenfalls bis auf Weiteres für immer an der Backe. Und es ist nicht der Alkohol, der das schöne Gefühl macht. Es ist das Ganze. Das Dazugehören. Das Nichts-darstellen-Müssen, keinen Erwartungen entsprechen müssen, einfach nur da sein dürfen. Ausatmen, einatmen, der Rest ergibt sich. Wunderbar. One Way Ticket Dänemark – mit Verzicht auf Rückfahrschein!

Liebe Leserinnen und Leser, liebe Minder- und Mehrheiten, liebe Menschen und Bewohner.

Erinnern Sie sich noch an den Satz auf Seite 9? »Ich möchte Däne werden!« Ich gebe zu, es war ein Köder, damit Sie neugierig bleiben. Sie haben das Grande Finale fast geschafft, wir sind fast fertig. Die DK-Trilogie neigt sich dem Ende zu. Bitte bleiben Sie sitzen. Ich bedanke mich bei Ihnen für Ihr Durchhaltevermögen. Vielen Dank, dass Sie mich bei meinem dänischen Abenteuer begleitet und treu zur Seite gestanden haben. Mein Leben ist eine wilde Achterbahn, aber in mir ist Ruhe und Frieden sowie eine extreme Bodenständigkeit. Ich tolle durch das Leben und gehe davon aus, dass alles schon gut werden wird.

Der Autor dieses Buches kam als junger Mann vor knapp 13 Jahren auf den Spuren der Liebe aus einer Stadt namens Oberhausen nach Hvide Sande. Inzwischen, und jetzt halten Sie sich fest, hat er zusätzlich zum deutschen auch einen dänischen Pass. From Denmark with Love.

Jetzt, liebes Tagebuch, heißt es Abschied nehmen. Danke, dass du es über all die Jahre mit mir ausgehalten hast, das schaffen nur wenige. Ich bin DÄNE (die gesamte Prozedur hat im Endeffekt zwei Jahre gedauert) und gehöre nun zu einem sehr beliebten Teil der Menschheit! Einen besseren Abschluss, den größtmöglichen Showdown, hätte ich mir für meine DK-Trilogie nicht wünschen können. Es war wieder Zeit für meine Lieblingsdüne (in meiner Erinnerung stand ich netto etwa ein Jahr lang auf dieser Düne). Meine Dänemark-Liebe als Jugendlicher war immer erklärungsbedürftig, so richtig konnte das keiner verstehen. Einige drückten ihr Mitleid aus, meine fröhliche Ankündigung, mal wieder nach Dänemark zu reisen, stieß meist auf verwunderte Blicke. »Musst du?«, »Ja, aber wozu?«

Und nun halte ich den dänischen Pass in Händen, ein geradezu majestätischer Moment. Auf dem öffentlichen Dokument fehlte eigentlich nur noch rotes Kerzenwachs und Siegel mit der Unterschrift der Königin. Das hat für mich Telenovela-Dramaturgie. Die dänische Staatsbürgerschaft,

Däne mit Ruhrpott-Migrationshintergrund!

ein Privileg, das nur Ausländern gewährt wird, die schon lange im Lande leben und mit der Sprache und Kultur der Einheimischen vertraut sind – soweit bin ich vollkommen einverstanden.

Obwohl mir noch so viel zum Dänischsein fehlt – ich esse keinen Fisch (die größte Hürde), kein Lakritz sowie kein Softeis (die kleinste Hürde). An den Schnaps »Gammel Dansk« habe ich mich mittlerweile gewöhnt. Immerhin würde ich meine Bekanntheit in Hvide Sande mittlerweile zwischen D und J einordnen. Ich bin also ein G-Promi.

Liebes, friedfertiges Tagebuch – ich bin zwar noch nicht im Sackbahnhof des Lebens angekommen, dennoch: Ich trete ab!

Ich danke ab und sehe mich damit in der Tradition von Stefan Raab, Harald Schmidt und Kaiser Wilhelm. Ich bin Anekdotenerzähler und habe das Gefühl, alle Anekdoten über Dänemark in 3 Büchern auf knapp 1000 Seiten erzählt zu haben. Das Schreiben sollten wir Autoren mit großen Ideen überlassen. In 3 Büchern habe ich ihnen Dänemark schöngeredet, aus ehrlicher Überzeugung. Es ist einfach ein Wunderland, auch wenn ich mittlerweile ein wenig daran auszusetzen habe. Wie immer im Leben hat alles seine Zeit. Ich bin mir sicher: Das Beste kommt noch!

Fast 13 Jahre willenlose Marionette des dänischen Tourismusverbandes, sehr wahrscheinlich wird man erst nach meinem Tode eine bronzene Büste von mir mitten in Hvide Sande errichten. Entweder goldene Statue mit Säbel und hoch zu Ross oder Büste, oder rein gar nichts. Da bin und bleib ich bescheiden. Zumindest ein prominenter Platz mit kostenloser Grabpflege von der Kommune auf dem Friedhof sollte mir sicher sein. Sollte ich an manchen Stellen mit der Liebe zu diesem Land übertrieben haben, sollte über diesem

Buch eine gewisse Melancholie hängen, wenn der Geruch der Landschaft zu intensiv aus den Zeilen strömt und der Himmel größer wird, als er in Wirklichkeit je sein könnte, dann vergeben Sie mir.

Gekommen, um zu bleiben? Ich sage mal so: Bis auf Weiteres für immer! Gekommen, um weiterzukommen. Vielleicht sollte ich nun auch noch mal über einen dänischen Nachnamen nachdenken. Vielleicht treffen Sie mich bald unter meinem neuen Namen an: Tim Andersen, Tim Jensen, Tim Iversen, Tim Kristensen – auf jeden Fall irgendwas mit »sen«. Passend zu den vier Nachnamen in Hvide Sande.

Verabschieden möchte ich mich mit den Worten des dänischen Philosophen Søren Kierkegaard: »Leben kann man nur vorwärts!«

Nein, ich, Tim Uhlemann, verspreche hiermit feierlich: Ich werde nach Abschluss dieses Projektes kein einziges Buch mehr verfassen. (Ein Dementi kann allerdings nicht ausgeschlossen werden. Wir sehen uns in Dänemark!)

Ihr DÄNE – mit Ruhrpott Migrationshintergrund!

Danke, Danke, Danke

Obwohl ich als einziger Autor namentlich auf dem Cover des vorliegenden Meisterwerks auftauche, möchte ich meinen Dank mit allen teilen, die diese tiefen Einblicke über die Dänen und Sichtweise beigesteuert haben. Viele Menschen haben geholfen, diese Kapitel und dieses Buch lebendig werden zu lassen.

Ich bedanke mich bei Ihnen, liebe Leserinnen und Leser, fürs Kaufen, Lesen und Sich-inspirieren-Lassen. Seit 2010 habe ich es mir zur Aufgabe gemacht, die Welt der Dänen zu verstehen und zu beschreiben. Alle vorliegenden Bücher wurden mit viel Liebe, Freude sowie Feldforschung gestaltet. Dank an alle, die meinen Zeilen bis hierhin gefolgt sind.

Besonders danke ich allen Menschen, die in diesem Buch vorkommen. Dank an Freunde und Weggefährten, die Teil dieser Geschichte und damit auch ein Teil von mir sind.

Tusind tak! Bedeutet genau übersetzt »tausend Dank«. Ein im deutschen Sinne tausendfacher Dank geht an alle Dänen, die mich über all die Jahre gastfreundlich an ihrem Alltag teilhaben ließen.

Verneigung vor Brian Bojsen, der mir großzügig mit einem Vorwort zur Verfügung stand und somit meinem Werk meisterlich den letzten Schliff verliehen hat. Lieber Brian, ich möchte mich verbeugen.

Ein tausendfacher Dank geht außerdem an den Lau-Verlag, der die Entstehung auch dieses Buches auf so vielfältig unterstützende Weise begleitet hat und mir seit Jahren ein verlegerisches Zuhause gibt, sowie für seine Flexibilität und Begeisterungsfähigkeit (sowie dem freien Eintritt zur Buchmesse).

Und zu guter Letzt ein herzliches Glückauf an die Menschen, die mich nach Dänemark haben ziehen lassen. Ich krieche immer wieder demütig zu ihnen zurück und werde stets mit offenen Armen empfangen. Wenn man auch nach Jahren des Nicht-Kontakts direkt an das letzte Treffen anknüpfen kann, wenn die Zeit keine Rolle spielt, dann ist es Freundschaft.

Meine Absicht war, die Nutzer und Leser meines Buches im Alltag an Dänemark heranzuführen und meine eigene Entdeckerfreude mit anderen zu teilen.

Keep the Spirit, One Love! Dänemark!

Warnhinweis: Dieses Buch enthält abschreckendes Bildmaterial und die dargestellten Inhalte dienen einzig und allein dem Autor zur therapeutischen Aufarbeitung der letzten 13 Jahre. Alles könnte, nichts muss so sein wie beschrieben. Jede Ähnlichkeit mit lebenden Personen ist rein zufällig … und so weiter. Darüber hinaus bedanke ich mich bei allen namentlichen Erwähnten für ihre Nachsicht. Dieses Buch ist ein Gegenentwurf gegen alle Ernsthaftigkeit.

Hvide Sande, im Sommer 2023

Der Autor

Tim Uhlemann wurde in der grünen Hölle Oberhausen, der Blume des Reviers, vollkommen unterschätzte Idylle an der Emscher, geboren und glitt 1977 butterweich aus dem Leib seiner Mutter. Er studierte Sozialarbeit am bedeutenden, renommierten Campus Essen – mit Kerze, Räucherstäbchen, Lindenblütentee und Diskussionsdeckchen. Während seines Studiums gab es ein Auslandssemester in Dänemark, an der Syddansk Universität in Odense. Im Laufe dieser Zeit lernt er »seine Dänin« kennen.

Seit 2010 lebt und arbeitet der Autor in Dänemark. Nach »Dänemark – gekommen, um zu bleiben« im Jahr 2020, folgt 2023 mit »Dänemark – Leben auf der schönsten Sandbank der Welt« die nächste leidenschaftlich erzählte Lektüre, die ausgezeichnet unterhält und das Herz erwärmt. Statt Huldigungen wie den Grimme-Preis, den Axel-Springer-Preis oder die Goldene Henne bekommt er von engsten Freunden anschließend Bücher geschenkt wie: »Bücher schreiben für Anfänger« und »Mach was aus deinem Leben«.

Tim Uhlemann kann man jetzt lesen! Sollte man unbedingt auch machen!

Instagram
@timuhlemann

From Denmark with Love! Wir sehen uns in Dänemark!

Achtung! Lesedelikatesse! Wirkt ansteckend! *Dänemark – gekommen, um zu bleiben* – eine leidenschaftlich erzählte Lektüre von Tim Uhlemann, die ausgezeichnet unterhält und das Herz erwärmt. Große Kunst. Ohne Allüren.
Mit jeder Seite wird man mehr und mehr in sein lustiges und persönliches Universum hineingezogen, dabei werden nicht nur alle erdenklichen Humorzentren aktiviert, obendrein schwingt sich der Autor immer wieder zu großartigen Beschreibungen auf. Kurzweilig, lebendig, erfrischend und voller Wortakrobatik schildert Uhlemann all die Absurditäten des Alltags, die ihm die dänische Kultur beschert, der alltägliche Wahnsinn, der einem begegnet, wenn man den Mut hat und den Schritt in die Fremde wagt. Ein ganz heißer Tipp für Freunde lustiger Bücher, herrlich leicht, aber dennoch fesselnd zu lesen, auch für jene lesenswert, die mit Dänemark weniger vertraut sind. Maximale Unterhaltung mit sympathischen Charakteren.
Einziger Nachteil: Es ist zu kurz! Und was mich als Schauspieler interessiert: Wann kommt der Film?

Norbert Heisterkamp

www.lau-verlag.de

Tim Uhlemann

Dänemark – Gekommen, um zu bleiben

Softcover. 360 Seiten mit s/w Abbildungen.
Format 13,9 x 21,7 cm.
€ 15,00 [D] | € 15,50 [A]
ISBN 978-3-95768-214-7

Mit leichter Feder beschreibt Tim Uhlemann seine fulminante Auswanderung ins kleine Königreich Dänemark und verbindet dabei gnadenlose Beobachtungsgabe mit Selbstironie und einem großen Herzen: eine nahezu unschlagbare Mischung. Ein Streifzug durch die bunte dänische Welt, Trübsinn und Langeweile haben hier keine Chance. Wie ticken die Menschen an der Westküste Jütlands? Warum werden die Dänen regelmäßig zum glücklichsten Volk der Erde gekürt? Wie steht das kleine Königreich heute zu Europa und dem Euro? Dieses Länderporträt über unseren nördlichen Nachbarn liefert die Antworten. Darüber hinaus gewährt Tim Uhlemann, stetig begleitet mit einem Augenzwinkern, tiefe Einblicke in die wundersame Welt der Ferienhausvermietung und beschreibt das Leben im Fischerdörfchen Hvide Sande. Auswandererglück oder Existenzangst?

Uhlemann blättert mit jedem Kapitel andere Facetten des Landes auf. Er führt dabei liebevoll und hintergründig in seine Wahlheimat ein, dazwischen grundsympathische und unvergessliche Besuche in Norwegen und Island mit einer landschaftlichen Vielfalt, die ihresgleichen sucht. Für alle, die schon immer wissen wollten, wie der dänische Alltag hinter der Urlaubsfassade aussieht. Wecke den Dänen in dir!

Mit einem Vorwort von Norbert Heisterkamp.

Norbert Heisterkamp blickt mit *60 Jahren* auf *30 Jahre* bei Film und Fernsehen zurück

Anekdoten und Geschichten aus 30 Jahren Stunts, Action, Drama und Comedy, aber auch verschiedene Rück- und Schicksalsschläge im Beruf und in der Familie erzählen von den Berg- und Talfahrten seines Lebens.

»Lange Zeit bevor ich begann dieses Buch zu schreiben, wurde ich immer wieder darauf aufmerksam gemacht, welche besondere Laufbahn ich eingeschlagen hätte. Zwar war das etwas ungewöhnlich, beim Film zu sein, ohne zuvor die Schauspielschule besucht zu haben, aber mir war das gar nicht so bewusst. Da waren die Journalisten, aber auch Freunde und Bekannte und nicht zu vergessen Otto Waalkes, die mir die geschilderten Erlebnisse gar nicht glauben konnten. Otto fragte mich: ›Sag mal, hast du das alles wirklich so erlebt und hast du mal darüber nachgedacht, wie ungewöhnlich deine Karriere bisher verlaufen ist? Das musst du auf jeden Fall aufschreiben. In Hollywood gehen die durch eine verkehrte Tür oder starten ihre Karriere vom Tellerwäscher zum Millionär. Und du?‹

In meiner Autobiografie möchte ich Sie gerne mitnehmen in meine Kindheit, meine rebellische Jugend bis hin zu der Entscheidung, einen Wechsel in die Welt bei Film und Fernsehen vorzunehmen. Lassen Sie sich darauf ein, zu erleben, welche Höhen und Tiefen mich herausgefordert und dazu gebracht haben, einen neuen Weg einzuschlagen. Ein großes Danke gilt meinen Begleitern, die mal ein kurzes oder ein längeres Stück mit mir gemeinsam gegangen sind. Sie haben mit dazu beigetragen, dass ich jetzt so bin, wie ich bin. Es sind wahre Geschichten aus meinem Leben. Und das begann an einem sonnigen Sonntag im Mai und welche besondere Bedeutung eine rote Ampel für mich hatte, davon können Sie hier lesen.«

Norbert Heisterkamp

Norbert Heisterkamp /
Kai Schmid
Wenn ich morgen nicht komme, dann bin ich beim Film.
Die Autobiografie
Klappenbroschur.
240 Seiten mit s/w Fotos.
Format 13,9 x 21,7 cm.
€ 18,00 [D] | € 18,50 [A]
ISBN 978-3-95768-233-8

Ist es eigentlich normal, sich vom Schlosser bei der Ruhrkohle AG zum dreimaligen Comedypreis-Gewinner zu verwandeln? Sicherlich nicht. Aber das ist nicht das einzig Ungewöhnliche an der Karriere und dem Leben des fast Zwei-Meter-Hünen Norbert Heisterkamp. Als Kind des Ruhrgebiets sollte sein Leben eigentlich ganz anders verlaufen und wäre da nicht diese rote Ampel gewesen, würde er jetzt sicherlich schon länger seinen Ruhestand genießen.

Aber es kam anders. Der dreifache Familienvater hängte im Alter von 30 Jahren seinen Beruf an den Nagel, stieg als Stuntman ins Showgeschäft ein und war schnell gefragt als Mann für das Besondere. Doch bei der Arbeit in der zweiten Reihe sollte es nicht bleiben. Er gehörte vor die Kamera. Obwohl er nie eine Schauspielschule besucht hatte, spielte er schon bald an der Seite großer nationaler und internationaler Schauspieler. Mit der Figur des Bodybuilders »Harry« in Deutschland erfolgreichster Comedy-Serie »Alles Atze« spielte er sich nach oben. Und setzte mit der Figur des Zwerges »Ralfie« in der international erfolgreichen Filmreihe »Sieben Zwerge« seinen Siegeszug fort. Aber wo Licht ist, da ist auch Schatten. So hatte er viele private und berufliche Hindernisse zu überwinden und blickt jetzt mit 60 Jahren auf immerhin 30 Jahre bei Film und Fernsehen zurück.

Mit einem Vorwort von Martin Schneider.

Armin Fuhrer
Lichtgestalten und ihre Schattenseiten
Softcover.
228 Seiten mit 10 s/w Fotos.
Format 13 x 20,5 cm.
€ 18,00 [D] | € 18,50 [A]
ISBN 978-3-95768-246-8

Sie sind beliebt und werden bewundert, denn sie haben etwas Gutes oder Beeindruckendes getan, etwas entdeckt oder erfunden. Sie sind Vorbilder für viele Menschen oder Kult für eine Gruppe. Und auf jeden Fall haben sie sich ins Gedächtnis der Allgemeinheit eingeprägt. Die Rede ist von Ikonen oder Lichtgestalten, die seit Jahrzehnten oder Jahrhunderten Glanz verbreiten, deren Name jeder mit etwas verbindet. Namen wie Mutter Teresa, Mahatma Gandhi, Robert Koch, Coco Chanel und Christoph Kolumbus kennt jeder und jeder hat sie positiv in seinem Bewusstsein gespeichert.
Doch der helle Glanz kann blenden. Auch Ikonen und Lichtgestalten sind nur Menschen und haben ihre Fehler, Schwächen und Geheimnisse. Sie können dunkle Schatten auf den hellen Glanz werfen. Allerdings bedarf es des zweiten Blicks, der über den ersten Augenschein hinausgeht und sich nicht blenden lässt vom strahlenden Image. Wer ein wenig hinter die Fassade dringt, wird oft erstaunliche Dinge feststellen, die gar nicht zum weitverbreiteten Bild der jeweiligen historischen Figur passen wollen. Wer weiß zum Beispiel, dass Mahatma Gandhi nicht nur der Verfechter eines gewaltfreien Widerstandes gegen die britischen Kolonialherren war – sondern auch ein handfester Rassist, der zudem ein verstörendes Frauenbild hatte? Wer ahnt, dass Thomas Jefferson, der berühmte Vorkämpfer gegen die Sklaverei und Vater der Verfassung der USA sich selbst Sklaven hielt und sie brutal behandeln ließ? Wer denkt bei der Mode-Ikone Coco Chanel neben dem »kleinen Schwarzen« und dem Wohlgeruch von Chanel N°5 schon daran, dass sie für die Nazis spionierte und mit ihrer Hilfe einen jüdischen Geschäftspartner loswerden wollte? Und wer hat ernsthaft schon mal hinter die Fassade von Mutter Teresa geblickt, der kleinen Ordensschwester, die vom Vatikan heiliggesprochen wurde – in Wahrheit aber für viel Leid und Elend der ihr anvertrauten Menschen verantwortlich war?

Leon Stauffer
Goldfinsternis
Roman.
Gebunden. 352 Seiten.
€ 24,00 | € 24,70 [A]
ISBN 978-3-95768-237-6

Elf Tage im August 1999. Spurlos wie es sich für eine gelungene Unterschlagung gehört sind Millionen aus dem Etat eines Berliner Immobilienkonzerns verschwunden. Philipp Blocher, Finanzchef des Unternehmens, steht unter Druck, ihren Verbleib aufzuklären, als auf dem Invalidenfriedhof sein schärfster Rivale erschlagen aufgefunden wird. Blocher gerät ins Visier der Mordkommission, weil er für die Tatzeit kein Alibi hat. Er verlässt die Stadt und sucht den Vater des Opfers auf, der den Mord mit einem bei Kriegsende versteckten Goldtransport in Verbindung bringt. Blocher geht der Sache nach und sieht sich nach weiteren mysteriösen Morden selbst in tödlicher Gefahr. Er begegnet Isabel, der rätselhaften Muse eines türkischen Milliardärs und Mäzens und stößt auf ein Netz aus Geheimdiensten, Geldwäsche und Drogenhandel, das mit dem verschwundenen Nazigold finanziert wurde. Die Spur führt von Berlin über Salzburg und Südfrankreich nach Istanbul, wo Blocher auf den Mörder trifft und zu spät bemerkt, dass er zur falschen Zeit am falschen Ort ist. Eine Odyssee, die seinem gewohnten Dasein mit all den bis dahin geglaubten Wahrheiten den Boden entzieht.

»Ein Spinnennetz der Verwicklungen, ein reißender Strom der Erzählung, intensive Bilder. Dazwischen die Einsprengsel kultureller Reflexion, die den Reichtum der Gestalten und ihr Milieu treffend illustrieren – meisterhaft.«
Thomas Kielinger